# 中学数学理想课堂
## 以数学概念课为例

杨丽婷 等 ◎ 著

上海社会科学院出版社

# 目 录

## 第一章　多元视角的中学数学理想课堂　　1
　　第一节　学生眼中的中学数学理想课堂　　1
　　第二节　教师眼中的中学数学理想课堂　　27
　　第三节　专家眼中的中学数学理想课堂　　45

## 第二章　构建中学数学理想课堂　　54
　　第一节　中学数学理想课堂的特征　　54
　　第二节　中学数学理想课堂课前预学任务单　　59
　　第三节　中学数学理想课堂的情境与问题　　66
　　第四节　中学数学理想课堂的教学实施流程　　74

## 第三章　中学数学理想课堂的教学评价　　80
　　第一节　中学数学理想课堂的教学评价框架　　80
　　第二节　中学数学理想课堂的教学评价案例　　100

## 第四章　理想课堂构筑的中学数学优质课　　133
　　第一节　相似三角形的判定　　133

| | | |
|---|---|---|
| 第二节 | 锐角三角比的意义 | 150 |
| 第三节 | 基本不等式及其应用与平均值不等式及其应用 | 164 |
| 第四节 | 分组分解法 | 178 |
| 第五节 | 统计图表——频率分布表和频率分布直方图 | 189 |
| 第六节 | 画三角形 | 204 |
| 第七节 | "演绎证明" | 214 |
| 第八节 | 导数的概念及意义(第一节课) | 233 |
| 第九节 | 多边形内角和 | 247 |
| 第十节 | 函数的单调性 | 267 |
| 第十一节 | 三角形一边的平行线性质定理 | 278 |
| 第十二节 | 事件的概率 | 301 |
| 第十三节 | 事件的关系和运算 | 318 |
| 第十四节 | 圆的面积 | 330 |
| 第十五节 | 三角形的有关概念 | 352 |
| 第十六节 | 探究活动:将一个分数拆为几个不同的单位分数之和 | 368 |

**附录**    383

**后记**    442

# 第一章　多元视角的中学数学理想课堂

## 第一节　学生眼中的中学数学理想课堂

### 一、高中生眼中的数学理想课堂调研报告

1. 问题提出

习近平总书记在中国共产党第二十次全国代表大会上提出:"我们要坚持教育优先发展、科技自立自强、人才引领驱动,加快建设教育强国、科技强国、人才强国,坚持为党育人、为国育才,全面提高人才自主培养质量,着力造就拔尖创新人才,聚天下英才而用之。"①在教育、科技、人才之"三位一体"统筹推进的背景下,普通高中教育作为义务教育基础上进一步提高国民素质、面向大众的基础教育,在加快建设高质量教育体系中应当如何作为?

在中共中央政治局就建设教育强国进行第五次集体学习时,习近平总书记指出,"建设教育强国,基点在基础教育。基础教育搞得越扎实,教育强国步伐就越稳、后劲就越足……基础教育既要夯实学

---

① 习近平:《高举中国特色社会主义伟大旗帜　为全面建设社会主义现代化国家而团结奋斗——在中国共产党第二十次全国代表大会上的报告》,《人民日报》2022 年 10 月 17 日第 2 版。

生的知识基础,也要激发学生崇尚科学、探索未知的兴趣,培养其探索性、创新性思维品质"①。

数学是自然科学的重要基础,并且在社会科学中发挥着越来越大的作用,数学的应用已渗透现代社会及日常生活的各个方面。我国教育部明确指出,"数学在形成人的理性思维、科学精神和促进个人智力发展的过程中发挥着不可替代的作用。数学素养是现代社会每一个人应该具备的基本素养。数学教育承载着落实立德树人根本任务、发展素质教育的功能"②。

杨浦区创智教育"登峰计划""慧"数学名教师研习基地(以下简称"基地")的学员们在基地主持人——复旦大学附属中学(以下简称"复旦附中")副校长杨丽婷——的带领下,在实践中探索"以数育人"的主阵地——课堂教学,形成"理想课堂"的特征、育人模式。围绕什么是学生眼中的"理想课堂",本研究从理想课堂育人质量与理想课堂育人价值入手,在学生中展开调研,为怎样建设"理想课堂"提供实证依据,也为数学教师引导与案例校水平相似的学生提升数学学科核心素养提供数据支撑。

2. 研究的对象

本研究以复旦附中 2021 级(2024 年高中毕业)高三年级中的 278 名学生作为被试,被试的高中阶段均在案例校就读,高考前夕都

---

① 习近平:《加快建设教育强国 为中华民族伟大复兴提供有力支撑》,《人民日报》2023 年 5 月 30 日第 1 版。
② 中华人民共和国教育部:《普通高中数学课程标准(2017 年版 2020 年修订)》,人民教育出版社 2020 年版,第 1 页。

参加了由案例校组织的数学学科核心素养测试且测试成绩有信度与效度的保证,平时的数学课堂、作业、活动等相关数据齐全。复旦附中是上海市首批实验性示范性高中,是受上海市教委和复旦大学双重领导的寄宿制高级中学。学校秉承"博学而笃志,切问而近思"的复旦大学校训,遵循"以德育为核心,促进学生全面成长"的宗旨,培养学生具有坚定理想与信念,成为引领社会发展、适应国际竞争的时代精英。

3. 研究的方法

学业质量是学生自主学习与评价、教师教学活动与评价、教科书编写的指导性标准,也是相应考试的命题依据。[①]学生在完成上教版普通高中教科书数学必修共四册、选择性必修共三册的全部学习内容后,参加数学学科核心素养测试(满分 150 分),测试成绩记为被试的理想课堂育人质量得分。该测试由专家组开发,以《普通高中数学课程标准(2017 年版 2020 年修订)》(以下简称《新课标》)之附录 1 给出的数学学科核心素养的水平划分为命题依据,兼顾高效人才选拔要求,所以该评价具有信度、效度。理想课堂育人价值的衡量分为三部分,由被试的"思维品质""关键能力""必备品格"所共同构成。

本研究把理想课堂育人质量得分、理想课堂育人价值得分分别作为因变量($Y$)和自变量($X$),借助 SPSSAU(网页版数据科学分析

---

① 史宁中、王尚志:《普通高中数学课程标准(2017 年版 2020 年修订)解读》,高等教育出版社 2020 年版,第 254 页。

平台系统)"相关分析""回归分析"功能,揭示两者之间关系并建立回归方程,提炼学生眼中的理想课堂特征,探讨如何改进课堂教学,进一步彰显理想课堂育人价值、提升理想课堂育人质量。

4. 建立指标体系与收集数据

数学学科核心素养是具有数学基本特征的思维品质、关键能力以及情感、态度与价值观的综合体现,因此将理想课堂的育人价值分为思维品质、关键能力、必备品格这三个一级指标,数据源于学生问卷。

(1)理想课堂育人价值指标

思维品质包括数学抽象和逻辑推理这两方面。数学抽象指通过对数量关系与空间形式的抽象,得到数学研究对象的素养。[1]逻辑推理指从一些事实和命题出发,依据规则推出其他命题的素养。[2]关键能力包括数学建模、数学探究两方面。数学建模是指对现实问题进行数学抽象,用数学语言表达问题、用数学方法构建模型解决问题的素养;[3]数学探究是指在日常问题或数学问题的驱动下,进行观察、实验、猜测、联想、推理、交流、反思等。[4]

必备品格包括学习数学的兴趣与自信、良好的数学学习习惯、自主学习与合作学习等学习方式、科学精神与创新意识等。

---

[1] 中华人民共和国教育部:《普通高中数学课程标准(2017年版2020年修订)》,人民教育出版社2020年版,第4页。

[2][3] 同上书,第5页。

[4] 史宁中、王尚志:《普通高中数学课程标准(2017年版2020年修订)解读》,高等教育出版社2020年版,第32页。

(2) 理想课堂育人价值评价标准及评价工具

① 预调查情况反馈

根据《新课标》数学学科核心素养的水平划分、结合"理想课堂"的实践情况,慧数学名教师研习基地的学员明确了理想课堂育人价值3个一级指标的评价标准(表1)并开发了相应的学生问卷,在案例校高三年级学生中开展了预调查。尽管有相应的标准,但被试依旧无法在短期内掌握标准进行自评。预调查结果显示:被试对数学学科每个核心素养的内涵理解不清晰;被试对数学学科核心素养的水平划分标准不清楚;被试对自身数学学科核心素养的积累情况估计得不够准确。

表1 理想课堂育人价值评价标准

| 理想课堂育人价值评价指标 | | 评 价 标 准 |
|---|---|---|
| 思维品质 | 20分以下 | 数学抽象:能在熟悉的情境中,直接抽象出数学概念和规则,提出简单的数学命题和模型,感悟数学的通性通法,体会数学思想。<br>逻辑推理:能在熟悉的情境中,发现图形的性质、数量关系或图形关系,理解归纳推理、类比推理和演绎推理的基本形式,有条理地表述一些基本命题的论证过程,了解熟悉的概念、定理间的逻辑关系,有条理地表达观点。 |
| | 20分—40分 | 数学抽象:能在关联的情境中,抽象出一般的数学概念和规则,将已知数学命题推广到更一般的情形,提炼解决一类问题的数学方法,理解其中的数学思想。<br>逻辑推理:能在关联的情境中,发现并提出数学问题,用准确的数学语言表述与学过的知识有关联的数学命题的论证过程,理解相关概念、命题、定理间的逻辑关系,论述有理有据。 |

续表

| 理想课堂育人价值评价指标 | | 评 价 标 准 |
|---|---|---|
| 思维品质 | 40分—60分 | 数学抽象:能在综合的情境中,抽象出数学问题并用恰当的数学语言表达,在得到的数学结论基础上形成新命题,针对具体问题运用或创新数学方法解决问题,感悟通性通法的数学原理和思想,感悟高度概括、有序多级的数学知识体系。<br>逻辑推理:能在综合的情境中,提出有意义的数学问题,掌握常用逻辑推理方法的规则,用严谨的数学语言表达较复杂的数学问题的论证过程,理解建构数学体系的公理化思想,用数学语言和思维跨学科表达交流。 |
| 关键能力 | 20分以下 | 数学建模:了解数学模型的实际背景,数学的描述、参数、结论的实际意义,知道数学建模的过程,能在熟悉的情境中,模仿学过的数学建模过程去解决问题。<br>数学探究:在日常问题或简单数学问题的驱动下,进行观察、实验、猜测、联想、有条理的推理及交流等。 |
| 关键能力 | 20分—40分 | 数学建模:能在关联的情境中,将问题发现并转化为数学问题,选择合适的数学模型表达所要解决的数学问题,通过确定参数、建立模型、求解模型、完善模型,解决问题。<br>数学探究:在日常问题或数学问题的驱动下,进行观察、实验、猜测、联想、推理、交流、反思等。 |
| 关键能力 | 40分—60分 | 数学建模:能在综合的情境中,提出数学问题,创造性地建立数学模型去解决问题。<br>数学探究:在较复杂的数学问题的驱动下,进行观察、实验、猜测、联想、推理、交流、反思等。 |
| 必备品格 | 10分以下 | 兴趣与自信:在数学学习的过程中体会学习数学的兴趣与自信。<br>学习习惯:课上认真听讲,按时完成作业。<br>学习方式:能参与自主学习、合作学习。<br>科学精神与创新意识:在解决问题的过程中体会科学精神、创新意识。 |

续表

| 理想课堂育人价值评价指标 | | 评 价 标 准 |
|---|---|---|
| 必备品格 | 10分—20分 | 兴趣与自信:在数学学习过程中养成学习数学的兴趣与自信。<br>学习习惯:课上认真听讲、课后复习、独立完成作业。<br>学习方式:能在自主学习的基础上参与合作学习。<br>科学精神与创新意识:在解决问题的过程中培育科学精神、创新意识。 |
| | 20分—30分 | 兴趣与自信:在数学学习过程中激发出强烈的学习数学的兴趣和学好数学的自信。<br>学习习惯:课前预习、课上认真听讲、课后复习、高质量完成作业。<br>学习方式:能以自主学习为基础,在合作学习中起主导作用。<br>科学精神与创新意识:将科学精神、创新意识落实在解决问题的过程中。 |

② 理想课堂育人价值评价标准及评价工具

基于预调查情况,直接由学生自评得出个人数学学科核心素养的数据信度不高,所以改为对学生完成各水平核心素养测试题情况打分,由此,使衡量理想课堂育人价值更为可靠。因此,我们重新编制了高中数学理想课堂育人价值的问卷调查。新编制的理想课堂育人价值问卷满分150分,分为"思维品质""关键能力""必备品格""其他"等四个部分。其中"思维品质"和"关键能力"分别由6道不同水平的填空或选择题组成,答对一题计10分,所选题目的难度与水平等级相适应;"必备品格"是学生对理想课堂上核心素养的培养方式等情况进行自评,皆为多选题,被试每勾选一个有利于核心素养培养的选项计 2 分,共计 30 分;"其他"以学生对理想课堂的用时分配为主,答题情况不计入理想课堂育人价值分。使用 SPSSAU 对测试题进行了信度分析,克朗巴哈系数(Cronbach's α)为 0.853,说明数据信度质量很高。

表 2 "思维品质""关键能力"部分选题来源及相应水平等级

| | | |
|---|---|---|
| 第一部分<br>思维品质 | 数学抽象<br>水平一 | 选自《上海市高中数学学科教学基本要求(试验本)》第一单元的预备知识,答对本题计 10 分。 |
| | 数学抽象<br>水平二 | 选自上海交通大学公开课之"数学之旅"第一章的数学抽象测验题,答对本题计 10 分。 |
| | 数学抽象<br>水平三 | 选自上海交通大学公开课之"数学之旅"第一章的数学抽象测验题,答对本题计 10 分。 |
| | 逻辑推理<br>水平一 | 选自《上海市高中数学学科教学基本要求(试验本)》第二单元的函数,答对本题计 10 分。 |
| | 逻辑推理<br>水平二 | 选自《上海市高中数学学科教学基本要求(试验本)》第一单元的预备知识,答对本题计 10 分。 |
| | 逻辑推理<br>水平三 | 选自 2014 年全国普通高等学校招生统一考试(上海卷)数学试卷(理工农医类)第 18 题,答对本题计 10 分。 |
| 第二部分<br>关键能力 | 数学建模<br>水平一 | 选自《普通高中数学课程标准》(2017 年版 2020 年修订)附录 2 教学与评价案例的案例 26(鞋号问题),答对本题计 10 分。 |
| | 数学建模<br>水平二 | 上海市杨浦区 2022—2023 学年高二下学期期末数学试题选择题 16,答对本题计 10 分。 |

续表

| | | |
|---|---|---|
| 第二部分<br>关键能力 | 数学建模<br>水平三 | 选自《普通高中数学课程标准》(2017 年版 2020 年修订)附录 2 教学与评价案例的案例 28(体重与脉搏),答对本题计 10 分。 |
| | 数学探究<br>水平一 | 选自《上海市高中数学学科教学基本要求(试验本)》第七单元的解析几何,答对本题计 10 分。 |
| | 数学探究<br>水平二 | 选自《上海市高中数学学科教学基本要求(试验本)》第八单元的计数原理与概率,答对本题计 10 分。 |
| | 数学探究<br>水平三 | 选自《上海市高中数学学科教学基本要求(试验本)》第十单元的数学建模活动与数学探究活动,答对本题计 10 分。 |

5. 调研结果

(1) 理想课堂育人质量和理想课堂育人价值的相关关系

利用皮尔逊相关法研究理想课堂育人质量得分和理想课堂育人价值得分之间的相关关系。理想课堂育人质量得分和理想课堂育人价值得分之间的相关系数值为 0.748,并且呈现出 0.01 水平的显著性,因而说明两者之间有着显著的正相关关系。

(2) 理想课堂育人质量和理想课堂育人价值的回归关系

将理想课堂育人质量得分、理想课堂育人价值得分分别作为因变量和自变量并作散点图,从散点图(图 1)可以看出:理想课堂育人质量得分大体上随着理想课堂育人价值得分上升而上升,且两变量之间呈现出非常明显的线性关系。

ANOVA 表显示 $F$ 值为 351.222, $p$ 值为 $<0.001$,小于 0.01,说明该模型是具有统计意义的。模型的决定系数 $R^2$ 为 0.560,调整后

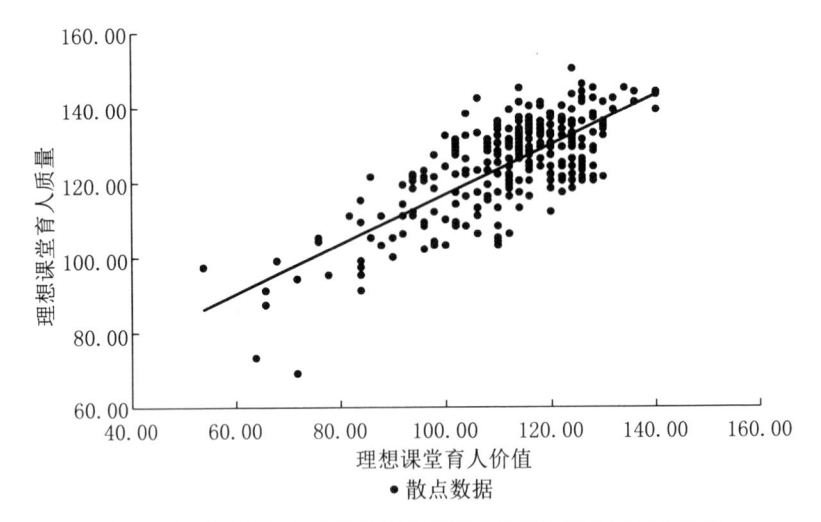

**图 1　理想课堂育人质量得分和理想课堂育人的关系拟合曲线**

的决定系数为 0.558,可以认为该模型的解释效果好。

系数表还给出了回归方程的常数项、回归系数估计值和检验结果。由此写出回归方程:理想课堂育人质量得分=50.030+0.665* 理想课堂育人价值得分。

分析结果说明,理想课堂育人价值得分可以解释理想课堂育人质量得分的 56% 变化原因。理想课堂育人价值得分的回归系数值为 0.665($t=18.741$;$p<0.001$,小于 0.01),意味着理想课堂育人价值会对理想课堂育人质量产生显著的正向影响。

(3) 一级指标对理想课堂育人质量的强度分析

利用 SPSSAU 多元线性回归功能确定思维品质、关键能力、必备品格三个一级指标对理想课堂育人质量的作用强度,回归参数如表 3。

表3 思维品质、关键能力、必备品格与理想课堂育人质量的
多元线性回归分析参数

|  | 非标准化系数 B | 标准误 | 标准化系数 $\beta$ | $t$ | $p$ |
|---|---|---|---|---|---|
| 常　　数 | 38.774 | 3.623 | — | 10.703 | <0.001** |
| 思维品质 | 0.724 | 0.066 | 0.454 | 10.971 | <0.001** |
| 关键能力 | 1.131 | 0.100 | 0.470 | 11.343 | <0.001** |
| 必备品格 | 0.093 | 0.066 | 0.049 | 1.406 | 0.162 |

\* $p<0.05$　\*\* $p<0.01$

上表中第5、6列为各自变量回归系数的 $t$ 检验结果,从上表可以看出,思维品质、关键能力对应 $t$ 检验的 $p$ 值均小于0.05,呈现出显著的特征,必备品格 $p$ 值大于0.05,所以本调查所考察的思维品质、关键能力对理想课堂育人质量有显著影响,必备品格对理想课堂育人质量的影响不显著。案例校的实际情况是:被试大都学习态度端正、具备了良好的数学学习习惯;分析原始数据,被试中仅有5名学生还停留在把"记忆、刷题"当作是提升数学学科核心素养最有效的手段,其余被试均自评在3年的数学学习中逐步习惯了自主基础上的合作学习方式并在此过程中逐步养成了数学学习兴趣及科学精神创新意识。若是将被试范围扩大到不同层次的学校,"必备品格"对理想课堂育人质量可能产生更大影响。

思维品质、关键能力对理想课堂育人质量的影响强度接近,其中关键能力略胜一筹。正如弗朗西斯·培根所言,"数学是思维的体操",被试对于以数学抽象、逻辑推理为代表的思维品质的重视程度

不言而喻;随着《新课标》将数学建模活动和数学探究活动纳入其中,越来越多的教师和被试更有意识地设计和参加此类活动,实践经验不断丰富、关键能力逐步提升,关键能力对理想课堂育人质量的影响强度不断增强。

6. 结论与讨论

(1) 构筑以学生体验为主体的高中数学理想课堂

案例校学生都是中考的佼佼者,学习习惯好、学习能力强,大多能提前接受有关高中数学的结论性知识和客观性事实,但数学学科核心素养的培养并不能通过单纯的接受来实现,所以,高中数学理想课堂可以增强体验,为案例校学生积累数学活动经验、领悟数学思想创造条件。调查结果显示,学生勾选的希望课上教师讲解引导、学生独立思考与自主学习、学生合作学习与师生互动交流这三部分时间分配均值分别为 22 分钟、16 分钟、13 分钟,超过一堂课 40 分钟的时长限制。因此,设计课前预学任务单,将独立思考与自主学习的部分环节前置,其作答情况可以为教师提供设置情境和问题的依据,同时课堂上学生合作与师生交流部分更充分,学生能在课堂上获得主观性的体验和感悟,育人价值进一步提升。

(2) 构筑以情境创设为导向的高中数学理想课堂

合适的教学情境更能启发学生思考。"经历数学概念、结论、应用的形成发展过程""置身于一定的情境和有关联的问题中"是调查中案例校学生认为发展思维品质、提升关键能力的有效手段。因此,在高中数学理想课堂上,教师可以分别设置情境引导型问题链、探究型问题链;鼓励学生积极猜想、分析、推理、试验,在此基础上深入探究、讨论表达,在情境中抓住问题,以此掌握数学中重要的、本质的结论。

(3) 构筑以学生发展为本的高中数学理想课堂

高中数学课程以学生发展为本。调查中,在问及学习数学的目的时,大部分案例校学生将"形成理性思维、科学精神,发展智力""能综合运用数学知识解决实际问题"置于"数学能拉分,不得不学"之前,说明学生认识到数学学科的功能和学习数学的价值。因此,教师应满足学生需求,在高中数学理想课堂上,设置应用型问题链,不仅让学生对新学的数学知识学以致用,更要挖掘数学在现代社会及日常生活中的各方面应用,培养学生的科学精神和创新意识,提升理想课堂的育人质量,以必备品格助力学生终身发展。

7. 高中数学理想课堂育人价值问卷调查(学生):见附录

## 二、初中生眼中的数学理想课堂

1. 问题提出

本次问卷旨在了解学生对数学理想课堂的看法、学习习惯以及他们认为的理想数学课堂的状态。问卷涉及学生对数学学习的态度、方法和理想课堂的描述。

(1) 数学理想课堂的概述

理想课堂是指在教学过程中,教师能够有效地传授知识,学生能够愉快地学习并取得满意的考试成绩的课堂。在理想的数学课堂中,学生乐在其中,能够主动探索,全面提高自己的能力。教师需要培

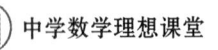

养学生形成良好的学习习惯,如课前预习、课堂学习和课后复习等。

(2) 数学学习的态度和方法

学生对数学学习的态度和方法直接影响着他们在理想课堂中的表现。通过对问卷调查的分析,我们可以了解到学生对待数学学习的态度,例如他们认为数学很容易,或者觉得数学具有实际意义。此外,我们还可以了解到学生在数学学习过程中所采用的方法,如课前预习、课后复习等。

(3) 理想数学课堂的状态

问卷中涉及学生对理想数学课堂的描述,这有助于我们了解学生对未来数学课堂的期望。学生可能会提到理想数学课堂氛围的轻松愉快,教师授课方式新颖有趣,这些都能够引发学生对数学的学习兴趣。此外,理想的数学课堂还应该注重培养学生的思维能力和解决实际问题的能力。

(4) 教学实例或例题的选择

教师在课堂教学中选择的教学实例或例题对学生的数学学习有着至关重要的作用。理想的课堂应该选择富有代表性和典型的实例或例题进行教学,以提高教学效果。同时,教师还需要关注学生的情绪变化,调整自己的教学方式和方法。

(5) 教学评价与反馈

在理想的数学课堂中,学生应该能够得到及时的教学评价与反馈。这不仅包括对学生在课堂上回答问题或讨论的表现给予评价,还包括对学生的数学学习过程进行持续的关注和指导。

总之，构建理想的数学课堂需要教师和学生共同努力。通过问卷调查，我们可以了解到学生的需求和期望，从而更好地为他们提供一个愉快、高效的学习环境。

2. 研究设计

(1) 研究方法

本文借助"问卷星"，通过在线调查的方式收集了数据，发放《初中数学理想课堂问卷调查(学生)》(见附录)，对复旦大学第二附属学校(以下简称二附校)初中三年级的学生进行调查，数据收集后利用 Excel 和 SPSSAU2.0 软件对所得到的数据进行整理分析。

(2) 研究对象

本次问卷选取二附校的 2020 级(2024 年初中毕业)初三年级学生作为被试，共有 199 名学生参与问卷调查，其中男生 112 人，女生 87 人。发放问卷 199 份，回收 199 份，其中有效问卷 197 份，有效回收率达 98.99%。二附校是复旦大学与杨浦区政府共建共管的九年一贯制公立学校，学校秉承复旦大学"博学而笃志，切问而近思"的校训，以"给学生更宽广的教育，让学生全面可持续发展"为办学目标，营造"严谨、勤奋、自主、创新"的校风。学校坚持人才强校战略，重视教师专业发展，培养一支政治觉悟高、业务能力强、工作责任心强的高水平教师队伍。学生培养持续受到基础教育界的关注与赞赏，学校教育教学质量保持稳中有升的发展势头。学生的数学学习情况良好，同时参与了统一组织的数学学科素养测试且测试成绩有信度效度的保证。此次结果具有一定的代表性。

(3) 研究工具

调研问卷系统按照《义务教育数学课程标准》(2022年版)设计,参加数学学科核心素养测试(满分150分),测试成绩记为被试的理想课堂育人质量得分。问卷中按照思维品质、关键能力和必备品格设定三个指标。对获得的结果利用 Excel 和 SPSSAU2.0 软件进行了解释、计算。经试验,总问卷的平均 KMO 值为 0.636,范围在 0.6~0.7 间,研究数据中最适于采集信息,信度系数为 0.883,高于 0.8,因而说明了研究数据信度质量较高。

① 建立指标体系

《义务教育数学课程标准》(2022年版)中要培养的学生核心素养主要包括三个方面:会用数学的眼光观察现实世界;会用数学的思维思考现实世界;会用数学的语言表达现实世界。[①]

数学眼光主要表现为:抽象能力、几何直观、空间观念与创新意识。[②]

数学思维主要表现为:运算能力、推理意识或推理能力。[③]

数学语言主要表现为:数据意识或数据观念、模型意识或模型观念、应用意识。[④]

理想课堂将理想课堂育人价值分为思维品质、关键能力、必备品格这三个一级指标。

---

[①③] 中华人民共和国教育部:《义务教育数学课程标准(2022年版)》,北京师范大学出版社2022年版,第5—6页。

[②④] 同上书,第5页。

② 理想课堂育人价值指标

思维品质包括抽象能力、推理能力、应用意识。抽象能力主要是指通过对现实世界中数量关系与空间形式的观察,得到数学的研究对象,形成数学概念、性质、法则和方法的能力;推理能力主要是指从一些事实和命题出发,依据规则推导出其他命题或结论的能力;应用意识主要是指有意识地利用数学的概念、原理和方法解释现实世界中的现象与规律,解决现实世界中的问题。①

关键能力包括运算能力、模型观念、几何直观。模型观念主要是指对运用数学模型解决实际问题有清晰的认识;几何直观主要是指运用图表描述和分析问题的意识与习惯;运算能力主要是指根据法则和运算律进行正确运算的能力。②

必备品格包括具有从数学角度观察现实世界的意识与习惯,有一定的兴趣与爱好,能发展好奇心、有一定的空间想象力和创新意识,能够探索一些开放性的、非常规的实际问题与数学问题,有着良好的学习习惯和团队合作能力。

③ 理想课堂育人价值评价标准及评价工具

依据《义务教育数学课程标准》(2022 年版)中的学生核心素养所对应的主要表现以及内涵,建立思维品质、关键能力、必备品格这三个一级指标的评价标准(见表 4)。

---

①② 中华人民共和国教育部:《义务教育数学课程标准(2022 年版)》,北京师范大学出版社 2022 年版,第 5—6 页。

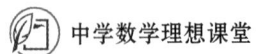

表 4　学生核心素养的评价标准

| 理想课堂育人价值评价指标 | | 评价标准 |
|---|---|---|
| 思维品质 | 20分以下 | 抽象能力:能够从熟悉的情境中抽取出简单的基本模型并解决问题,初步体会抽象能力对于数学产生的作用,提高数学学习的兴趣。<br>推理能力:理解逻辑推理在形成数学的概念、法则、定理和解决问题中的重要性,初步掌握推理的基本形式和规则。<br>应用意识:能够感悟现实生活中蕴含着大量的与数量和图形有关的问题,可以用数学的方法予以解决。 |
| | 20分—35分 | 抽象能力:能够从实际的情境问题解决中概括出一般结论,形成数学的方法与策略。感悟用数学的眼光观察现实世界的意义。<br>推理能力:对于一些简单问题,能通过从特殊结果推断出一般结论;理解命题的结构与联系,探索并表述论证过程。<br>应用意识:初步了解数学作为一种通用的科学语言在其他学科中的应用,通过跨学科主题学习建立不同学科之间的联系。 |
| | 35分—50分 | 抽象能力:能够从实际情境或跨学科的问题中抽象出核心变量、变量的规律及变量之间的关系,并能够用数学符号予以表达;形成数学想象力,提高学习数学的兴趣。<br>推理能力:感悟数学的严谨性,初步形成逻辑表达与交流的习惯。推理能力有助于逐步养成重论据、合乎逻辑的思维习惯,形成实事求是的科学态度与理性精神。<br>应用意识:有助于用学过的知识和方法解决简单的实际问题,养成理论联系实际的习惯,发展实践能力。 |
| 关键能力 | 20分以下 | 运算能力:能够明晰运算的对象和意义,理解算法与算理之间的关系。<br>模型观念:知道数学建模是数学与现实联系的基本途径,能够建立基本的模型解决简单问题。<br>几何直观:能够感知各种几何图形及其组成元素,依据图形的特征进行分类。 |

续表

| 理想课堂育人价值评价指标 | | 评价标准 |
|---|---|---|
| 关键能力 | 20分—35分 | 运算能力：能够理解运算的问题，选择合理简洁的运算策略解决问题。<br>模型观念：初步感知数学建模的基本过程，从现实生活或具体情境中抽象出数学问题，用数学符号建立方程、不等式、函数等表示数学问题中的数量关系和变化规律。<br>几何直观：根据语言描述画出相应的图形，分析图形的性质。 |
| | 35分—50分 | 运算能力：能够通过运算促进数学推理能力的发展。<br>模型观念：从现实生活或具体情境中抽象出数学问题，用数学符号建立方程、不等式、函数等表示数学问题中的数量关系和变化规律，求出结果并讨论结果的意义。<br>几何直观：建立形与数的联系，构建数学问题的直观模型；利用图表分析实际情境与数学问题，探索解决问题的思路。 |
| 必备品格 | 20分以下 | 初步形成好的学习习惯：能认真听讲，完成作业；知道并能参与团队活动，在活动中学会解决问题，尝试培育科学精神；有着一定的数学兴趣与自信。 |
| | 20分—35分 | 有了一定的好的学习习惯：能认真听讲，独立完成作业；知道并能主动参与团队活动，在活动中尝试独立解决问题，并能有一定的质疑想法；对于数学学习有兴趣与自信。 |
| | 35分—50分 | 良好的学习习惯：课前预习，课堂能认真听讲，课后复习，独立完成作业；主动组织团队活动，在活动中占主导地位并解决问题；数学学习过程中激发出强烈的兴趣和自信，有着质疑态度与批判思维。 |

3. 数据分析

利用SPSSAU2.0软件分别对数据进行总体分析，对初中生的理想课堂育人价值与思维品质、关键能力和必备品格之间进行相关分析，分值越高，关系越密切。

(1) 初中数学理想课堂的育人价值、思维品质、关键能力和必备品格的总体分析

用 SPSSAU2.0 统计软件对所得数据进行分析，理想课堂育人价值与关键能力、思维品质、必备品格这 3 项之间均呈现出显著相关性，相关系数值分别是 0.977、0.989、0.989，并且相关系数值均大于 0，意味着理想课堂育人价值与关键能力、思维品质、必备品格这 3 项之间有着正相关关系。图 2 是初中数学理想课堂的育人价值与思维品质、关键能力和必备品格的 Spearman 相关可视化图。

| | 理想课堂育人价值 | 关键能力 | 思维品质 | 必备品格 |
|---|---|---|---|---|
| 理想课堂育人价值 | 1.00 | | | |
| 关键能力 | 0.98 | 1.00 | | |
| 思维品质 | 0.99 | 0.96 | 1.00 | |
| 必备品格 | 0.99 | 0.95 | 0.97 | 1.00 |

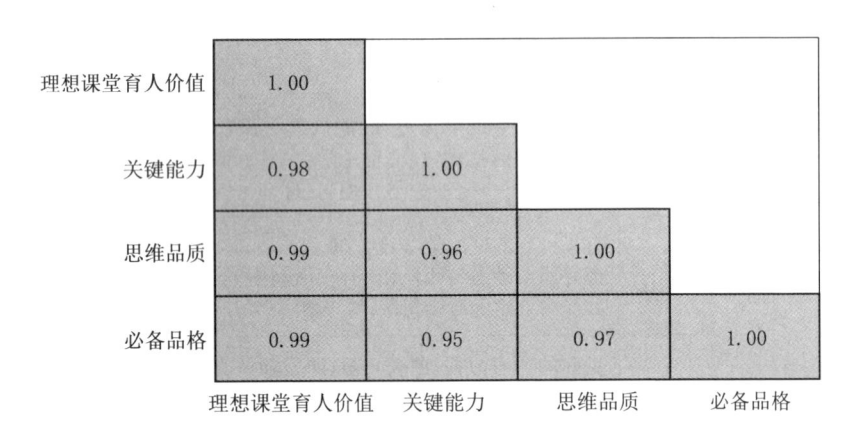

**图 2　Spearman 相关可视化图**

(2) 初中数学理想课堂的育人价值与思维品质、关键能力和必备品格的因素特征分析

为了进一步了解思维品质、关键能力和必备品格在育人价值方

表 5  Spearman 相关标准格式

|  | 平均值 | 标准差 | 理想课堂育人价值 | 关键能力 | 思维品质 | 必备品格 |
|---|---|---|---|---|---|---|
| 理想课堂育人价值 | 110.540 | 20.529 | 1 |  |  |  |
| 关键能力 | 37.230 | 6.535 | 0.977** | 1 |  |  |
| 思维品质 | 32.250 | 6.267 | 0.989** | 0.964** | 1 |  |
| 必备品格 | 40.800 | 7.699 | 0.989** | 0.948** | 0.972** | 1 |

\* $p<0.05$  \*\* $p<0.01$

面是否存在差异,对有效问卷按照不同的因素进行分组研究,使用 Spssau2.0 软件进行线性回归分析,结果如表 6 所示。

表 6  初中数学理想课堂的育人价值与思维品质的线性回归
线性回归分析结果($n=100$)

|  | 非标准化系数 B | 标准误 | 标准化系数 $\beta$ | $t$ | $p$ | 共线性诊断 VIF | 容忍度 |
|---|---|---|---|---|---|---|---|
| 常数 | 5.735 | 1.359 | — | 4.221 | <0.001** | — | — |
| 思维品质 | 3.250 | 0.041 | 0.992 | 78.567 | <0.001** | 1.000 | 1.000 |
| $R^2$ |  |  |  | 0.984 |  |  |  |
| 调整 $R^2$ |  |  |  | 0.984 |  |  |  |
| F |  |  | $F(1, 98)=6172.812, p<0.001$ |  |  |  |  |
| D-W 值 |  |  |  | 1.649 |  |  |  |

因变量:理想课堂育人价值
\* $p<0.05$  \*\* $p<0.01$

由表 6 数据可以看出,模型公式为:理想课堂育人价值=5.735+

3.250*思维品质。思维品质的回归系数值为3.250($t=78.567$;$p<0.001$,小于0.01),意味着思维品质会对理想课堂育人价值产生显著的正向影响关系。

表7 初中数学理想课堂的育人价值与关键能力的线性回归
线性回归分析结果($n=100$)

| | 非标准化系数 B | 非标准化系数 标准误 | 标准化系数 $\beta$ | $t$ | $p$ | 共线性诊断 VIF | 共线性诊断 容忍度 |
|---|---|---|---|---|---|---|---|
| 常数 | −4.588 | 2.111 | — | −2.174 | 0.032* | — | — |
| 关键能力 | 3.092 | 0.056 | 0.984 | 55.361 | <0.001** | 1.000 | 1.000 |
| $R^2$ | | | | 0.969 | | | |
| 调整 $R^2$ | | | | 0.969 | | | |
| $F$ | | | | $F(1,98)=3064.895$,$p<0.001$ | | | |
| D-W 值 | | | | 2.005 | | | |

因变量:理想课堂育人价值
\* $p<0.05$  \*\* $p<0.01$

从上表可知,模型公式为:理想课堂育人价值=−4.588+3.092*关键能力,关键能力的回归系数值为3.092($t=55.361$;$p<0.001$,小于0.01),意味着关键能力会对理想课堂育人价值产生显著的正向影响关系。

从下表可知,模型公式为:理想课堂育人价值=2.464+2.649*必备品格,必备品格的回归系数值为2.649($t=85.910$;$p<0.001$,小于0.01),意味着必备品格会对理想课堂育人价值产生显著的正向影响关系。

表8　初中数学理想课堂的育人价值与必备品格的线性回归
线性回归分析结果（$n=100$）

| | 非标准化系数 B | 非标准化系数 标准误 | 标准化系数 $\beta$ | $t$ | $p$ | 共线性诊断 VIF | 共线性诊断 容忍度 |
|---|---|---|---|---|---|---|---|
| 常数 | 2.464 | 1.280 | — | 1.925 | 0.057 | — | — |
| 必备品格 | 2.649 | 0.031 | 0.993 | 85.910 | $<0.001$** | 1.000 | 1.000 |
| $R^2$ | | | | 0.987 | | | |
| 调整 $R^2$ | | | | 0.987 | | | |
| $F$ | | | $F(1,98)=7380.453$, $p<0.001$ | | | | |
| D-W 值 | | | | 1.584 | | | |

因变量：理想课堂育人价值
* $p<0.05$　** $p<0.01$

三个指标均对理想课堂育人价值有着显著影响，其中必备品格的影响略大，这与初中阶段学生处于思维发展阶段有关，兴趣、习惯等作用更明显。当然，这也跟案例校学生整体状态有关，三者的区别不大。

(3) 初中数学理想课堂的育人价值与思维品质、关键能力和必备品格的总体分析

从下表可知，将思维品质，关键能力，必备品格作为自变量，而将理想课堂育人价值作为因变量进行线性回归分析。从下表可以得出模型公式为：理想课堂育人价值＝－0.714＋0.881* 思维品质＋0.927* 关键能力＋1.184* 必备品格，模型 $R^2$ 值为 0.999，意味着思维品质，关键能力，必备品格可以解释理想课堂育人价值的 99.9％变化原因，如图3。

### 表9 初中数学理想课堂的育人价值与思维品质、关键能力和必备品格的线性回归

线性回归分析结果($n=100$)

| | 非标准化系数 B | 非标准化系数 标准误 | 标准化系数 $\beta$ | $t$ | $p$ | 共线性诊断 VIF | 共线性诊断 容忍度 |
|---|---|---|---|---|---|---|---|
| 常数 | −0.714 | 0.459 | — | −1.554 | 0.123 | — | — |
| 思维品质 | 0.881 | 0.075 | 0.269 | 11.675 | <0.001** | 38.479 | 0.026 |
| 关键能力 | 0.927 | 0.049 | 0.295 | 18.811 | <0.001** | 17.822 | 0.056 |
| 必备品格 | 1.184 | 0.057 | 0.444 | 20.890 | <0.001** | 32.753 | 0.031 |
| $R^2$ | | | 0.999 | | | | |
| 调整 $R^2$ | | | 0.999 | | | | |
| $F$ | | | $F(3, 96)=24114.680, p<0.001$ | | | | |
| D-W 值 | | | 1.797 | | | | |

因变量:理想课堂育人价值

\* $p<0.05$  \*\* $p<0.01$

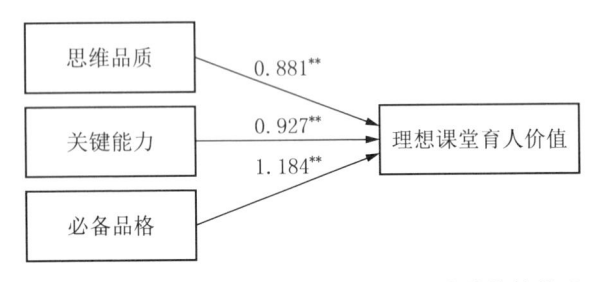

图3 思维品质、关键能力、必备品格与育人价值的关系

### 4. 结论与建议

(1) 结论

① 性别比例:男生占比57.1%,女生占比42.9%,男生略多于女生。

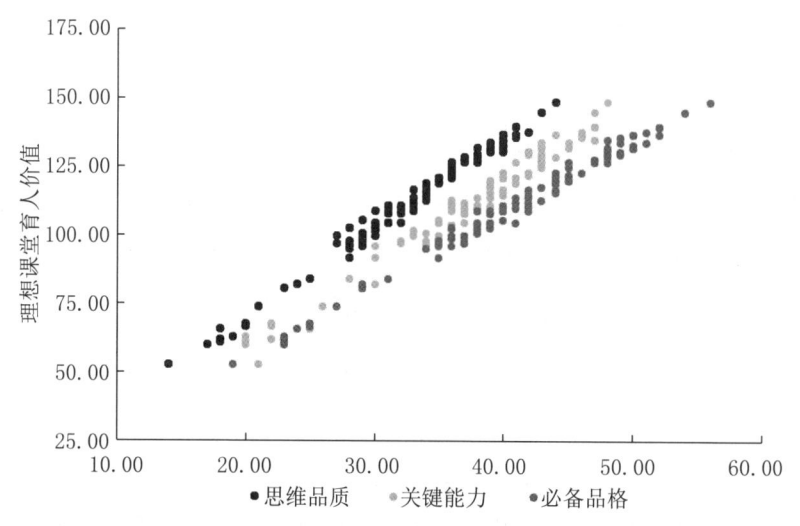

**图 4** 初中数学理想课堂的育人价值与思维品质、关键能力和必备品格的散点图

② 大部分学生对于数学学习的态度、方法、目的等差异不大。对于提升数学素养的方法、活动有差异。

③ 对于理想课堂的时长、方式、师生间与学生间互动等差异不大。

（2）建议

从问卷结果来看，学生对基础概念和通性通法在数学学习中的作用给予了高度认可，同时强调了实践活动和合作学习的重要性。对于形成自己的数学素养来说，经历了从数学概念的形成、得到结论、学会应用的发展过程；参加有效的数学学习活动是最有效的手段。置身于一定的情境和有关联的问题中也有一定帮助。而直接记忆数学概念、定理并刷题的效果相对较低。下面给出一些建议：

① 提供更多与实际问题相关的情境以增强学生的实践能力

情境学习强调在真实或模拟的实践情境中获取知识和技能,从而提高学生的问题解决能力和创新能力。这种学习方式与实践能力密切相关,能够为学生提供一个全面发展的平台。在情境学习中,学生应该能面对真实的问题和挑战,这可以激发他们的兴趣和动力,提高他们的实践能力和创新能力。情境学习能够培养学生的批判性思维和团队协作能力,这些都是现代社会所需的关键能力。情境学习可以促进学生的学习效果和兴趣。通过参与情境学习,学生能够更好地理解和掌握知识,从而提高学习效果。情境学习能够激发学生的学习兴趣,使他们更加积极地参与到学习过程中。为了实现情境学习的目标,我们需要采用多种方法来提供与实际问题相关的情境。积极探索和创新情境学习的应用方式和手段,为学生提供更加优质的学习体验。只有这样,我们才能够培养出具有挑战能力、实践能力和创新能力的人才。

② 鼓励学生参与数学实践活动以培养他们的创新能力

在数学教学中,教师可以通过设置问题情境、引入生活实例等方式,激发学生的好奇心和求知欲。例如,教师可以引导学生发现生活中可以解决的数学问题,鼓励他们提出自己的看法与解决方案,培养他们的创新欲望。教师应该提供各种数学实践活动的机会。这包括课堂上的小组讨论、实验探究,以及课外的数学竞赛、数学夏令营等。教师应鼓励学生敢于质疑、勇于尝试,在课堂上形成积极互动的学习氛围。鼓励学生参与数学实践活动是培养他们的创新能力的有效途径。教师应从激发创新欲望、提供实践机会、注重评价反馈、营造良好氛围等方面着手,全面提高学生的数学素养和创新能力。

③ 合理分配课堂时间以促进学生的自主学习和合作学习

教师需要关注课堂时间管理的重要性,提高教学效率、增强学生专注度、为学生提供更多学习机会、培养学生的学习习惯和自律能力。教师需要遵循黄金分割原则来分配课堂时间。在一节课(以 40 分钟为例)里,留给学生独立思考的时间应不少于 15 分钟,这样的分配方式有助于激发学生的主动参与意识和合作精神。例如,可以将传统教学内容转化为学习任务,并将其分为若干个环节,如学情评估、预学研讨、拓展提升、自主检测、自评与他评等。通过这种方式,学生可以在有限的时间内充分地探索和发现知识,从而提高学习效率。教师需要不断探索和实践,找到最适合自己的课堂时间分配策略,以提高教学质量和学生的学习效果。

5. 初中数学理想课堂问卷调查(学生):见附录

## 第二节 教师眼中的中学数学理想课堂

在我们还是学生时,老师问过我们:"你们的理想是什么?"

在我们成长为一位数学教师,把发展学生的数学核心素养作为终极目标后,也会自我追问:"理想的数学课堂是什么?"教育的理念是不断发展的,教师的认知会随之改变,心中的理想课堂标准也会不断调整。基地的各位老师对理想课堂的追寻也是在交流中不断地发展变化。

## 一、《新课标》新理念下的数学理想课堂

数学基础知识与数学基本技能(简称"双基")是我国数学教育的重要特征,自20世纪50年代以来,"双基"就是我国数学课程目标的重要构成部分。《普通高中数学课程标准(实验稿)》等继承了这一传统,数学"双基目标"成为其"三维目标"(知识与技能、过程与方法、情感态度与价值观)的三个方面之一。随着课改的深入推进,《新课标》《义务教育数学课程标准(2022年版)》(以下简称《新课标2022》)都在数学课程中提出了使学生能获得"四基"(基础知识、基本技能、基本方法和基本活动)、提高"四能"(发现问题能力、提出问题能力、分析问题能力和解决问题能力)的目标,这是借鉴前期课程改革经验,适应核心素养培养的新要求所做的新拓展,引导数学教学目标转向"素养目标"。

课程标准引导课堂教学坚持素养导向,培养学生正确的价值观、必备品格和关键能力,强调改变教学方式,强化学科实践,基于问题学习和跨学科学习;强调改变教学关系,凸显学生的主体地位,以学习者为中心,引导学生自主合作探究式学习和个性化学习。要在课堂教学中落实这些要求,就要把课堂教学转变得稍许"理想"一点,可以称为"理想课堂"。

## 二、"理想课堂"的研究现状

1999年,中共中央、国务院发布《关于深化教育改革全面推进素质教育的决定》后,多种教育改革探索应运而生。新教育实验提出"构筑理想课堂",认为课堂是学校最重要的教育形式,学校的教学

任务主要是通过课堂教学来完成的,课堂教学的质量直接关系着学校教育的成败。

2002年,新教育实验提出理想课堂"六度",分别从主体、情感、生态、知识、实践、生活和生命等六个不同角度,对学生的课堂学习过程与水平进行了分析。

2008年,又提炼出理想课堂的"三重境界"(第一重境界是落实"有效教学框架",第二重境界是发掘知识的内在魅力,第三重境界是实现课堂知识、师生生活与生命的深刻共鸣),从教师的教学过程反思课堂。

**三、"理想课堂"之"三重境界"的新理解**

鞍山实验中学的刘雪莲老师、二附校的高洁老师等学习了于国祥的文章——《构筑理想课堂》后认为,在新课标指导下,为把素养目标转化为学习目标,对理想课堂之"三重境界"要有新的理解。

1. 落实有效教学框架,塑造流畅有效的课堂

虽"教无定法",但课堂上、教师用规范和精炼的语言的、指向性明确的提问,清晰地把握各教学环节的目标是理想课堂的基本要求。为呈现理想数学课堂,教师需要在课前、课中、课后做好六个方面准备。

(1) 教材及教材解读

数学教学要基于数学的整体性,对教学内容展开整体分析,帮助学生建立能体现数学学科本质、对未来学习有支撑意义的结构化的数学知识体系。深度解读教材,有利于较好地把握编者的意图,体现

课标的要求,将知识点进行系统化和结构化的处理,从而促进有效教学。

民星中学的唐费颖老师建议,制作数学学科的知识图谱,把数学内部具有逻辑关系的知识点织成一种网状的结构,为学生的学习提供逻辑支撑。同时,将知识图谱应用于单元教学设计,围绕其中的核心内容提炼出单元的学习主题,创设贴近生产生活实际的学生感兴趣的情境,以问题串的形式引出这些核心知识点,使学生在解决问题的过程中发展数学学科核心素养。

(2) 确定教学目标

通过对教材的整体把握和对学生的认知基础、学生思维特点的深入分析,制定有效的教学目标,对实现提升教学实效性起着至关重要的作用。只有教师拥有了"研究的意识"和"思考的习惯",才能使学生更有思想。

(3) 对预习的重视

预习作业要全面地针对所有教学目标,学生在预习阶段独立地完成某些学习任务,而课堂教学是对学生独立学习效果的检测、修正和提升。预习作业的设计要求能引导学生细读课本,直指重点。直白地说,预习作业的内容全是本课的重点和目标,课堂教学就是对这些重点的检测、总结和提升。

(4) 严谨的教学板块

在评价引领下的设计教学板块,教师要确认学生的学习状况与学习目标的差距,在必要的教学节奏的带动下,通过形成性评价使学生体验到"大致粗通、触类旁通、融会贯通"的教学过程。

（5）教学过程中完善学生个体学习的预设与规定，积累活动经验。（详见4）

（6）收集学习信息，对核心素养与知识技能的达成情况进行评价，反思教学。

这个框架继承了传统的教学基本过程，但在两个地方有创新：一是强调以精确、精细、精准的目标为课堂教学"统帅"；二是从备课开始，注重学习内容、学习目标、学习评价的框架，实现"教—学—评"的一致性。

2. 注重课堂对话和品质，发掘知识的内在魅力

"问题是数学的心脏"，一个好的问题情境，能激活经验，产生意向，激发创造。这要求教师设计的问题是开放的，使得各层次的学生都能参与并产生自己的想法，并通过不同的想法挑战同学的思维，在思维的碰撞中再产生新的问题，众多的问题环环相扣，自然地构成"问题链"。

首先，恰当地运用表达。用学生能理解的语言文字解释核心内容，例如，在具体教学设计中，教师要遵循"用教材教"而不是"教教材"的原则，充分挖掘教材中例题和习题的潜在功能，引导学生向更广的范围、更深的层次展开联想和引申，促进知识的融会贯通，获得解题能力和思维能力的提高。课堂呈现的教学内容，全班同学都能看清、听到；以适当的眼神、表情、手势、走动等促进学生间的沟通。

其次，积极促进对话。倾听学生表达，不随便打断；鼓励和引发

学生提问或质疑；对学生的反应有建设性的反馈。

**【实例分析】**

复旦附中的郑仲义老师在执教高三复习课"数列的函数观"时，对选编教材的内容进行整体考量，并且结合学生的实际情况设计了如下的例题。

例：已知数列$\{a_n\}$的通项公式为$a_n = n \times p^n$，

(1) 若$p = \dfrac{1}{2}$，请问：$\{a_n\}$是否有最大项？

(2) 若$a_6$是最大项，求正实数$p$的取值范围。

(3) 若$a_6$是最大项，求$p$的取值范围。

**【设计意图】**

本题改编自沪教版《普通高中教科书 数学 选择性必修 第一册》的习题4.3之A组第4题，以函数性质为手段，转化数列的问题。教材原题应该是想推动对数学运算和演绎推理等多方面素养的发展。郑老师考虑课堂内时间有限以及本课重点、难点的设定，故对教材进行改编，简化了代数运算，拓展了课本内容。第1小题的运算量低于教材练习，第2小题是逆向变式，第3小题扩大变量范围，目的是限制构造函数求导方法，让学生体会数列与函数的区别，回归数列最值问题的数列处理方法。结合《普通高中教科书 数学 选择性必修 第二册》之P16的例10，以及P15的导数的运算法则，本题使用导数方法判断函数的单调性对本班学生是适合的。在对特殊数列与相应函数的联系的研究基础上，从数列的定义出发，引导学生用函数的观点(图像,导数)研究数列,更进一步地感受数列与函数的共性与差异。

3. 师生生命的深刻共鸣,建真实学习的育人课堂

"理想课堂"应该让学生学会学习,教他们学会认知、学会做事、学会与他人共处、学会创新,以便能够持续发展,更好地实现人生价值。因而,我们的课堂需要寻找能顺应孩子天性的课堂教学方式,实现由关注"教"向聚焦"学"的变革,真正把课堂还给学生。深层理解的知识学习能够帮助师生激活生命,享受学习。

复旦附中的张晴帆老师认为"理想课堂"的教师将知识、能力、态度进行有机整合,因材施教,充分体现课堂的生活性、生命性和发展性。从数学史和数学教育结合的教学理念上看,她认同在学习的过程中让学生经历与感受到科学家发现知识的坎坷与喜悦,从而激发学生的潜力,提升教学的品质;教师不是用某些"有效"的方法把知识简单地转交给学生,而是知识和学生之间的一座"桥梁",准确而及时地出现在被阻隔之处,甚至是和学生一起沿着"问题—知识—真理"的途径进行一次科学探索,成为学生的同行伙伴,从而实现教学相长。这在数学概念教学尤其值得研究。

在对理想课堂之"三重境界"的理解过程中,老师们认同理想课堂首先应该是学生是主体,教师是主导的课堂。其次,知识都是有它的魅力的,孩子们对身边的新鲜事物充满兴趣,我们教师需要做的是努力激发学生的学习热情,让学生感受知识的求得成为一个探索奥秘的神奇过程。第三,课堂需要关注的对象是全体学生,教学应该是

师生共同完成探索的过程。最后,课堂应该成为学生的一段旅程。这段旅程承载着发现问题时的疑惑、遇到困难时的挑战、解决问题时的愉悦等等。回顾整段旅程,学生应该是心中欢喜、豁然开朗的。

**四、理想课堂的教学实施:日常教学的理想课堂**

发展学生数学核心素养的一个明晰的教学线索是从"四基"到"四能"再到"三会"(会用数学的眼光观察现实世界,会用数学的思维思考现实世界,会用数学的语言表达现实世界),这一线索从基础、途径和行为的角度反映了数学核心素养的具体体现,也为学生的数学核心素养的评价提供一个理论框架。

在实施基于核心素养的数学课堂教学时,根据不同的教学内容有不同的教学方式。不论何种方式,能具体化到每堂课,都必然有一个"整体设计,分步实施"教学实施框架来带领同学经历一个自学略通、大致粗通、触类旁通、融会贯通的学习流程:

> 教师的教学—引导学生学—师生有效沟通—课堂环境管理—教学目标达成

1. 教师的教学

张建国老师主张数学教学要在教材的基础上开展过程教学,把知识生成的过程以合理的形式展现给学生,让学生不仅知其然,而且知其所以然,进一步何由以知其所以然。这对培养学生的理性思维和科学精神是很有帮助的。因此,在整个教学过程中,教师对于每一个数学知识点都应该明确三个"什么":这个概念是"什么"、这个概念为"什么"是这样、这个概念还有"什么",这三点就是数学过程教学的核心。

过程教学是复旦附中数学组的传统特色。数学教学首要教的内容是数学,对教师来讲,就是要理解教材、理解教学、理解学生。这就需要教师在平时教学中要多关注概念和公式的生成过程,努力选取和概念生成有关的典型材料,用生动、活泼的语言创设概念、生成情境,使学生感到概念的生成是自然的,是理性所致,从而能进一步激发学生学习的激情和热情。

(1) 理解教材

教材是课标意志的体现,教材分析的本质就是深入了解课程的核心观念。全面理解教材的编写意图、明确教学内容的整体结构、把握核心内容和主要的数学思想方法,能够有针对性地选择教学方法和教学策略,教学就能有深度、有广度。有深度,就是说这一堂课不仅是简单地传授学生这节课的知识是什么,还要通过这节课的学习让学生知道这些知识为什么是这样,是怎么来的,学习了以后有什么用,可以解决什么问题,对未来的学习有什么帮助。有广度,就是通过这节课的学习可以帮助学生提升核心素养、提高思维品质和综合能力,对学生价值观有更大的提升。

基地的老师提倡采用"单元"式的整体教学设计。"单元"的含义是广义的,既可以是基于章、节的知识单元,也可以是跨章节的主题单元或内容单元,还可以是以数学的"方法""思想""活动"等来设置单元。无论何种形式的单元教学,都应是通过"四基"的实施,最终聚焦于核心素养的达成的。

**【实例分析】**

上海音乐学院实验学校(以下简称"上音实验")的阎厚毅老师在对沪教版《九年义务教育课本　数学(八年级第二学期)》(以下简称《数学八年级下册》)的"特殊平行四边形的性质"进行教学研究时发现,帮助学生对平行四边形、菱形、矩形、正方形等多个几何图形所有的性质定理进行梳理是本单元的一个教学难点,图形的对称性揭示了知识形成的整个过程,是本单元必不可少的一个环节。但在很多课堂上,"对称性"这个知识点与其他几个知识点是割裂的。

七年级第二学期的初中学生已学过:"能够通过图形的运动重合的三角形叫做全等三角形";在八年级第一学期的"证明演绎"一课中,揭示了直观认知、实验操作、推理论证三种几何研究方法是相辅相成的。例如,平行四边形是中心对称图形,其对应了图形的运动中的旋转操作。在对平行四边形进行旋转 180°的过程中,我们发现对边、对角、对角线分别重合,得出了对边相等、对角相等、对角线互相平分的猜测。猜测之后的证明环节中又将线段、角的重合问题转化为了三角形重合的问题。结合知识线索建立教学活动的设计可以帮助学生理解怎样进行猜测、怎样进行证明,巩固了几何定理的研究方法,这对于学生数学思维的培养是十分有利的。

(2) 理解教学

教师应掌握课程内容表述的教学内容、学业水平和学业质量要求,要对"教什么、如何教、教到什么程度"了然于胸,最终把教学的内容清晰地表达出来。

首先是熟知学科内容,能准确表达、解释基本的概念和核心的内容,将抽象的教学内容转换为有助于理解概念、解决问题的学习活动。

其次是建立合理的教学结构。教学内容的呈现应该由简到繁,注意系统性和条理性;让学生形成对新知识的初步感知,找到其特点,并与相关的旧知识建立一种联系;围绕核心内容,提供实例和证据;设立有意义的课堂反馈和练习;适时概括学习要点,并能简明扼要地突出重点。

**【实例分析】**

上海青浦兰生学校(以下简称"青浦兰生中学")的张家付老师在执教沪教版《九年义务教育课本 数学 八年级下册》第二十二章第一节"多边形"的第1课时,有一个求多边形的内角和教学片段:

师:在三角形中,我们曾经研究过它的周长、面积等等,并且发现随着三角形的不同,它们的周长和面积也可能不相同,但有一个量始终没变过,你知道是哪个量吗?

生A:内角和180°不变。

师:那多边形的形状变化时,内角和会不会也不变呢? 是多少呢?

生B:不变,$(n-2)180°$。

师:你怎么知道的?

生C:由刚才三角形拼在一起得到多边形想到可把多边形分成若干个三角形的方法。

师：怎么分？

生 D：连对角线，把多边形分成若干个三角形来求解。

师：很好！由此我们又可思考五边形以及六边形的内角和会是多少，进而推导 n 边形的内角和公式的关键是看 n 边形能被分成多少个三角形，从而得出 n 边形的内角和公式是 $(n-2)180°$。

张老师用一个自然的引入，仿佛带领学生走进一个全新的世界。然后，张老师很自然地抛出一个相关的问题，学生又被新的问题带入另一个境界，开始新的思考和回答，而张老师又会根据学生的反应和回答接着抛出新的问题。在这一问一答的互动过程中，学生学习到了新的知识，掌握了新的解决问题的方法，收获了触类旁通的体验。

教师的问题针对学生即时的回答，这样的提问才会有效，才能让课堂得以流畅地进行。这需要老师对学生已有知识基础有清晰的认知，根据学生的回答对问题做出及时的调整，使问题环环相扣，学生的注意力和思考都停不下来，全身心地投入课堂中来。

(3) 理解学生

唐费颖老师认为，要了解学生，可多与学生面谈或用"问卷星"设计问卷，了解学生的认知基础，包括已有的知识、技能、思想、经验等；关注学生的学习心理，包括学习的信念、动机、情感态度与价值观。课上及时对学生的表现进行鼓励，并结合课后的作业情况，分析其中的关联并探索原因，对其中的关键问题以电子档案的形式及时记录下来。

**【实例分析】**

上海民办兰生复旦中学(以下简称"兰生中学")张宇清老师以方差的教学设计为例,诠释了如何创设情境,站在学生的角度思考知识的发生、发展过程,并设计关键的问题引领学生主动探索,将波动这一统计量的意义、用法、产生的原因等都让学生体会到,从而引导学生在建模时如何用方差、标准差来描述问题。

数学教育的基本目标是促进学生思维的发展,教学流畅展开的前提是对学情的把握。教师在教学活动中处主导地位,学生在学习活动中占主体地位。教与学本质上是"引"和"思"的关系,应将"引"和"思"的对立统一看成数学教学的主要矛盾。

2. 引导学生学习

支撑数学核心素养的"四基"教学应更关注其内在的动因,这个动因的指向就是在教学中如何让数学知识"活"起来,因为"死"的知识是培养不了素养的。增强教学动因的关键是学习主体的参与性。"四基"的提出,将促使教师更有意识地注重数学教学中多样化活动的设计,使学生积极主动地投入数学探究的活动和过程之中。

**【实例分析】**

在高洁老师的"三角形的中位线""梯形的中位线"等课的教学过程中,课堂引入、新知探索、新知运用、问题推广等四环节,从"教结构"到"用结构",其研究问题的方法一脉相承。在引导学生形成概念、发现规律、获取知识和理解内化的数学教学过程中,数学基本知识得到应用,数学基本技能得到实践,发展了学生的数学能力和一般能力,让学生体会数学学习的基本方法。学生通过自我的体验去积累活动经验,感受文字语言、符号语言和图形语言的转译过程,感悟数学思想,在探索中理解数学的本质,这种主体的参与性、活动性更强的学习必然带来素养的成长。

在具体实践中,体现在以下三方面。

首先,是维持学生的学习动机。高洁老师的单元设计切合学生实际的情境和问题,引导学生用数学知识结构的眼光去观察、发现问题,使用路径化的语言描述提出问题,用模型的思想去思考、解决问题。在问题解决的过程中,让学生理解数学内容的本质,促进学生数学学科核心素养的发展。

其次,运用合适的媒体资源以及多元的方式:除讲授外,要运用多种教学方法;提供大多数学生参与活动的机会;组织和促进学生的互动与合作,不仅是学生运用新知识、新思想的过程,也是学生深入探究问题、寻求解决一般性问题策略的过程,更是学生进行数学交流、数学表达以及主动运用数学的意识的过程。

最后,善用发问技巧。课堂教学中高质量问题的提出应该是适时的,能够反映教学内容的本质和知识产生发展的过程,有助于提升学生对数学知识本质的理解,从而能够让学生分析和解决问题。适时提出的数学问题不仅会提高学生学习的兴趣,还会提升学生思维的深刻性、灵活性、批判性等思维品质,从而发展核心素养。

### 3. 理想课堂管理,师生有效沟通

"数学是思维的体操",思维和表达是密切相关的。学生汇报、交

流讨论等互动都依托于学生的表达。而数学表达的准确性体现思维的周密性;表达的连贯性体现思维的逻辑性;表达的多样性体现着思维的丰富性。

上音实验的姚梭星老师根据自己多年教学中的成功经验,认为相比于经过精心设计、反复打磨出来的"公开课",日常教学中的理想课堂有三点比较重要。

(1) 学生的参与度

学生的主动参与是激发其思维的基本前提,学生的全员、全程参与体现了学生的主体地位。课堂教学不能是个别优等生的"表演",不能是教师的"个人表演",更不能是教师事先预设程序的再现。高洁老师的观点是课堂的目光应该放在"一群"上,而不是"一个"上,当个别优秀生作为"一个"呈现时,要尊重个体差异,同时引导其他学生和他共同来面对问题,使得主体不仅仅是针对某几个人。

(2) 教师的亲和度

"亲其师,信其道",以和善的表情和亲切的口吻与学生互动;以幽默、机智带动愉快气氛;激发小组或团队的荣誉感。教师成为学生学习的促进者、合作者。良好的合作是课堂成功的基础,师生之间要有愉快的情感沟通与智慧交流。课堂只要有愉悦、欢乐和合作的氛围,就一定会是一个高效、理想的课堂。

(3) 课堂的自由度

理想的课堂充满着自由轻松的氛围,学生有自由表达、分享自己的解题思路。这样的课堂,可以使学生的学习效率达到最大化。

数学教育的目标是促进学生思维的发展。姚老师提出的三点，点明了理想课堂的主体、情感和生态，在良好的生命体验中，使学生的思维得到发展。

4. 数字化赋能的理想课堂

三年疫情期间的线上教学让老师们体会了信息技术在教学中无可取代的重要性，而随着 ChatGPT 等 AI 技术的发展，借助数字技术重塑课堂模式成为教育顺应数字革命进行的新变革。

老师们根据亲身实践认为，在教学中，几何画板等教学辅助工具使得教学过程轻松且有张力，教学内容的呈现更加直观形象，让学生能够直观感受各种方法之间的关联；各类投屏设备让生生交流、师生交流更加便捷。

数字技术日新月异，教师和学生的数字素养都有待提高。对于教师来说，需要提升运用数字技术改进教育教学的意识和能力。比如，提高数字化内容编辑、制作的能力，将优质数字化内容切片后分享给学生以弥补制作时间和能力的不足；也要自学一些必备的技能，学习使用信息技术处理学习内容，包括图形计算器、电子表格、几何画板、Geogebra 等，学生之间可以互助、师生之间也可以切磋共进。

【实例分析】

张宇清老师在"太阳高度角的测量与探究"的跨学科案例教学中，和学生一起用手机 App 测得每天不同时段的太阳高度角，记录一个月内每天正午的太阳高度角的变化，再利用多媒体动画让学生理解其背后的原理。这些研究与我们的生活息息相关,比如太阳能热水器的角度调节、楼间距大小的判断问题。从数学学科角度来看,学生对课题的实践体现了三角比的运用;从跨学科学习的角度看,在探寻规律的过程中,数学知识与地理知识相接。这种信息技术辅助下的跨学科学习不仅打通了不同的学科课程,更让学生具备整体认识世界的能力,理解数学在人类认识世界和改造世界的过程中所起的关键作用。

5. 教学目标达成

《新课标》注重学业质量,有效整合了对数学"四基""四能"和数学核心素养的考查。日常的数学课堂教学仍然把"四基"作为基本的教学与评价目标,同时需要把数学核心素养的教学与评价作为一个显性的任务,及作为一条显性的线索来指导和贯穿数学教学的过程。

唐慧颖老师在与家长、学生的访谈中了解到:家长最关心的莫过于孩子的学习成绩当前处于什么位置、需要在哪些方面有提高、怎样增强学习数学的动力?学生怎么才能对自己的学习情况了如指掌呢?

教师需要用"教—学—评"一体化理念进行教学设计并开展课堂教学。教师的教、学生的学以及对教与学的评价要在一个明确的目标统领下相辅相成,这个目标就是数学课程标准中的学科核心素养与课程目标、课程内容、学业质量。在教学过程中,采用形成性评价的方式,既关注整体学生对知识技能掌握的程度和思维的过程，又能根据整体学习情况调整教学活动，及时向个别学生指出学习进展。

阶段性评价时，对标学业质量与数学学科核心素养水平，在关注学生数学知识技能达成的同时，还要关注数学学科核心素养的提升，不仅让学生及家长及时了解学习的结果、(更多的是)了解学习过程中的发展和变化，还要通过评价使学生感受学习的收获、激发学习的主动性，使家长能更了解自己的孩子。

## 五、小结

创设理想数学课堂，目标在于落实数学课程标准，这对数学教师确实提出了新的要求。

理想课堂的呈现不是一蹴而就的，需要多方面的前期准备：教师对待课堂的态度，课前的备课，教师知识的储备，对课堂的把控和随机应变的能力都是缺一不可的。所有这些，首先需要教师心中时刻想着学生，从学生的发展角度考虑问题，在不断改进和反思中逐步成长，让自己上的每堂课都能成为自己理想课堂。

其次，需要教师自身专业化发展的努力。在理念上，数学教师要认识核心素养的育人价值，把握核心素养与知识技能之间的区别和联系，理解数学核心素养的内涵和水平划分，将数学核心素养的落实变成自觉的行动。在教学设计上，通过创设合适的学习任务，在日常教学中养成数学核心素养。在教学评价上，创新评价形式和方法，把知识技能的评价与数学核心素养的评价有机融合。

## 第三节　专家眼中的中学数学理想课堂

### 一、国内外教学模式的发展历程

1. "班级授课制"的提出

夸美纽斯是17世纪捷克著名的教育家,被认为是现代教育学的先驱之一,他提出的班级授课制的教育模式对后来的教育体系产生了深远的影响。班级授课制的形成使得"课"和"堂"在时空上实现结合,而课堂教学则成了学校教育的常规活动。

2. 从关注"教"到关注"学"

对课堂教学中"教"与"学"的理论经历了漫长的研究过程,从关注"教"到关注"学"的转变是一段跨越了数百年的教育历史进程,涉及教育哲学、心理学、社会变迁等多方面因素。

在教育的早期历史中,学校教育往往采用以教师为中心的教学模式。这种模式强调教师的主体地位,学生主要是被动地接受知识。这一时期,教育的目的更多的是传递知识和文化遗产,而非关注学生的个体差异或学习过程。

19世纪末至20世纪初,随着心理学和教育心理学的发展,人们开始关注学生的心理过程和学习方式。教育心理学家如约翰·杜威强调学习是一个主动探索和建构的过程,提倡"做中学"的学习方式,强调学生的主动性和实践经验。这一时期,教育开始从关注"教"转向关注"学"。

20世纪中叶以后,以学生为中心的教学理念开始获得广泛认可。这一理念认为,教育应该关注学生的需求、兴趣和潜能,教师的角色应从知识的传授者转变为学习的促进者和引导者。教育研究开始关注如何优化学习环境,如何培养学生的批判性思维和创造力。

进入21世纪,随着信息技术的发展,教育领域出现了更多支持个性化学习和协作学习的技术工具。在线学习、混合学习、翻转课堂等新模式的出现,进一步推动了从关注"教"到关注"学"的转变。教育者更加重视利用技术手段来满足学生的个性化学习需求,强调学生的主动学习和参与。

3.《新课标》中的"教"与"学"

《新课标2022》在课程理念中也指出,有效的教学活动是学生"学"和教师"教"的统一,学生是学习的主体,教师是学习的组织者、引导者与合作者。[①]课堂教学模式的发展历程是我们研究理想课堂的基础。

**二、专家视角下"理想课堂"文献研究**

从孔孟到杜威,古今中外从未停止过对理想课堂的探讨,但受时代背景、地域文化、技术发展、学科背景等诸多因素的影响,我们或许无法给"理想课堂"一个明确的定义,但一定有一些维度是所有课堂

---

① 中华人民共和国教育部:《义务教育数学课程标准(2022年版)》,北京师范大学出版社2022年版,前言第3页。

所共通的。笔者通过大量的文献查阅,总结了如下一些专家视角下的理想课堂。

1. 朱永新之理想课堂的"六个维度"与"三重境界"

我国著名教育理论家、"新教育实验"的发起人朱永新教授在2002年提出了理想课堂的六个维度和三重境界。六个维度主要侧重于从学生的学习过程评测课堂,分别是参与度、亲和度、自由度、整合度、延展度、练习度。①三重境界分别是:落实有效教学的框架,其主要特点是"讲效率、保底线";发掘知识这一伟大事物内在的魅力,其主要特点是"讲对话、重品质";知识、社会生活与师生生命的深刻共鸣,其主要特点是"讲个性,求境界"。②

2. 稻川三郎之"第三种课堂"

日本学者稻川三郎在他的研究中提出了三种不同的课堂教学模式:第一种课堂是以教师为中心的课堂,学生在这种课堂中通常是被动的接受者,缺乏参与和互动的机会;第二种课堂是启发式教学的课堂,这种课堂模式虽然仍以教师为中心,但学生的课堂角色有所改变。教师通过提出问题、小组讨论等方式,试图激发学生对学习活动的兴趣。尽管这种教学模式看起来比较新颖,但教师仍然掌握着课堂的主导权,学生的行为和学习过程仍然受到教师的操控;第三种课堂是以学生为中心的课堂。在这种课堂模式中,主体是每位学生。这种课堂模式强调学生的自主性和自我学习能力的培养,是真正意

---

①② 朱永新:《理想课堂的六维度与三境界》,《中小学管理》2014年第12期。

义上的"学为中心"的课堂。在这种课堂中,学生通过自主探究发展自己的学习能力,教师则作为引导者和协助者,支持学生的个性化学习路径。①稻川三郎虽然没有提到"理想课堂"这一概念,但"第三种课堂"无疑是作者心中的理想课堂。

3. 徐洁:把课堂还给学生——如何构建理想课堂

山东省基础教育课程研究中心徐洁教授在其著作《把课堂还给学生——如何构建理想课堂》中,提出了一系列关于如何构建理想课堂的见解和策略,旨在推动课堂教学改革,使之更加符合学生的发展需求,激发教师和学生的活力,促进双方的共同成长。②

笔者归纳了一些徐洁教授笔下理想课堂应具备的特征。一是理念构架的课堂,理想课堂应基于先进的教育理念,这些理念应贯穿于课堂的每一个环节。教师需要深入理解教育的本质,将学生的成长和发展放在首位。二是理性设计的课堂,理想课堂的设计应基于对学生学习需求的深入分析,以及对教学内容和方法的精心选择。教师应通过科学的课程设计,确保课堂活动能够有效地促进学生的学习。三是解决教学问题的课堂,理想课堂需要解决当前课堂教学中存在的问题,如教师讲授过多、学生参与不足、评价方式单一等,应提倡采用多样化的教学方法和评价方式,以提高教学效果。四是

---

① [日]稻川三郎:《第三种课堂教学:培养会学习的学生》,太阳舜译,上海人民出版社2002年版,前言第1—3页。
② 徐洁:《把课堂还给学生——如何构建理想课堂》,华东师范大学出版社2017年版,第7—10页。

促进生命共同成长的课堂,理想课堂不仅是学生学习的地方,也是教师专业成长的场所。教师和学生应在课堂上共同探索、学习和成长,形成一种积极的互动关系。五是基于单元整体设计的课堂,徐教授还提出了基于大概念的单元整体学习设计框架,包括提炼大概念、表征大概念、转化大概念、落实大概念和评价大概念的五个步骤。

### 三、基地关于理想课堂的研究方向

笔者在中国知网上以"主题"为搜索依据,输入"理想课堂",共得到1538条文献记录。但将"理想课堂"与"核心素养"结合后,只余44篇文献记录;将"理想课堂"与《新课标》结合后,只余15篇文献记录;以"中学数学理想课堂"为主题的文献记录只有3篇。这说明目前对"理想课堂"的研究虽然较为丰富,但结合《新课标2022》的研究相对较少,而针对中学数学学科的理想课堂研究更为缺乏。

基于以上考虑,慧数学名教师研习基地将目标聚焦初高中数学理想课堂的建构,主要包括教师视角下理想课堂的实践、学生视角下理想课堂的调研问卷及数据分析、专家视角下理想课堂研究。

### 四、专家视角下中学数学理想课堂的特征

笔者根据基地专家的讲座,结合相关文献的收集与整理,提炼出以下几点专家视角下中学数学理想课堂的特征。

1. 凸显核心素养的引领

《新课标2022》在课程理念中首先指出,义务教育数学课程应使

学生通过数学的学习,形成和发展面向未来社会和个人发展所需要的核心素养。①数学课程要培养学生的核心素养包括:会用数学的眼光观察现实世界,会用数学的思维思考现实世界,会用数学的语言表达现实世界。②

数学的眼光主要表现为学生能够通过数学的视角发现现实世界中的数量关系和空间形式;能够抽象出数学对象及其属性,形成概念、关系和结构;能够形成对数学的好奇心、想象力,积极参与数学探究活动,发展创新意识。在义务教育阶段,这主要体现为抽象能力、几何直观、空间观念和创新意识。

数学的思维主要表现为一种抽象化、一般化的思维方式。数学概念是数学思维的基本元素,数学概念的内涵虽然是确定的,但由于概念表现形式的多样性,导致数学思维具有高度的灵活性。数学思维的基本形式是逻辑推理与数学运算。数学的学习往往通过归纳、类比等方法探索研究对象的一般规律,这是数学特有的思维方式。在义务教育阶段,数学的思维主要体现为运算能力和推理能力。

数学的语言主要表现为学生能够精确描述自然现象和日常生活中的数量关系和空间形式;能够构建数学模型,表达和解决问题;理解数据的意义,使用数据分析解释和预测现象,形成合理判断;能够形成数学表达和交流能力,发展应用意识和实践能力。在义务教育

---

[1][2]  中华人民共和国教育部:《义务教育数学课程标准(2022年版)》,北京师范大学出版社2022年版,第2页、第5—7页。

阶段,这主要体现为数据观念、模型观念和应用意识。

专家们普遍认为,在 AI 时代已经来临的当下,如果我们只重视知识和技能的传授,那无论学生怎么学,都学不过机器,但以核心素养为目标的教育会永远存在。因此,理想数学课堂的统领性特征应当是凸显核心素养的引领,这不仅包括数学的知识和技能,还包括数学思维、问题解决能力、跨学科应用能力以及对数学的深刻理解和兴趣等。这些能力将为学生的终身学习和全面发展打下坚实的基础。

2. 体现系统建构

传统的课时教学以一节课为单位进行设计,而核心素养的落实需要较大的主题或单元,以及真实的问题情境。因此,专家们普遍认为,数学理想课堂应具备的第二个特征是课程内容体现系统建构。教师须要从课时教学走向单元教学,通过对内容单元的重构,打破传统以课时为单位的教学模式,转而以单元为基本单位进行教学的设计和实施。在这种模式下,教师不仅要关注单一知识点的传授,更应重视知识点之间的内在联系和整体结构,从而帮助学生提升学习效率,实现知识的整体建构,有效促进学生核心素养的发展。

具体来看,体现系统建构的理想数学课堂主要表现为体现教学内容的结构化、体现教学内容与核心素养的关联。前者是指,《新课标 2022》将课程内容划分为"数与代数""图形与几何""统计与概率""综合与实践"等四大领域,这些内容虽分散地设置在不同学段中交替进行,但在教学过程中,应该关注每个主题所表现出的学科一致性、思维方式的一致性及教与学设计理念的一致性。后者是指,在教学过程中,教师不仅要关注内容的结构化,更应关注每一个主题内容背后所蕴含的思想方法及核心素养。在单元教学设计的过程中,通过有效的活动设计,基于学生已有的认知基础,通过独立思考、合作交流等方式,在发现和提出问题、分析和解决问题的过程中,深化教学内容,发展核心素养。

3. 关注学生的参与度与体验

赵小刚老师在《什么是理想课堂》一文中提到,虽然教无定法,但若一定要为所有课堂规定一个统一的理想,那么"学生喜欢"当然是不二选择。[①]教育专家们认为,一节凸显学生主体地位的数学理想课堂应该充分关注学生的参与与体验。教师在课堂中扮演引导者的角色,能让学生成为学习的主体,能鼓励他们提出问题、分享观点,能促进生生之间的交流和互动,从而实现学生的体验和参与,具体表现为以下几点。

一是关注学生学习兴趣的培养:通过创设情境和问题设置,激发学生的学习兴趣和期待;注重数学知识形成过程的教学,让学生经历猜测、验证、实验、发现等数学思考的过程;实施促进学生发展的教学活动,确保小组讨论和合作交流的有效性,鼓励学生在独立思考的基础上提出问题,并在合作中倾听和修正学生的意见。

二是提出能引发学生深度思考的问题。有效的课堂提问与追问是引发学生深入思考的前提。教师在问题的设计上应关注:问题的

---

① 赵小刚:《什么是理想课堂》,《教育理论与实践》2011年第4期。

表述应具体、准确、简洁;问题的设计应精炼,提问与追问之间应有逻辑性和层次性;问题的设计应能促进教学目标的达成,并帮助突破教学重点和教学难点。

三是留给学生充分的思考和交流的时间。一个问题从提出到解决,一般会经历质疑、思考、求解、再度发问等过程。学生在作答环节,教师可以有意识地留白,甚至不急于追问,让其他同学有充分的时间思考同伴的回答,或给予评价,或提出追问,让学生的思维相互碰撞,产生火花,使学生真正体会思考的乐趣。

四是把课堂还给学生,真正落实以学生为主体的课堂。要转变传统的以教师为中心的教学模式,可以通过小组合作,让学生在相互讨论、解决问题的过程中共同完成学习任务;也可以以项目式学习的模式,引导学生围绕一个主题或项目进行深入研究,通过实践来获取知识;或以翻转课堂的形式,让学生在课前通过视频、阅读材料等方式自学新知识,课堂上的时间则用于讨论、应用和深化理解。通过多种方式增强学生学习的主动性,让以学生为主体的课堂真正地落地生根。

# 第二章　构建中学数学理想课堂

## 第一节　中学数学理想课堂的特征

中学数学理想课堂应致力于培养学生的数学核心素养，通过系统建构数学概念课的教学，并以学生体验为主的教学过程，实现高效、有趣且富有深度的数学学习。

### 一、凸显数学核心素养的引领

对于数学概念的学习，教师需要树立一种观念，那就是"数学核心素养永远是概念学习的灵魂"。数学核心素养是指学数学学科的核心素养。为了落实党的十八大、十九大关于立德树人以及进一步深化基础教育课程改革的要求，教育部组织了260多位专家对普通高中课程方案和语文等14门学科课程标准进行了修订，历时4年，提出了"核心素养"的概念。数学学科核心素养是数学课程目标的集中体现，是具有数学基本特征的思维品质、关键能力以及情感、态度与价值观的综合体现，是在数学学习和应用的过程中被逐步形成和发展的。数学学科核心素养包括：数学抽象、逻辑推理、数学建模、直观想象、数学运算和数据分析。这些数学学科核心素养既相对独立，又相互交融，是一个有机的整体。

当然对于初中数学而言，相较于高中以及大学学习，我们经常称之为低学段的学习，但是低学段的学习不是低层次的学习，所以初中数学课的授课过程及教学设计也应该需要数学核心素养或者是一些具体的数学思想方法作为基础。数学思想是指在数学活动过程中解决问题的基本观点和根本想法，是对数学知识与数学方法的抽象和概括。数学的方法是在数学活动过程中所选择的途径和方式、采用的手段和实施的操作的总和。简单概括数学思想与方法就是指数学学习中的一些具体思维方式或是解决数学问题中的实际方法。所以教师进行备课的时候应该充分理解数学，分析教材，发现教学中的数学思想方法，将其贯穿于整个教学过程中。

例如，在初中数学的"异分母分数的加减法"概念教学中主要有三类数学思想。单位化思想：明确分数单位的概念，理解数字运算都是在单位一致的情况下进行的，对于单位不一致的两个数量的运算，一般是将其单位统一后再进行运算。类比思想：在异分母分数加减的运算过程中，尝试与同分母分数加减运算作比较，从中发现二者的区别与联系，从而概括出异分母分数加减法法则。化归思想：寻找最简公分母进行通分，最终将异分母分数加减运算转化为同分母分数加减运算，掌握和理解异分母分数加减法法则。这里的单位化思想就是数学抽象；类比思想、划归思想是逻辑推理。

又例如，高中数学的"两角和差的三角公式"的概念教学强调的就是以下的核心数学素养：经历两角差的余弦公式的推导过程，知道两角差的余弦公式的意义，体会数形结合的思想，发展数学抽象、直观想象、数学运算素养;能由两角差的余弦公式推导两角和的余弦公式,了解公式的内在联系,体会转化思想;能熟练运用两角和与差的余弦公式解决求值、化简等有关问题,发展数学运算素养。

**二、系统建构数学概念课的教学**

所谓系统建构,就是对于初中的数学概念教学需要分级分类的进行,循序渐进。教师应该对初中数学概念进行系统的梳理和构建,为学生学习数学概念的过程搭建认知和探究的台阶,让学生学习概念拾级而上。

系统建构数学概念课的教学时,需要强调三点:一是教师应该把所有的初中数学概念整理成一个系统,清楚了解这个系统的内容;二是在系统建构的课堂教学中,应该厘清数学概念之间的关系,哪些概念小学数学就有提及,哪些数学概念需要补充和拓展等等;三是让学生在这个系统的学习过程中,可以互相借鉴,使他们的彼此关系得以互相打通,这样可以促进学生对数学概念的本质理解。一般情况下,我们可以采用"回忆旧知,然后基于数学概念的发生发展"来系统建构数学概念课的教学。

例如,在进行"异分母分数的加减法"的教学时,教师应该厘清学生已有的数学基础:学生已经学习了分数单位,清楚了同分母分数的加减法,今后还要继续学习分数的乘除法。教师应该整体把握整个分数的四则运算系统的本质:它们分别是指真分数、假分数,可以让学生回忆单位分数以及同分母分数加减法的内容,并基于数学概念发生发展的过程系统建构。

## 三、以学生体验为主的教学过程

不要简单地认为数学概念只需要记忆,其实概念学习不是单纯的记忆,而是学生在体验的过程中自然而然生成的,数学概念本质是理解的问题。所以概念教学过程应该以学生的体验为主。简单而言,教师应该对教材进行再加工,把概念融入数学概念的本身发展的背景或是环境中去;在教学中分析概念的再发现过程,包括概念的发生、发展形成的过程,组织学生参与体验这一过程,使得这一过程成为学生可以理解和参与的思维过程,让学生浸润在数学领域中并运用数学语言,发现数学概念,体悟数学规律。下面笔者以"异分母分数的加减法"的概念为例来说明。

1. 问题与情境——引发体验

为了激发学生的学习兴趣,加深对分数概念的体验,笔者通过"什么是分数单位"这一问题来引发体验教学的产生,然后要求学生清楚分数单位又称为单位分数,即分数的分子为1就称其为分数单位。例如 $\frac{2}{3}$ 的分数单位是 $\frac{1}{3}$,所以 $\frac{2}{3}$ 可以理解为 2 个 $\frac{1}{3}$;又因为 $\frac{2}{3}=\frac{4}{6}$,所以 $\frac{2}{3}$ 可以理解为 4 个 $\frac{1}{6}$。学生理解两个正整数 $p,q$ 相除得到的分数是 $\frac{p}{q}$,其本质上就是 $p$ 个 $\frac{1}{q}$,所以分数单位类似于长度单位 1 厘米,面积单位 1 平方厘米。

为了引发学生的探究兴趣,引导学生思考的清晰度、逻辑性和完整性,笔者继续设计问题"3 厘米+5 毫米=?",让学生体验单位不同的两个量是如何进行计算的,最终让学生理解数字运算往往是不带单位的,因为我们默认为它们的单位一致。换言之,"3＋5＝8"前提条件是3和5的单位是一致的,这样最后运算结果8也和3与5的单位一样,如果单位不一样,必须先要统一单位才能进行运算。

2. 交流和表达——深化体验

为了培养学生的逻辑推理的数学素养,强调分数单位在分数加减法运算中的作用,让学生加深体验异分母分数加减法概念的形成过程,我让学生分组讨论"$\frac{1}{5}+\frac{3}{5}=?$"与"$\frac{1}{2}+\frac{1}{3}=?$"这两个加法运算有什么不同。通过学生的交流和表达,切实让学生体验到同分母的分数加减法因为分数单位相同,所以在进行加减运算时,只要保持分母不变分子相加减即可。而异分母的分数加减法,因为分数单位不同,所以需要统一分数单位,将异分母的分数化为同分母的分数后进行加减法就可以了。

事实上,分数加减法运算的关键在于统一单位(也就是通分),那么分数的乘除法运算呢? 所以可以设置问题"分数的乘除法运算,需不需要考虑分数单位的统一,为什么?"

这样设计的目的在于让学生理解分数的乘除法运算为什么不需要通分,而是直接分子乘(除)以分子,分母乘(除)以分母,最后约分成为最简分数即可。其中的原因是,两个分数无论是通分,再进行乘除法运算,还是不通分直接分子与分子相乘、分母与分母相乘,最终运算的结果都是一样的。例如:$\frac{1}{3} \times \frac{2}{5} = \frac{5}{15} \times \frac{6}{15} = 30 \times \left(\frac{1}{15}\right)^2 = \frac{2}{15}$

$=\frac{1\times 2}{3\times 5}$,所以为了方便起见,教材将分数的乘法运算定义为"一般地,由于分数 $\frac{p}{q}$ 的意义是将一个总体等分为 $q$ 份,而取其中 $p$ 份,于是我们把两个分数相乘 $\frac{p}{q}\times\frac{m}{n}$ 的意义规定为:在分数 $\frac{p}{q}$ 的基础上,以 $\frac{p}{q}$ 为总体,'再'等分为 $n$ 份而取其中 $m$ 份,其中结果是 $\frac{p\times m}{q\times n}$,即 $\frac{p}{q}\times\frac{m}{n}$ $=\frac{p\times m}{q\times n}(q\neq 0,n\neq 0)$"。这样一种让学生独立思考的方式,可以延伸学生的体验过程,加深他们的思维深度,真正理解分数乘法运算的概念。

## 第二节 中学数学理想课堂课前预学任务单

学生课前的自主学习是学生数学核心素养养成的基础,为了检验学生是否进行了自主学习以及能否达成素养的养成目标,可以通过设置与自主学习以及目标相匹配的课前预学任务单来进行检验。通过学生的作答,来检验学生是否达成目标。而教师的每节课也是依据学生的作答来设计教学过程的。

课前预学任务单的主要构成是问题链,所以我们又可以把这些问题链简称为课前问题链。这些问题链并不是将课堂教学中的问题链放在课前,然后由一些数学题目简单堆砌而成的。课前问题链是核心问题和基本问题的有机组合。核心问题是由数学的基本概念知识、数学史等组成,用于检验学生通过课前自主学习,能否理解这些概念。它代表的是学生自主学习时数学思维应该发展的最终方向。基本问题则是这些数学思维发展的支架,是为解决核心问题而设置的思维台阶。基本问题承担着激发和驱动学生思维发展的任务,能与学生的认知产生冲突从而吸引学生,诱导学生不断地寻求资源思考下去。

## 一、课前问题链的特点

首先,课前问题链开宗明义,为学生指明接下来数学学习的方向,让学生在课前就有所了解,数学学习不仅仅是题目的学习,还有数学文化、数学概念的学习。它与其他问题一样,可以驱动学生的数学思维,探究更深。

其次,课前问题链是数学教学上的有效补充。现在高一、高二年级的数学课平均每天有 1 节课,在 40 分钟的课时里,既要让学生了解数学概念的来龙去脉,又要提升学生的思维品质,还要让学生在课后作业中有精彩的表现,这就出现了很多满堂灌,或者忽略数学概念直接题目讲解等现象。课前问题链的出现拉长了学生对数学概念的思维时间,同时课前问题链的类型区别与数学问题的常规形式是对于高中数学教学课时的一种补充、学习内容的一种补充以及学习方式的一种补充。

最后,课前问题链也为师生数学思想的融汇搭建桥梁。很多时候,在数学教学的过程中,师生关系可能更多的是一种"交接",即首先教师把数学知识"交"给学生,然后学生将知识"接"到手,最后学生可以练习应用。而课前问题链的出现,能让学生理解教师课堂教学设计的原因,理解老师对这个数学概念的教法,同时学生更可以对老师的教学过程和自己理解数学概念知识的进程是否匹配发表想法等,这是一种深层次的师生数学精神的融合和互动。

从这一角度去理解,课前问题链将数学教学所强调的数学知识的传递转换为更重视数学思想文化的引领,同时将过度的数学技能的操练调整为注重数学思想的渗透。

**二、课前问题链呈现形式的主要类型**

在学生自主学习的这一环节中,设计问题链本身就是为了激活学生自主学习的兴趣、激发他们的疑问等等。但更重要的价值在于它可以让学生掌握思考的核心,以及有指向地推进思考的进程。因为学生自主学习的数学资料相当丰富,这样学生的思考就会漫无边际。对于学生的自悟,不仅要有大的空间,更应该有一定的局限;没有局限,学生是无法进行自悟的,所以课前问题链能给予他们一定的铺垫,为自悟的生成设置"脚手架",促使学生自悟真实地发生。一般情况下,以自悟为目标的课前问题链的呈现形式主要有以下三类。

1. 陈述理解型问题链

陈述理解型问题链是问题链中的最常用的形式,遵循数学知识概念的发生发展规律。具体而言,这类问题链的设计思路就是相关的数学知识概念是什么、为什么、还有什么。这类问题链对于数学概念的理解是由浅入深、由易到难、由简单至复杂,逐步深入的一种设计。它常常从学生容易理解的数学概念出发,逐渐递进,揭示数学概念的发生发展过程。它比较符合学生思维发展的规律,使得学生比较容易思考和拓展思路。更为重要的是,这样的问题链可以为学生今后的数学学习提供思维的范式,为学生搭建数学自悟的发生途径,有效地提升学生的数学素养。例如,《两角和与差的余弦公式》的问题链设计,见表1。

表1 有关"两角和与差的余弦公式"的问题链设计表

| 序号 | 问题内容 |
| --- | --- |
| 1 | 两角和与差的余弦公式是什么? |
| 2 | 为什么要研究两角和与差的三角公式? |
| 3 | 在两角和与差的三角公式中,为什么首先推导的是两角差的余弦公式,而不是两角和的正弦公式?你能说明其中的道理吗? |
| 4 | 教材推导的是两角差的余弦公式,你可以用类似的方法推导出两角和的余弦公式吗? |

"两角和与差的余弦公式"是整个三角公式的基础,这一节课的教学重点和难点是两角和与差的余弦公式的推导过程,推导过程的关键是任意角的旋转。对于学生而言,需要他们通过自主学习感悟这个公式证明对于所有的任意角都成立,以及证明方法产生的来龙去脉。问题1的设计是让学生在自主学习的过程中,先明确两角差的余弦公式是什么,继而根据数学概念的客观联系,正向地去辨析两角差的余弦公式的概念,以及研究两角差的余弦公式的必要性等等。这种问题链的形式,前一个问题的解决方案是解决后一个问题的前提或基础。这些问题彼此一一联系,引导学生深入思考。

## 2. 对比发现型问题链

对比发现型问题链的设计着重于引导学生在自主学习的过程中,对数学知识概念彼此之间的对比展开探究。可以着眼于初中、小学学习过的相关数学知识概念与新接触的数学概念知识之间的对比,也可以是新学习的数学概念彼此之间的比较;可以是数学概念与现实生活中数学现象之间的对比,更可以是现实生活中数学现象之间的对比等等。在不断对比的过程中,不断激发学生对新知识的渴望,鼓励学生独立、积极地思考问题,鼓励学生可以运用他们的数学知识贮备,从多个角度和多层次思考问题,努力寻找最佳答案。学生在回答此类型问题链时的数学思维不是简单的单向思维,他不仅仅是为了寻求答案,更多的是多方向的和发散的思考。从某种意义上讲,这种思维是广泛的,深刻的和独特的,它可以不断激发学生对数学知识和概念的理解,促进学生自悟的真实发生。例如,"利用向量解决点到平面的距离问题"的问题链设计见表2。

表2 "利用向量解决点到平面的距离问题"的问题链设计表

| 序号 | 问题链内容 |
| --- | --- |
| 1 | 解析几何是如何推导点到直线的距离公式的? |
| 2 | 探究点到平面的距离问题可不可以利用向量,用与先前研究点到直线的距离之同样的方法而得到点到平面的距离公式呢? 如果可以,请给出推导过程;否则请说明理由。 |
| 3 | 点到平面的距离问题,直线与平面的距离问题和平面与平面的距离问题有什么联系? |
| 4 | 点到平面的距离公式与点到直线的距离公式有什么不一样? |

点到平面的距离问题其实在立体几何中已经通过直线与平面垂直而定义过了,点到平面的距离、直线到平面的距离、平面到平面距离都是立体几何的重点内容,也是学生较难准确把握的难点问题之一。所以利用向量解决点到平面的距离问题也为学生提供了一种不一样的角度,更为重要的是让学生体会"图形、向量、坐标运算的三位一体"。因此,问题1是希望同学们可以回顾平面解析几何中学习过的点到直线的距离公式的推导过程,同时为探究问题2提供方向。对这一内容,《新课标2022》中要求学生可以从一些事实和命题出发,依据规则推出其他命题,所以问题2是问题链中的核心问题。问题2要求学生可以类比点到直线的距离公式,推导点到平面的距离公式,包含了整个命题推导过程的要求。事实上,学生是很难完整地给出推导过程的,因为点到直线的距离公式的关键是有了直线的方程,但是在点到平面的距离公式中平面的方程是未知的,这是学生思维的冲突所在。学生只要在课前学习的过程中意识到这个矛盾,给出自己的思考,我们的目的也就达到了,因为这势必将是教师在教学过程中的重点。

3. 交互升级型问题链

这类问题链不是简单地对学生已知的知识储备和现有的学习资源进行对比提问,而是对学生过去已有的知识进行勾连,使知识之间能相互容纳,更是引导学生对数学的本原性知识有新的认知、新的理解和新的发现。这类型的问题链比较能吸引学生,常常与学生的认知相矛盾,会引发学生的兴趣,使学生持续对其进行思考,得出答案。

例如,"无穷等比数列各项的和"的问题链的设计,见表 3。

表 3 "无穷等比数列各项的和"的问题链设计表

| 序号 | 问题链的内容 |
| --- | --- |
| 1 | 等式 $0.\dot{9}=0.999\cdots\cdots=1$ 对吗?给出你的判断并说明理由。 |
| 2 | 在"无限循环小数和分数的互化"初中学习中,给出了图 1 的过程,请问,你对"设 $x=0.\dot{5}$,那么 $10x=5.\dot{5}$"这一过程有什么想法吗?<br>**无限循环小数与分数的互化**<br>　　分数都可以化成小数,一般化小数的方法是分子除以分母,除得尽的是有限小数,除不尽的是无限循环小数;反之,有限小数和无限循环小数也都可以化成分数.我们已经学会了把有限小数化成分数,那么,无限循环小数如何化成分数呢?<br>　　无限循环小数化成分数的问题,在高中的数学中我们会作更深入的研究,这里仅介绍一种将无限循环小数化成分数的方法.<br>　　**例题 1**　将 $0.\dot{5}$ 化成分数.<br>　　**解**　设 $x=0.\dot{5}$,那么 $10x=5.\dot{5}$.<br>　　　　而 $5.\dot{5}=5+0.\dot{5}$,所以 $10x=5+x$.<br>　　　　化简得 $9x=5$,解得 $x=\dfrac{5}{9}$.<br>　　　　所以,$0.\dot{5}=\dfrac{5}{9}$.<br>**图 1** |
| 3 | "$0.\dot{1}+0.\dot{1}=0.\dot{2}$"成立吗?你能说出理由吗? |
| 4 | 如何理解无穷等比数列前 $n$ 项和与所有项和在概念上的联系与区别? |
| 5 | 所有无穷数列都可以计算其他所有项的和吗? |

交互升级型问题链,比其他类型的问题链诊断功能更强,也更能为学生提供学习思考问题或错误陈述的机会。而事实上,在课前,教师发现学生思维出现问题是一件好事情,可以让教师在接下来的教学设计和教学过程中更好地诊断和纠正这些问题和错误,可以帮助学生发展正确的数学思维,从而让课堂教学更加有效。在这一课的

问题链内容中,我们可以发现,问题 1 是学生从小学开始就知道的数学结论,而到了高中继续追问这样一个问题,会让学生引起新的思考。新旧知识的交汇会引发思维的冲突,激发学生对此问题持续的思考。问题 2 进一步向学生确认其思维的完整性,使得其对"无限"这一概念的认识有螺旋式的上升。问题 3 是问题 2 的延续,希望学生可以思考在初中、小学已学的一些数学公式和定理,其数学逻辑推理的依据是什么?冰冷的公式背后对于数学的火热思考是什么?交互升级型问题链往往会"暴露"学生在课前学习中的一些错误认识,要求学生不断检查自己已有的认识,是一种引导学生自我反思的思维方式。反思性思维将会有助于学生对数学的理解和感悟,提升学生的数学素养。

## 第三节　中学数学理想课堂的情境与问题

《新课标》明确指出,高中数学教育的核心使命在于立德树人,其根本出发点是学生的全面发展,特别是数学素养的提升。这一标准强调,数学教学不仅要充分考虑到数学作为一门科学的特性,更要紧密贴合学生的学习规律,尊重他们的认知过程。在教学过程中,应以学生为中心,引导他们亲身参与数学知识概念的形成与发展过程。这样,学生不仅能够深入理解数学学习的方向、方式和方法,还能在这一过程中逐渐培养起自主学习数学的能力。这种能力的培养,不是简单的知识灌输,而是让学生通过自我感悟和体验,真正领悟到数学的魅力,从而自发地投入数学学习中去。因此,教师在组织教学活动时,应更加注重学生的参与性和体验性,让他们在亲身实践中感知数学、理解数学、应用数学。同时,教师还应关注学生的学习过程,及时给予指导和帮助,确保他们能够顺利地进行自我探索和发现。

**一、情境引发学生自主数学思考的多维空间**

1. 生活情境

数学来自生活,但高于生活。生活的语言并不能全部用来表示数学,数学有它独特的科学语言。所以在数学的学习过程中,很多时候会产生与学生生活中的感知感悟有距离的内容。所谓的生活情境是指在教学中把数学和学生的生活经历、生活事件或是可能对应的生活场景进行关联,让学生把自己的生活感受和数学知识、思想、方法等做到有效链接,这样就能够破除自己对于数学学习的畏难情绪和陌生感觉,让数学的抽象与生活中的感性、直观、具象相联系,这样的生活情境才能够让学生对学习数学有兴趣,愿意走进数学。例如:在学习数列极限时,教师经常会用数列重排的例子来让学生理解数列极限研究的是数列无穷发展下去的趋势,即"数列 $b_1, b_2, \cdots, b_n, \cdots$ 是数列 $a_1, a_2, \cdots, a_n, \cdots$ 的任何一种重新排列,若数列 $\{a_n\}$ 有极限 $A$,则数列 $\{b_n\}$ 也存在有极限,极限为 $A$"。但是这对于学生而言,理解和感悟都有困难,所以此时,可以引入生活情境帮助学生的理解。假设在火车站的售票口排了一行(无穷长的)队伍,排队的每个人按照先来后到的顺序排成一列,这列队伍的人的身高值是有极限的。但是突然卖票窗口发生改变,所有排队的人将要重新前往新的窗口进行排列,这时他们的排队的顺序发生了改变,请问这种情况时,这列队伍的人的身高值还有没有极限。答案显而易见,这行队伍的人的身高值仍然是有极限的,并且和原来重新排列前的队伍的人的身高值的极限是一样的。用这样一个生活情境,目的就是帮助学生领悟数列极限的本质是无穷发展下去的。

2. 学术情境

荷兰著名数学家弗赖登塔尔说:"没有一种数学思想,以它被发现时的那个样子公开发表出来。一个问题被解决后,相应地发展为一种形式化技巧,结果把求解过程丢到一边,使得火热的发明变成了冰冷的美丽。"的确,数学概念其高度形式化的语言、严谨的逻辑体系在没有了解它的形成过程、历史和渊源时,它往往让人感受不到美丽,只能感受到冰冷。所以设置学术情境,就是为了让学生有机会了解数学发展的文化和历史,让他们能够感受数学背后的美丽。所谓的构建学术情境,可以是专门的数学图书室、数学学习教室等。在这些情境里,更重要的是有与数学文化有关的材料,这些材料可以是数学史、也可以是老师录制的一些介绍数学史、数学发展的微视频等。这样的学术情境是学生学习数学的必要文化背景、是学好数学的前提,才能够让学生有条件"自悟"。例如,学习"两角和差的正弦和余弦"时,就可以让学生了解古希腊天文学家托勒密为了制造出从 $0.5°$ 到 $180°$ 每隔 $0.5°$ 的所有弧的弦表而提出的托勒密定理:"圆内接四边形两条对角线乘积等于两组对边乘积之和。"利用该定理,已知两角所对的弦，就可以求出它们的和或差所对的弦长，这样就可以推导出两角的和与差的正弦和余弦公式。可是这样的历史推导过程是有局限性的，因为公式中角的范围并不是任意角，这一情境的创设给学生在自悟任意角的正弦和余弦公式的推导过程创造了必要的条件。

3. 心理情境

数学的相关内容本身是专业的科学知识，越是专业的知识，对学生来说要进入其中且有所感悟越有难度。英国《卫报》曾经报道，全世界约四分之一的人患有"数学焦虑症"。也就是说很多学生在还没有开始进行数学学习时，对数学就很恐惧，这样的情绪如何能引导数学素养的生成？所以心理情境的设定，对于学生数学的学习意义很重要。所谓的心理情境，就是在教学中，教师通过相关数学小故事的介绍、数学历史的学习、数学小游戏活动的开展或是对先前学习过的知识的回顾等手段来软化学生学习数学时产生的负面情绪，软化他们对数学学习的焦虑，为学生学习数学创设积极健康的心理环境，让学生愿意主动地思考数学、感悟数学。例如学习"函数的奇偶性"时，我们可以通过微视频或者是"学习资料包"的形式，将轴对称图形、两个图形关于某条直线的对称、中心对称图形等初中学习过的内容在课堂教学前告知学生，让学生在心理上比较容易接受，并且让学生提前了解高中数学中函数的奇偶性就是和初中的轴对称、中心对称等内容相关。两者究竟是如何关联的就是在学习过程中要关注和解决的问题，这也为学生的自悟提供了心理基础，让学生在接下来的学习中，更方便地理解数学概念。

**4. 问题链条是理想课堂教学的指向和抓手**

学生对于数学素养的养成，完全需要靠学生自己的感悟而生成。而这样的感悟并不能通过数学题目的反复操练而形成，只有对数学长期的、深刻的、持之以恒的思考才能推动悟的生成。如果用"精诚所至，金石为开"这句成语来理解就再贴切不过了。就是说，感悟的生成需要深刻的思考。那么，如何能够让学生做到持续且深刻的数学思考呢？可以通过"问题链条"延长学生数学思考的时间来达成不断拓展学生数学思维的广度和深度的目标。同时，"问题链条"可以防止学生自悟的丢失，以每一个问题的完成来强化学生不断思考的信念，促使学生能够持之以恒地思考。所谓的"问题链条"是教师可以提供的一系列"有联系的"问题，这些问题应当能够抓住思维发生发展的顺序及其关键点。它们可能分散出现在教学的不同环节，但是，它们之间仿佛存在着一根无形的链条，将彼此联系在一起，形成了问题链条。

问题链通常由相对独立的、相互关联的问题组成，具有明显的层次性和系统性特征。问题的难度一般随着课堂教学的深入和学生掌握程度的提高而增加。问题链教学是指以问题为思维主线，引导和带动学生认真观察、深入思考、体验探索、有效转移解决实际问题的高阶思维过程。

根据中学数学的特点以及学生的思维活动过程，我们围绕着"是什么""为什么""还有什么"这三个层次进行问题链的设计。其中，"是什么"是问题链的起点，它对应着数学课堂的导入，根据情境的设计，让学生了解数学知识概念的内涵，通过激发学生的认知冲突等方式开启数学学习活动。"为什么"是"问题链"设计的核心,学生在教师的引导下,经历数学知识概念发生发展的过程,运用数学思想和方法解决数学问题,完成对数学知识概念等的探究。"还有什么"是对所学数学的知识概念、思想方法的巩固与应用,旨在建构相关知识并且形成网络结构,意味着知识的迁移与应用。

表4 问题链的层次和数学核心素养目标达成的对应关系

| 问题层次 | 学习活动 | 对应核心素养的目标 |
| --- | --- | --- |
| 是什么 | 根据情境的设定,了解相关数学知识概念的内涵。(大致初通) | 数学抽象、逻辑推理、数学建模、直观想象、数学运算、数据分析。 |
| 为什么 | 经历数学概念知识发生、发展的过程,运用数学的思想和方法解决问题,完成对数学知识概念等的探究。(触类旁通) | 数学抽象、逻辑推理、数学建模、直观想象、数学运算、数据分析。 |
| 还有什么 | 对所学的知识概念的学以致用,建构相关知识且形成网络结构。(融会贯通) | 数学抽象、逻辑推理、数学建模、直观想象、数学运算、数据分析。 |

伴随着三个问题层次的推进,课堂教学逐渐进行,学生对于数学知识概念、思想方法的认识也在不断地深入,学科核心素养也逐步在发展与养成。从课堂实施的角度来看,"是什么""为什么""还有什么"这三个问题层次恰好分别对应课堂的导入、新课教学环节、知识巩固与应用这三个环节;问题链的类型则分别为引导型问题链、探究型问题链和应用型问题链。

引导型问题链一般是在数学概念课开始之初引入新的数学概

念或知识点时所运用到的问题链,其主要目的是引导学生进入数学学习的状态。这一类型的问题链通常从简单、直观的问题开始,逐步引导学生深入思考,最终引出新的概念或定理。这种类型的问题链有助于学生在已有知识的基础上,建立起对新知识的初步认识和理解。

引导型问题链的设计需要教师能够运用丰富的数学底蕴和教学经验,充分了解学生的具体情况,准确把握学生的学习需求和认知水平,设计出既能引发学生思考,又能帮助他们建立新的认知结构的问题。同时,教师还需要具备良好的教学技巧,能够灵活运用各种教学方法,使学生在解决问题的过程中,不仅能够掌握数学知识,还能提高思维能力和解决问题的能力。

探究型问题链主要目的是培养学生的数学的探究和创新能力。这类问题链常常是在学生了解了新的数学概念和知识以后,由一个开放性的问题开始,引导学生通过探究和讨论,逐步找到解决问题的方法和策略,深入理解数学概念的本质、数学概念产生的背景和过程。学生在探究解决问题的过程中,需要运用所学的数学知识和方法,进行逻辑推理、分析比较、归纳总结等思维活动,从而加深对数学概念的理解和掌握。

探究型问题链的设计需要教师具备一定的教学创新意识以及丰富的数学学科知识,能够根据学生的数学学习需求和认知水平,设计出既能激发学生探究欲望,又能帮助他们提高探究能力的问题。同时,教师还需要具备良好的教学引导能力,能够引导学生通过探究和实践,感悟数学概念和理解数学知识,培养他们的数学素养。

应用型问题链旨在培养学生对数学知识概念的迁移能力和对具体数学问题的解决能力。这种问题链通常涉及多个数学概念和数学思想方法的综合运用,通过设计具有深度拓展意义和思维深度的问题链,可以引导学生将所学知识迁移到新的数学情境中,解决实际问题。这种问题链通常以一个应用题或者是某一实际生活现象开始,引导学生运用所学的数学知识和技能,解决这个实际问题。

应用型问题链的设计需要教师具有一定的数学教学的应用意识、建模意识,教师能够根据学生的生活经验和认知水平,设计出既能引发学生思考,又能帮助他们提高数学应用能力的问题。同时,通过教师的引导,学生能够运用所学的数学知识和技能、数学的思想方法去解决实际问题,培养他们的应用思维和解决问题的能力,提升学生的数学素养。

5. 情境与问题的相辅相成

在理想的中学数学课堂教学中,情境与问题之间存在着密不可分的关系。这种关系主要体现在以下几个方面。

首先,情境为问题的产生提供了背景和理由。一定的情境能够让学生明白问题的来源和背景,使得问题不再是孤立的抽象符号,而是有了实际意义和应用场景。这样学生不仅能够更好地理解问题,而且能够更主动地投入问题的探究和解决过程。教师可以将抽象的数学概念、公式和定理生动形象地呈现给学生,帮助学生建立对抽象的数学概念和知识的直观感知。没有情境,问题就失去了依托,变得空洞和无意义。只有将问题置于具体的情境之中,才能使学生更好地理解和解决问题。

其次,问题是为了解决情境中的困难和矛盾。问题是情境的产物,是对情境中存在的困难和矛盾的反映。在情境中,学生会遇到各种数学问题,这些问题可以是基于现实生活的问题,也可以是纯数学问题。这些问题能够引导学生积极思考、主动探究,从而发现数学知识的内在联系和规律。通过解决问题,学生可以加深对知识的理解和掌握,提高数学思维能力。

所以情境与问题是相辅相成的,这种相互促进的关系使得数学的课堂教学更加生动、有趣,有助于提高学生的学习效果,有助于中学数学理想课堂的构建。

## 第四节 中学数学理想课堂的教学实施流程

中学数学理想课堂的教学实施流程是一个循序渐进、层层递进的体系,由"预学与聚焦""探究与发现""整合与互动"以及"反馈与拓展"等四个核心环节构成。这四个环节不仅为教师的教学提供了清晰的步骤,更是学生掌握数学知识的四个重要阶段,我们将其形象地归纳为"四通"——自学略通、大致粗通、触类旁通、融会贯通。

在"预学与聚焦"阶段,教师精心准备课前预学任务单,为学生搭建了一个自主学习的平台。学生在课前自主完成这些任务,不仅对新知识有了初步的了解,更为课堂的深入学习打下了坚实的基础。教师通过对任务单的细致分析,能够准确把握学生对数学知识概念的理解程度,这些分析为后续教学设计的精准定位提供了重要依据。这一阶段的设置,旨在帮助学生初步掌握数学知识,为后续学习做好铺垫,即所谓的"自学略通"阶段。这也是在教学初始阶段,问题提出的关键环节,为整个教学过程定下了基调。

进入"探究与发现"阶段,教师要充分发挥引导者的角色,要巧妙设计富有启发性的情境与引导型问题链。这些问题链如同一把钥匙,打开了学生探究数学的大门。在教师的引导下,学生积极猜想、分析、推理与试验,通过小组讨论等形式,深入探索数学概念的内涵和外延。这一阶段的学习,使学生对数学概念和知识有了初步的认知和成果,达到了"大致粗通"的程度。

随后进入"整合与互动"阶段,教师进一步加大挑战难度,设计更具深度的探究型问题链。学生成为这一阶段的主体,他们通过讨论、表达、交流等方式,对数学概念的发生发展过程进行深入挖掘。教师在这一过程中扮演引导者和辅助者的角色,帮助学生理清思路,形成完整的结论。这一阶段的学习使学生对数学概念有了更深入的理解,达到了"触类旁通"的境界。

最后,我们迎来"反馈与拓展"这一至关重要的阶段。教师精心设计了一系列应用型问题链,将新学的数学知识与实际应用紧密结合。学生在这一过程中,将所学的理论知识灵活运用到实际问题中,不仅巩固了所学知识,更提升了解决实际问题的能力。在建构相关的知识结构网络的过程中,学生逐步实现了对数学知识的融会贯通,将原本零散的知识点串联起来,形成完整的知识体系。这一阶段的学习成果不仅是对学生学习效果的全面检验,更为他们未来的学习和发展奠定了坚实的基础。这一环节也作为整个教学过程的总结与概括,将前面的学习阶段有效串联起来,使整个教学过程更加完整、连贯。

综上所述,中学数学理想课堂教学的实施流程是一个循序渐进、层层深入的过程,它涵盖了学生学习数学的四个阶段——"四通"。通过这一流程的学习,学生不仅能够掌握数学知识,还能够培养数学思维和解决问题的能力,为未来的学习和生活奠定坚实的基础。

以"椭圆的标准方程"为例,教师可以如下设计理想课堂教学。

1. 预学与聚焦(自学略通阶段)

## 预学任务单

(1) 高二年级第二学期的教材(上海教育出版社)第 44 页中有这样一段话,"以方程$\frac{x^2}{a^2}+\frac{y^2}{b^2}=1(a>b>0)$的解为坐标的点,都在这个椭圆上(证明略)",请问如何证明。

(2) 椭圆的存在是否依赖于其标准方程?(即有方程才有椭圆曲线,没有方程就没有椭圆曲线),并请说明你的理由。

（3）丹德林双球中，如何证明如图 2 所示的截口就是椭圆？

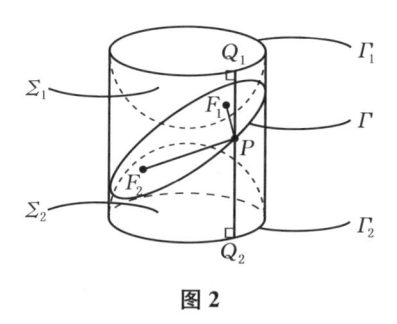

**图 2**

（4）已知：动点 $P$ 到一定点 $M(1,0)$ 的距离与该动点到直线 $x=4$ 的距离之比为 $\frac{1}{2}$，求该动点 $P$ 的轨迹。

（5）你如何看待第 4 题中动点 $P$ 的轨迹，这样的结论是偶然还是必然？请说明理由。

（6）椭圆的定义为什么是"平面内到两个定点 $F_1$、$F_2$ 的距离之和等于常数 $2a(2a>|F_2F_2|)$ 的动点 $P$ 的轨迹"？

2. 探究与发现（大致粗通阶段）

（1）创设情境

前面我们学习了圆，我们知道圆的定义是平面内到定点的距离等于定长的点的轨迹，自然会联想到平面内到两个定点的距离相等的点的轨迹。轨迹就是以这两个定点为端点的线段的中垂线。这很简单不必再研究，今天我们来研究的是在平面内到两个定点的距离之和等于定长的点的轨迹。研究轨迹，我们是用代数的方法来研究，就是通过轨迹方程来研究轨迹，所以首先求出该轨迹方程。

(2) 引导型问题链

① 如何建立直角坐标系,求出该轨迹方程?

② 将 $|PF_1|+|PF_2|=2a$ 用坐标的距离公式表示,$\sqrt{(x+c)^2+y^2}+\sqrt{(x-c)^2+y^2}=2a$ 该方程是否为所求的轨迹方程,为什么?

③ 用它来研究轨迹的性质方便吗? 怎样办?

④ 如何通过该方程来研究曲线的性质?

⑤ 为什么定义为椭圆?

3. 整合与互动(触类旁通阶段)

(1) 创设情境

事实上,椭圆曲线的发现和研究都起源于 2000 多年前的古希腊。伟大的古希腊数学家阿波罗尼奥斯就利用圆柱和球面的简朴特性得出了圆柱斜截线就是椭圆的几何特性及其证明。

(2) 探究型问题链

① 从图 2 上看,你觉得这个截口是椭圆吗?

② 为什么是椭圆? 如何证明?

③ 没有椭圆的标准方程的椭圆曲线存在吗?

④ 椭圆曲线与椭圆标准方程的关系是什么?

⑤ 函数与函数图像的关系与椭圆曲线与椭圆标准方程的关系一样吗? 为什么?

4. 反馈与拓展(融会贯通阶段)

(1) 创设情境

已知:动点 $P$ 到一定点 $M(1,0)$ 的距离与该动点到一直线 $x=4$

的距离之比为 $\frac{1}{2}$，求该动点 $P$ 的轨迹。

（2）应用型问题链

① 该动点的轨迹是椭圆，是偶然还是必然？

② 为什么"动点到定点的距离与动点到定直线的距离之比为常数时，点的轨迹是椭圆"？

③ 在几何图形（丹德林双球模型）中，可以用几何方法去说明椭圆具有的这个几何性质吗？

# 第三章　中学数学理想课堂的教学评价

## 第一节　中学数学理想课堂的教学评价框架

**一、关于中学数学理想课堂的教学评价认识**

对于理想课堂的教学评价,我们将从学生、教师以及师生之间的关系展开。

1. 学生学习与数学素养的评价

建构主义学习理论主张:学生的学习应该是在已有的知识基础上自我形成和建构的。换言之,学生在进入学习之前已经拥有了相关的知识和经验,而这些知识和经验都将是学生进一步学习的基础。进一步地讲,学习不应该只是简单地被认为是教师向学生传递知识,而应该是学生根据自己的经验、背景主动地对要学习的内容进行选择、加工和处理(例如:对新的数学情境进行解读,对具体的数学问题进行分析和研究等等),从而获得新知的过程。这种自我建构的过程,不仅有助于学生自己理解新知识,还能促进其自身的思维发展和能力的提升。

学生学习的表现可以分为两个方面:一方面是学生主体性的表现;另一方面是教师依据学生主体性的表现而进行的引导。学生的主体性表现可以分为：学习的积极性、主动性、独立性以及创造性。而在学生进行自主学习的过程中，教师对学生的课堂行为进行观察、评估，并提供必要的支持和引导是学生学习表现中不可或缺的另一方面。

在中学数学理想课堂中，我们设置了学生的预学环节，进行情境与问题的课堂教学等，这些都在强调学生在数学上的建构主义学习。学生可以在理想课堂的问题情境下，积极、主动地表述自己的观点，寻求科学方法论证新知，有机会做出数学上的猜想、解释、反驳、质疑等，体验数学探究的过程。教师对学生的评价和引导，教师与学生的交流互动，学生对比教师的讲解和同学的发言进行的自我反思的认知过程，都是理想课堂教学的关键。

正如史宁中教授所言："学生数学学科核心素养的形成和发展，是在教师的启发和引导下，学生通过自己的独立思考或与他人交流，最终自己'悟'出来的，是一种逐渐养成的思维习惯和思想方法。"数学的核心素养的养成关键在学生自己的感悟。但是，在实际的中学数学教学的过程中，学生的自悟谈何容易！因为自悟是学生的自主活动，强调的是个体的收获；自悟又是一个潜在的行为，作为老师非常难于观察，也就很难具体对学生进行指导。而中学数学理想课堂的教学，通过"预学任务单-情境-问题"的教学策略能够对学生进行有效引导，并大大地提升学生的数学核心素养。

2. 教师的情境问题创设与教学目标落实的评价

在理想课堂中，教学设计应按照数学概念知识发生发展的思维关键点,预设情境,激发学生的思考。组织教学活动,在启发学生经历数学化的过程中,使学生发现数学概念的本质,在完成任务中让学生理解、掌握知识。

学习目标是课堂教学的指南针,从问题的设置、情境的安排到学习成果的检验,所有环节都应紧密围绕目标展开。教师在设计教学内容时,应确保其内容能清晰、精确,能够深刻反映知识的本质。同时,课堂教学应当深入浅出地展现程序概念与实际应用场景的内在联系,让学生明确掌握知识的重要性,从而激发他们的学习热情。在讲解的过程中,教师应确保准确性,帮助学生系统地构建知识框架,提升他们的认知层次。教学策略也应灵活多变,让学生在实践探索中体悟知识的奥妙,实现教学目标的有效达成。

表1 中学数学理想课堂的构筑

| 学生主体 || 教师主导 ||
| --- | --- | --- | --- |
| 课堂环节 | 学习目标 | 教学实施 ||
| 预学与聚焦 | 自学略通 | 课前预学任务单(情境与问题) ||
| 探究与发现 | 大致粗通 | 生活情境 | 引导型问题链 |
| 整合与互动 | 触类旁通 | 学术情境 | 探究性问题链 |
| 反馈与拓展 | 融会贯通 | 心理情境 | 应用型问题链 |

## 二、中学数学理想课堂的教学评价指标体系

美国加州大学伯克利分校的舍菲尔德(Alan H. Schoenfeld)教授在数学教育领域有着卓越的贡献。他提出的"TRU"框架是用于分析和评估数学教学和学习的重要工具。TRU框架从数学内容、认

知需求、公平获得、角色认定和形成性评价等五个反馈维度分析课堂教学。

首先,在数学内容上,关注的是课堂上所教授的数学知识点和技能。教师需要确保所教授内容的准确、完整,并与学生的认知水平相适应。教师还应注重数学内容的连贯性和系统性,帮助学生建立起完整的知识体系。

其次,在认知需求上,强调的是课堂上对学生的思维挑战和认知发展的关注。教师需要设计具有层次性和梯度性的问题,以激发学生的探究欲望和思维活力。通过引导学生进行深入的思考和探究,教师可以帮助他们提升数学思维能力,培养解决问题的能力。

第三,在公平获得上,关注的是每个学生在课堂上获得学习机会和资源的公平性。教师需要关注学生的学习差异,为不同水平的学生提供适当的支持和挑战。通过差异化教学和个性化指导,教师可以确保每个学生都能在课堂上获得充分的发展机会。

第四,在角色认定上,强调的是师生在课堂上的角色定位和互动关系。教师需要明确自己在课堂上的角色定位,既是知识的传授者,也是学生学习的引导者和合作伙伴。教师还应鼓励学生积极参与课堂活动,发挥他们的主体作用,建立起良好的师生互动关系。

最后,在形成性评价上,关注的是通过课堂观察、学生反馈和作业分析等方式对教学效果进行及时、准确的评估。教师需要运用多种评价手段,收集学生的学习信息,以便了解学生的学习进度和存在的问题。通过及时反馈和调整教学策略,教师可以不断提升教学效果,促进学生的全面发展。

借助这种理论,以及在《新课标》和《义务教育数学课程标准(2022版)课程总目标》的指导下,结合多年的实践经验,我们认为中学数学理想课堂的教学评价体系如下:

表2 中学数学理想课堂的教学评价指标概念表

中学数学理想课堂的教学评价(双客体)

| | 学 生 | | | | | | |
|---|---|---|---|---|---|---|---|
| 一级指标 | 学生活动 | | | | 学习目标达成 | | |
| 说明 | 基于学生主动学习 | | | | 基于学习效果反馈 | | |
| 二级指标 | 自主学习 | 合作学习 | 资源利用 | 自我反思 | 数学眼光 | 数学思维 | 数学语言 |
| "四基" | ✓ | ✓ | | | ✓ | ✓ | ✓ |
| "四能" | | | | | ✓ | ✓ | ✓ |

| | 教 师 | | | | | | |
|---|---|---|---|---|---|---|---|
| 一级指标 | 教学实施 | | | | 教学目标达成 | | |
| 说明 | 基于情境与问题设计 | | | | 基于内容载体 | | |
| 二级指标 | 情境 | 问题 | 活动组织 | 信息技术 | 知识技能 | 思想方法 | 核心素养 |
| "四基" | | | ✓ | | ✓ | ✓ | |
| "四能" | ✓ | ✓ | | | | | ✓ |

1. 指标体系

一级指标包括教学目标、问题情境设计、主动学习、成果反馈,每一个指标划分三级水平,每一项一级指标都由四个二级指标进行解释,每一个二级指标也划分三级水平。

**表3　中学数学理想课堂"学生活动"评价指标说明表**

| 一级指标 | 学生活动 | | | |
|---|---|---|---|---|
| 含义 | 在"课前预学任务单"和"情境-问题"的吸引和支撑下,学生积极主动地参与课堂教学活动,自主探索问题、发现知识。 | | | |
| 水平1 | 只有少量学生参与学生活动,组织形式略显单薄,没有明显的方式和方法可以吸引和支持大部分学生参与活动。 | | | |
| 水平2 | 学生能够参与到教学的所有环节,但是参与程度不均,"课前预学任务单"和"情境-问题"的设置没有为多数学生主动地、有意义地参与提供结构化的支持。 | | | |
| 水平3 | "课前预学任务单"和"情境-问题"帮助大部分学生自主地、有意义地参与课堂活动,并在一定程度上获得成效,或建立有组织的课堂活动使得所有学生参与,部分学生表现出较强的数学学习能力。 | | | |
| 二级指标 | 自主学习 | 合作学习 | 资源利用 | 自我反思 |
| 含义 | 学生独立回答问题、完成任务,以及自我管理、个体表现的程度。 | 课堂教学活动营造的师生、学生之间的讨论、提问、归纳、类比、质疑、辨析等互动形式。 | 能利用恰当的学习材料(课前预学任务单,情境-问题等)以及教材阅读等方式参与活动。 | 学生在课堂教学中的自我评价和意识。 |
| 水平1 | 按照要求完成思考问题、练习。 | 可以参与合作学习,合作形式单一,合作学习停留于形式。 | 只有教材。 | 只有对答案进行反思。 |
| 水平2 | 依据任务思考、练习,提出个人学习需求,主动交流。 | 能主动参与合作学习,形成师生、学生间的合作、角色认定。 | 教材、任务单、"资源包"、学生笔记。 | 从问题解答(完成任务)中发现个人问题,但不能论证其原因。 |
| 水平3 | 通过独立思考表达个人观点,有论证、迁移、概括、质疑等行为。 | 师生间、学生间、角色认定、讨论、提问、归纳、类比、质疑、辨析等多种互动的形式都存在。 | 能利用教材、课前预学任务单等其他相关的数学材料提出问题,发现相应的数学知识和概念。 | 从问题解答(完成任务)中发现个人问题,而且可以论证自己错误的原因。 |

表 4　中学数学理想课堂"学习目标达成"评价指标说明表

| 一级指标 | 学习目标达成 | | |
| --- | --- | --- | --- |
| 含义 | 在课堂教学中，在情境与问题的引领下，通过语言表达、方法运用、新知探索以及逻辑证明等一系列活动，评估学生的思维深度和其达成的学习目标。 | | |
| 水平1 | 学生能够在教师设定的情境与问题的引导下，进行基本的语言表达和方法的运用。能够按照教师的指导，参与到课堂活动中，完成一些基础性的新知发现和逻辑证明。学生的思维深度主要表现在对基础知识的理解和简单应用上，达到了"大致粗通"的学习目标，课堂教学成果主要体现为学生对基本知识的掌握。 | | |
| 水平2 | 学生在情境与问题的引导下，能够较为熟练地运用语言表达和多种方法解决问题。他们能够主动探索新知，进行较为深入的思考和逻辑证明。学生的思维深度有所提升，能够表现出一定的分析、归纳和推理能力，达到了"触类旁通"的学习目标，课堂教学成果则体现在学生对知识的综合运用和思维能力的提升上。 | | |
| 水平3 | 学生在课堂教学中，能够自主设定情境与问题，并运用丰富的语言表达和高级方法来解决复杂问题。他们能够独立发现新知，进行深入的逻辑证明，并展现出高水平的思维深度和创新能力，达到了"融会贯通"的学习目标。学生的思维深度和课堂教学成果都达到了较高的水平，他们能够灵活运用所学知识解决实际问题，展现出较高的学习成效和综合素质。 | | |
| 二级指标 | 数学眼光 | 数学思维 | 数学语言 |
| 含义 | 学生在学习过程中对新知识、新观点或新理解的探索和发现。这包括学生对课堂内容的深入思考、对问题的独特见解以及对已有知识的重新解读。 | 学生在论证观点或解决问时所使用的策略、技巧、逻辑推理、证明过程等。包括学生选择和应用适当的解题方法、实验步骤、研究工具等。能运用逻辑关系、事实依据和理论支持来构建合理的论证体系。 | 学生在课堂上通过口头或书面方式，清晰、准确地传达自己的想法、观点和理解的能力。 |

续表

| 二级指标 | 数学眼光 | 数学思维 | 数学语言 |
|---|---|---|---|
| 水平1 | 对新知识有一定的好奇心,但缺乏主动探索的意愿;对于新知识的理解停留在表面,缺乏深入探究。 | 思考角度较为单一,缺乏多角度思考的能力。对问题的理解停留在表面,缺乏深入分析和探究;仅能使用基本的、单一的方法解决问题;方法存在一些误差和不足,主要依赖已有的方法或策略。 | 能够简单、直接地表达基本观点;被引导后才能完整阐述;表达停留在表面;缺乏对问题的深入思考。 |
| 水平2 | 对新知识表现出较高的兴趣,能够主动探索和学习。对新知识的理解较为深入,能够把握其主要内容和要点。能够将新知识运用到相关情境中,解决一些实际问题。 | 能够从多个角度思考问题,展现出一定的思维广度。对于问题的理解较为深入,能够挖掘其背后的原因和联系。能够尝试使用多种方法解决问题,方法选择较为灵活;有时能够提出新的方法或改进现有方法,但创新程度有限。 | 能够清晰、准确地表达观点,有条理地阐述问题,逻辑较为严密,表达能够触及问题的某个方面,展现一定的思考深度。 |
| 水平3 | 对新知识具有高度的敏感性和洞察力,能够迅速发现并掌握新知。对新知识的理解深刻,能够挖掘其背后的原理和联系,能够灵活运用新知识解决复杂问题,展现出较强的创新能力。 | 能够全面、系统地考虑问题,对问题的理解深刻透彻,能够触及问题的本质和核心。能够熟练运用多种高级方法解决问题,方法选择具有创新性;能够提出新颖的方法或策略,对现有方法进行显著改进。 | 能够用精练的语言准确传达复杂观点,表达逻辑严密,能够构建完整的论证体系,表达能够深入挖掘问题的本质。 |

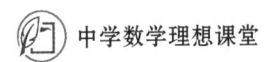

表 5 　中学数学理想课堂之"教学实施"评价指标说明表

| 一级指标 | 教学实施 |
| --- | --- |
| 含义 | 通过情境与问题的设计推进教学的实施。其中,课堂中的情境引发学生自主数学思考的多维空间,问题链条是课堂教学的指向和抓手。 |
| 水平 1 | 情境与问题的基础性和生活化。这些问题应紧密围绕数学基础知识,与学生的日常生活或经验紧密相连,使学生能够通过直观的感受和简单的思考理解并解决问题。能够激发学生的学习兴趣,并帮助他们形成对数学的直观认识。 |
| 水平 2 | 注重问题的综合性和复杂性。这些问题应涉及多个数学知识点和技能,需要学生进行深入的分析和推理。通过解决这些问题,学生能够综合运用所学知识,提升数学能力和问题解决能力。能够培养学生的逻辑推理能力、空间想象能力和数学表达能力,有效提升学生的数学素养。 |
| 水平 3 | 强调问题的探究性和创新性。这些问题应具有开放性,鼓励学生进行探究式学习,培养他们的创新思维和问题解决能力。有助于激发学生的探究欲望,引导他们提出新的见解和解决方案,以及学生能否运用所学的数学知识和方法进行实践和创新。 |

| 二级指标 | 情境 | 问题 | 活动组织 | 信息技术 |
| --- | --- | --- | --- | --- |
| 含义 | 一种特殊的教学环境和氛围,旨在通过创设具体、生动的生活情境、心理情境、学术情境,激发学生的学习兴趣和探究欲望,提高他们的数学素养。 | 不仅仅是一个待解决的数学难题或是数学疑问,更是一种教学策略和思维引导的方式。 | 对教学活动进行规划、安排和管理的过程。这里强调的是教学活动的组织、教学资源的组织以及学生学习的组织。 | 主要指的是应用于教学过程中的各种工具、平台和手段,它们有助于提升教学效率、增强学生的学习体验,并促进数学教学的创新。 |

续表

| 二级指标 | 情境 | 问题 | 活动组织 | 信息技术 |
| --- | --- | --- | --- | --- |
| 水平1 | 生活情境:贴近学生的日常生活,能够帮助学生将数学知识与现实生活相联系,理解数学在生活中的基本应用。<br>学术情境:基于已经学习过的数学基础知识、数学概念等内容的直接应用。<br>心理情境:简单地回忆以前学过的内容,简单的数学历史、数学小游戏的设置。 | 引导型问题链:问题设计停留于对新知识理解的表面。<br>探究型问题链:没有或较少出现探究型问题链。问题设计生硬,未揭示合理探究的理由。<br>应用型问题链:没有或较少出现应用型问题链。问题设计流于形式,接近于应用题的解决。 | 教学未分组、引导、启发、交流。 | 信息技术运用。 |
| 水平2 | 生活情境:涉及更为复杂的生活场景,要求学生能够运用所学的数学知识解决具有一定挑战性的实际问题。<br>学术情境:基于已经学习过的数学基础知识、数学概念等内容的间接应用。<br>心理情境:需要从数学历史、数学小游戏中去发现数学知识概念的发生发展的本质。 | 引导型问题链:能配合情境的设定,了解相关数学知识概念的内涵。<br>探究型问题链:运用数学的思想和方法提出问题、解决问题,完成对数学知识概念等的探究。<br>应用型问题链:对所学的知识概念的学以致用,建构相关知识形成网络结构。 | 分组讨论、引导、启发、交流。 | 在情境问题中信息技术产生作用。 |

89

续表

| 二级指标 | 情境 | 问题 | 活动组织 | 信息技术 |
|---|---|---|---|---|
| 水平3 | 生活情境:情境设计具有创新性和开放性,鼓励学生提出新的数学应用方案或解决实际问题的方法,培养他们的创新意识和实践能力。学术情境:基于已经学习过的数学基础知识、数学概念等内容的复杂应用及其拓展。心理情境:从前沿的数学以及其他学科的发展史中去发现数学知识概念的发生发展的本质。 | 引导型问题链:引导经历数学概念知识发生、发展的过程。探究型问题链:问题设计具有开放性,推动学生探究性学习。能激发学生的探究欲望,引导他们提出新的见解和解决方案。应用型问题链:有较多应用型问题链的设计。能运用所学的数学知识和方法进行实践和创新。 | 教学活动有序且分层递进,在疑惑中对学生展开启发。 | 信息技术的运用对知识的再现与对学生发现知识产生了激励作用。 |

表6 中学数学理想课堂之"教学目标达成"评价指标说明表

| 一级指标 | 教学目标达成 |
|---|---|
| 含义 | 主要关注学生对数学基础知识的理解和对基本技能的掌握,揭示数学思想方法。学生需要能够准确记忆和理解数学的基本概念、公式和定理,经历知识形成的过程,并能够进行基本的数学运算和推理。 |
| 水平1 | 清晰阐述概念、强化基本技能训练、激发兴趣与自信心。关注每个学生的学习进度,及时给予指导和帮助,确保每个学生都能达到基本的学习要求。 |
| 水平2 | 设计综合性任务,培养问题解决的能力、鼓励探究与合作。关注学生的思维过程和解题策略,及时给予反馈和指导,帮助学生逐步提升问题解决的能力。 |

续表

| 一级指标 | 教学目标达成 | | |
|---|---|---|---|
| 水平3 | 引导学生深入探究、激发创新精神、提升学生的数学核心素养。关注学生的创新过程和思维发展，给予他们足够的自由度和支持，鼓励他们勇于挑战和突破自我。 | | |
| 二级指标 | 知识技能 | 思想方法 | 数学素养 |
| 含义 | 符合课程标准与学生的认知基础的课堂教学内容。 | 基于情境问题设计引发的分析问题、解决问题的常用数学思想与常用数学方法。 | 高中：数学抽象、逻辑推理、数学建模、数学运算、直观想象、数据分析。<br>初中：抽象能力、运算能力、几何直观、空间观念、推理能力、数据观念、模型观念、应用意识、创新意识。 |
| 水平1 | 内容清晰、准确，但合理性不够，缺乏认知基础。 | 解决问题的常用思想方法以教师引导为主。 | 基础知识的掌握与核心素养的初步培养。 |
| 水平2 | 内容清晰、准确、合理，但不充分。 | 情境问题引导，师生互动，灵活多样。 | 知识的综合运用与核心素养的深化发展。 |
| 水平3 | 内容清晰、准确，体现课标的要求，符合学情与教材的要求。 | 围绕目标启发、交流，表现形式灵活多样，学生能通过自主学习、合作学习，经历用数学思想方法自主解决问题的过程。 | 高阶思维的培养与核心素养的全面提升。 |

2. 指标的权重

我们首先平均权重，然后对两位老师的录像课进行评价，比对各项指标得分、总得分，发现与专家的经验判断结果有差异，所以将权重进行调整：

表7 中学数学理想课堂教学评价权重说明表

| 一级指标 | 学生活动 | | | | 学习目标达成 | | |
|---|---|---|---|---|---|---|---|
| 平均权重 | 25% | | | | 25% | | |
| 调整后权重 | 30% | | | | 30% | | |
| 说明 | 本指标体现有序的挑战性问题,激励学生独立、合作与主动参与活动。其中,学生活动包括自主学习、合作学习、资源利用、自我反思。 | | | | 本指标观测学生学习时的语言、方法,发现新知识时的表现,逻辑论证等思维方式以及回答问题的程度,指向对学生核心素养达成情况的评价。 | | |
| 二级指标 | 自主学习 | 合作学习 | 资源利用 | 自我反思 | 数学眼光 | 数学思维 | 数学语言 |
| 权重 | 15.0% | 6.0% | 9.0% | | 10.0% | 10.0% | 10.0% |
| 一级指标 | 教学实施 | | | | 教学目标达成 | | |
| 平均权重 | 25% | | | | 25% | | |
| 调整后权重 | 25% | | | | 15% | | |
| 说明 | 本指标体现教师对情境-问题的课堂教学的设计,通过情境问题链的设计,建构学生的学习活动。 | | | | 本指标反映教师对内容、方法以及实施过程的清晰、准确、合理的认知水平及课堂达成情况,是成熟教师的基本功。 | | |
| 二级指标 | 情境 | 问题 | 活动组织 | 信息技术 | 知识技能 | 思想方法 | 核心素养 |
| 权重 | 7.5% | 7.5% | 5.0% | 5.0% | 6.0% | 4.5% | 4.5% |

3. 评价工具之一般性运用设计

一般,课堂的评价工具在研究中采取人员分工、录像课切片等形式,分三级水平打分评价。在引入日常教学的过程中,我们进行简化,设计如下:

## 第三章 中学数学理想课堂的教学评价

**表8　中学数学理想课堂的教学评价解析表**

| 一级指标 | 二级指标 | 评价水平 | 行为表征 |
|---|---|---|---|
| 学生活动 30% | 自主学习 | 水平1 | 按照要求完成思考问题、练习。 |
| | | 水平2 | 依据任务思考、练习,提出个人学习需求,主动交流。 |
| | | 水平3 | 通过独立思考来表达个人观点,有论证、迁移、概括、质疑等行为。 |
| | 合作学习 | 水平1 | 可以参与合作学习,合作形式单一,合作学习停留于形式。 |
| | | 水平2 | 能主动参与合作学习,形成师生间、学生间合作,以及角色认定。 |
| | | 水平3 | 师生间、学生的合作、角色认定、讨论、提问、归纳、类比、质疑、辨析等多种互动的形式都存在。 |
| | 资源利用 | 水平1 | 只有教材。 |
| | | 水平2 | 教材、任务单、"资源包"、学生笔记。 |
| | | 水平3 | 能利用教材、课前预学任务单等其他相关的数学材料提出问题,发现相应的数学知识和概念。 |
| | 自我反思 | 水平1 | 只有对答案进行反思。 |
| | | 水平2 | 从问题解答(完成任务)中发现个人问题,但不能论证其原因。 |
| | | 水平3 | 从问题解答(完成任务)中发现个人问题,而且可以论证自己错误的原因。 |
| 学习阶段达成 30% | 数学眼光 | 水平1 | 对新知识有一定的好奇心,但缺乏主动探索的意愿,对于新知的理解停留在表面,缺乏深入探究。 |
| | | 水平2 | 对新知识表现出较高的兴趣,能够主动探索和学习。对于新知识的理解较为深入,能够把握其主要内容和要点。能够将新知识运用到相关情境中,解决一些实际问题。 |

续表

| 一级指标 | 二级指标 | 评价水平 | 行为表征 |
|---|---|---|---|
| 学习阶段达成 30% | 数学眼光 | 水平 3 | 对新知识具有高度的敏感性和洞察力,能够迅速发现并掌握新知识。对新知识的理解深刻,能够挖掘其背后的原理和联系。能够灵活运用新知识解决复杂问题,展现出较强的创新能力。 |
| | 数学思维 | 水平 1 | 思考角度较为单一,缺乏多角度思考的能力。对问题的理解停留在表面,缺乏深入分析和探究,仅能使用基本的、单一的方法解决问题,方法存在一些误差和不足,主要依赖已有的方法或策略。 |
| | | 水平 2 | 能够从多个角度思考问题,展现出一定的思维广度。对于问题的理解较为深入,能够挖掘其背后的原因和联系。能够尝试使用多种方法解决问题,方法选择较为灵活;有时能够提出新的方法或改进现有方法,但创新程度有限。 |
| | | 水平 3 | 能够全面、系统地考虑问题,对问题的理解深刻透彻,能够触及问题的本质和核心。能够熟练运用多种高级方法解决问题,方法选择具有创新性,能够提出新颖的方法或策略,对现有方法进行显著改进。 |
| | 数学语言 | 水平 1 | 能够简单、直接地表达基本观点;被引导后才能完整阐述,表达停留在表面;缺乏对问题的深入思考。 |
| | | 水平 2 | 能够清晰、准确地表达观点,有条理地阐述问题,逻辑较为严密,表达能够触及问题的某个方便,展现一定的思考深度。 |
| | | 水平 3 | 能够用精练的语言准确传达复杂观点,表达逻辑严密,能够构建完整的论证体系,表达能够深入挖掘问题的本质。 |

续表

| 一级指标 | 二级指标 | 评价水平 | 行为表征 |
|---|---|---|---|
| 教学实施 25% | 情境 | 水平 1 | 生活情境:贴近学生的日常生活,能够帮助学生将数学知识与现实生活相联系,理解数学在生活中的基本应用。<br>学术情境:基于数学基础知识,并侧重于数学概念和原理的直接应用,考查学生对基础知识的掌握情况。<br>心理情境:情境设计能够激发学生的好奇心和探究欲望,培养他们的基本数学兴趣和自信心。 |
| | | 水平 2（发展水平） | 生活情境:涉及更为复杂的生活场景,要求学生能够运用所学的数学知识解决具有一定挑战性的实际问题。<br>学术情境:涉及多个数学知识点或跨学科的数学应用,要求学生能够进行综合分析和推理,培养他们的数学思维和问题解决能力。<br>心理情境:能够引发学生的深入思考,培养他们的数学探究精神和批判性思维,增强他们的学习动力和自主性。 |
| | | 水平 3（创新水平） | 生活情境:情境设计具有创新性和开放性,鼓励学生提出新的数学应用方案或解决实际问题的方法,培养他们的创新意识和实践能力。<br>学术情境:涉及数学前沿的知识或研究问题,要求学生能够进行深入的数学探究和研究,培养他们的科研素养和创新能力。<br>心理情境:情境能够激发学生的创造力和想象力,培养他们的数学审美情感和探索精神,使他们在数学学习中获得更高的成就感和满足感。 |
| | 问题 | 水平 1 | 引导型问题链:问题设计停留于对新知识理解的表面。<br>探究型问题链:没有或较少出现探究型问题链。问题设计生硬,未揭示合理探究的理由。<br>应用型问题链:没有或较少出现应用型问题链。问题设计流于形式,接近于应用题的解决。 |

续表

| 一级指标 | 二级指标 | 评价水平 | 行为表征 |
|---|---|---|---|
| 教学实施 25% | 问题 | 水平2 | 引导型问题链：能配合情境的设定，了解相关数学知识概念的内涵。<br>探究型问题链：运用数学的思想和方法提出问题、解决问题，完成对数学知识概念等的探究。<br>应用型问题链：对所学的知识概念的学以致用，建构相关知识形成网络结构。 |
| | | 水平3 | 引导型问题链：引导经历数学概念知识发生、发展的过程。<br>探究型问题链：问题设计具有开放性，推动学生探究性学习。能激发学生的探究欲望，引导提出新的见解和解决方案。<br>应用型问题链：有较多应用型问题链的设计。能运用所学的数学知识和方法进行实践和创新。 |
| | 活动组织 | 水平1 | 教学未分组、引导、启发、交流 |
| | | 水平2 | 分组讨论、引导、启发、交流。 |
| | | 水平3 | 教学活动有序且分层递进，在疑惑中对学生展开启发。 |
| | 信息技术 | 水平1 | 信息技术运用。 |
| | | 水平2 | 在情境问题中信息技术产生作用。 |
| | | 水平3 | 信息技术的运用对知识的再现与对学生发现知识产生了激励作用。 |
| 教学目标达成 15% | 知识技能 | 水平1 | 内容清晰、准确，但合理性不够，缺乏认知基础。 |
| | | 水平2 | 内容清晰、准确、合理，但不充分。 |
| | | 水平3 | 内容清晰、准确，体现课标的要求，符合学情与教材的要求。 |
| | 思想方法 | 水平1 | 解决问题的常用思想方法以教师引导为主。 |
| | | 水平2 | 情境问题引导，师生互动，灵活多样。 |

续表

| 一级指标 | 二级指标 | 评价水平 | 行为表征 |
|---|---|---|---|
| 教学目标达成 15% | 思想方法 | 水平3 | 围绕目标启发、交流，表现形式灵活多样，学生能通过自主学习、合作学习经历用数学思想方法自主解决问题的过程。 |
| | 核心素养 | 水平1 | 基础知识的掌握与核心素养的初步培养。 |
| | | 水平2 | 知识的综合运用与核心素养的深化发展。 |
| | | 水平3 | 高阶思维的培养与核心素养的全面提升。 |

表9　中学数学理想课堂之教学评价表

| 一级指标 | 二级指标 | 第一阶段（预学与聚焦） | 第二阶段（探究与发现） | 第三阶段（整合与互动） | 第四阶段（反馈与拓展） | 平均分 |
|---|---|---|---|---|---|---|
| | | 课堂行为（水平3:3分；水平2:2分；水平1:1分） ||||||
| 学生活动 30% | 自主学习 | | | | | |
| | 合作学习 | | | | | |
| | 资源利用 | | | | | |
| | 自我反思 | | | | | |

97

续表

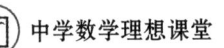

| 一级指标 | 二级指标 | 第一阶段（预学与聚焦） | 第二阶段（探究与发现） | 第三阶段（整合与互动） | 第四阶段（反馈与拓展） | 平均分 |
|---|---|---|---|---|---|---|
| | | 课堂行为(水平3:3分;水平2:2分;水平1:1分) | | | | |
| 学习目标达成 30% | 数学眼光 | | | | | |
| | 数学思维 | | | | | |
| | 数学语言 | | | | | |
| 教学实施 25% | 情境 | | | | | |
| | 问题 | | | | | |
| | 活动组织 | | | | | |
| | 信息技术 | | | | | |
| 教学目标达成 15% | 知识技能 | | | | | |
| | 思想方法 | | | | | |
| | 核心素养 | | | | | |

第三章 中学数学理想课堂的教学评价

表 10 中学数学理想课堂之教学评价汇总表

| 一级指标 | 学生活动 | 学习阶段达成 | 教学实施 | 教学目标达成 | |
|---|---|---|---|---|---|
| 平均权重 | 0.25 | 0.25 | 0.25 | 0.25 | |
| 调整后权重 | 0.3 | 0.3 | 0.25 | 0.15 | |
| 说明 | 本指标体现有的挑战性问题，激励学生独立、合作参与活动。学生活动包括自主学习、合作学习、资源利用、自我反思等。 | 本指标观测学生学习时的语言、方法，发现新知识时的表现，逻辑论证及思维方式以及提问、问题的方式以及指向对学生核心素养达成情况的评价。 | 本指标体现教师对情境-问题的教学设计，通过情境问题链建构学生的学习活动。 | 本指标反映教师对内容、方法以及实施过程的认知水平、合理课堂达成情况及课堂达成情况，是成熟教师的基本功。 | 总分（三分制） 百分制 |
| 二级指标 | 自主学习 | 合作学习 | 资源利用 | 自我反思 | 数学眼光 | 数学思维 | 数学语言 | 情境 | 问题 | 活动组织 | 信息技术 | 知识技能 | 思想方法 | 核心素养 | |
| 权重 | | | | | | | | | | | | | | | |
| 打分 | | | | | | | | | | | | | | | |
| 合计 | | | | | | | | | | | | | | | |

## 第二节　中学数学理想课堂的教学评价案例

一、案例一：沪教版《高级中学课本数学（高中二年级第二学期）》之"二项式系数的性质"

1. 教学目标

事实上高中生对于"杨辉三角"并不陌生，在沪教版《九年义务教育课本（七年级第一学期）》的第九章之整式的阅读材料中，给出了"贾宪三角"。材料以递推的形式，引导学生猜测展开式中各项系数的关系，并让学生发现这些系数的规律。材料同时给出了"贾宪三角"数字的一些规律：例如，这个三角的两条斜的边都是由数字 1 所组成，而其他数都等于它肩上的两个数的和。材料也指明了"贾宪三角"在西方数学史上又被称为"帕斯卡三角形"。到了高中之后再次学习这些内容时，那么对于高中生而言，对于一个自己不陌生的数阵的学习，不仅仅是学会从不同角度来观察这个数阵的规律，更为重要的是会对这些结论应该进行严格的数学证明。

高中数学"杨辉三角"的课程标准主要包括以下几个方面的知识点和技能要求：

（1）定义

理解杨辉三角（又称帕斯卡三角）是一个由数字排列成三角形的几何图形，其中每个数字是其上方两数字之和。识别和绘制"杨辉三角"的基本结构，包括第一行只有一个数字1，接下来的每一行数字都是由上一行相邻两个数字相加而成。

（2）性质

掌握"杨辉三角"的基本性质，如每行数字个数等于行数、每行数字左右对称、每个数字等于上一行的左右两个数字之和等。理解并应用"杨辉三角"的规律，如第 $n$ 行数字和为 $2^{n-1}$、第 $n$ 行的第 $m$ 个数和第 $n-m$ 个数相等，即 $C_n^m = C_n^{n-m}$。

（3）与二项式定理的关系

理解"杨辉三角"与二项式定理的紧密关系，知道 $(a+b)^n$ 的展开式中的各项系数依次对应杨辉三角的第 $n+1$ 行中的各项。能利用杨辉三角求解二项式展开式的系数，并能解释这一关系的数学原理。

（4）应用与拓展

了解"杨辉三角"在组合数学、代数学、数论等领域的应用，如计算组合数、展示二项式定理、计算二项式系数的奇偶性等。能运用"杨辉三角"的知识解决一些实际问题，如概率计算、组合问题等。

（5）探索与发现

鼓励学生通过类比、归纳等方法探索"杨辉三角"的更多性质和规律，培养他们的数学探究能力和创新思维。引导学生将"杨辉三角"与其他数学知识进行联系和整合，形成完整的数学知识体系。

2. 学生课堂表现及其评价

（1）预学与聚焦

① 课堂实录

师：前面我们已经学习了二项式定理，即

$(a+b)^n = C_n^0 a^n + C_n^1 a^{n-1} b^1 + C_n^2 a^{n-2} b^2 + \cdots + C_n^r a^{n-r} b^r + \cdots + C_n^n b^n (n \in \mathbf{N}^*)$ 了解了二项式系数就是指 $C_n^0$，$C_n^1$，$C_n^2$，$\cdots$，$C_n^r$，$\cdots$，$C_n^n$ 这些组合数。所以只要计算出组合数，就可以得出每一个二项展开式的二项式系数。

例如，$n=1$ 时，二项式系数为 $C_1^0$、$C_1^1$，即为 1　1

$n=2$ 时，二项式系数为 $C_2^0$、$C_2^1$、$C_2^2$，计算可得 1　2　1

$n=3$ 时，二项式系数为 $C_3^0$、$C_3^1$、$C_3^2$、$C_3^3$，计算可得 1　3　3　1

$n=4$ 时，二项式系数为 $C_4^0$、$C_4^1$、$C_4^2$、$C_4^3$、$C_4^4$，计算可得 1　4　6　4　1

$n=5$ 时，二项式系数为 $C_5^0$、$C_5^1$、$C_5^2$、$C_5^3$、$C_5^4$、$C_5^5$，计算可得 1　5　10　10　5　1

……

任意正整数 $n$，二项式系数为 $C_n^0$　$C_n^1$　$C_n^2 L$　$C_n^r L$　$C_n^{n-2}$　$C_n^{n-1}$　$C_n^n$

这样我们可以得出一张数表，

$$\begin{array}{c} 1 \quad 1 \\ 1 \quad 2 \quad 1 \\ 1 \quad 3 \quad 3 \quad 1 \\ 1 \quad 4 \quad 6 \quad 4 \quad 1 \\ \cdots\cdots \\ C_n^0 \quad C_n^1 \quad C_n^2 \quad \cdots \quad C_n^r \quad \cdots \quad C_n^{n-2} \quad C_n^{n-1} \quad C_n^n \end{array}$$

根据组合数的性质以及数表的完整性,我们将这张数表整理为以下形式,

$(a+b)^0$ ·············· 1 ·············· 第 0 行

$(a+b)^1$ ············ 1　1 ············ 第 1 行

$(a+b)^2$ ·········· 1　2　1 ·········· 第 2 行

$(a+b)^3$ ········ 1　3　3　1 ········ 第 3 行

$(a+b)^4$ ······ 1　4　6　4　1 ······ 第 4 行

$(a+b)^5$ ···· 1　5　10　10　5　1 ···· 第 5 行

$(a+b)^6$ ·· 1　6　15　20　15　6　1 ·· 第 6 行

······

$(a+b)^{n-1}\cdots C_{n-1}^0\quad C_{n-1}^1\cdots C_{n-1}^r\cdots C_{n-1}^{n-1-r}\cdots C_{n-1}^{n-2}\quad C_{n-1}^{n-1}\cdots$ 第 $n-1$ 行

$(a+b)^n\cdots C_n^0\quad C_n^1\quad\cdots\quad C_n^r\cdots C_n^{n-r}\quad\quad C_n^{n-1}\quad C_n^n\cdots$ 第 $n$ 行

这个三角可不简单,它就是著名的"杨辉三角"。杨辉是我国南宋时期的数学家,著有《详解九章算法》一书,在这本书中杨辉提到这个"三角",他称这为"开方做法本源图",后人就用他的名字来命名这个三角,称之为"杨辉三角"。500 年后的法国数学家也发现了这个三角,所以也有人称这个三角为"帕斯卡三角"。很多数学家在研究"杨辉三角"时,都发出由衷的感叹:"这是个美妙的三角。"那么请问这个三角究竟美在哪里,妙在何处?这个三角的美妙就在于构成这个三角数字的规律。那么请问,观察"杨辉三角",除了我们刚才得知的三条规律外,它的数字还有哪些规律?

② 评价过程

关于"教学目标达成"的指标：在知识维度上，教师直接从二项式定理的展开引入，内容清晰、准确，体现了课标的要求，符合学情与教材的要求，因此为水平3。在过程维度上，可以由浅入深，体现了数学概念的本质，引发了学生的思考和探究，因此为水平3。在思想方法上，基本可以根据情境与问题展开引导，师生可以很好地互动，因此为水平2。由于并没有体现数学核心素养的落实，故为水平0。

关于"情境问题设计"的指标：在情境维度上，学术情境创设了数学史的内容，要求学生能够进行深入的数学探究和研究，因此为水平3。在问题维度上，经历了"杨辉三角"的数学概念知识之发生、发展的过程，旨在完成对"杨辉三角"性质的探究和研究，因此为水平2。在组织维度上，教学并未分组，教师进行了引导和启发，因此为水平1。在技术维度上，利用PPT展示了杨辉三角动态形成的过程以及最终的问题，因此为水平2。

关于"学生主动学习"的指标：在自主思考维度上，因为该片段是教师引入过程，教师引导的比较多，因此为水平2。在团队合作上，情境-问题的教学活动营造的师生交流以教师引导为主，因此为水平1。在资源整合维度上，学生利用教材简单解决问题，因此为水平1。在自我反思维度上，因为情境与问题比较简单，所以仅仅是引发了学生的思考的兴趣，因此为水平1。

关于"学习效果反馈"的指标：因为这一片段主要是提出问题，学生的学习效果在语言表达维度上、在方法运用维度上、在新知发现上、在思维深度上都应该是水平 0。

(2) 探究与发现

① 课堂实录

师：古诗说得好，"横看成岭侧成峰,远近高低各不同"。观察事物也好、数表也罢,我们应该从不同的角度和方向去观察。我们常用的观察方法是整体到局部,整体观察我们已经了解了"杨辉三角"是个等边、左右对称的三角。局部观察呢？"杨辉三角"的局部观察我们可以横着看每一行,从左到右的看。也就是说,从左到右的观察"杨辉三角"的每一横行,横行的数字变化有何规律？

生：从小到大,再从大变小,用数学语言表达就是

$n$ 为偶数时, $C_n^0 < C_n^1 < \cdots < C_n^{\frac{n}{2}-1} < C_n^{\frac{n}{2}} > C_n^{\frac{n}{2}+1} > \cdots > C_n^{n-1} > C_n^n$

$n$ 为奇数时, $C_n^0 < C_n^1 < \cdots < C_n^{\frac{n-1}{2}-1} < C_n^{\frac{n-1}{2}} = C_n^{\frac{n+1}{2}} > C_n^{\frac{n+3}{2}} > \cdots > C_n^{n-1} > C_n^n$

师：如何求证呢？

生：求证过程如下, $\dfrac{C_n^k}{C_n^{k-1}} = \dfrac{\dfrac{n!}{k!(n-k)!}}{\dfrac{n!}{(k-1)!(n-k+1)!}} = \dfrac{n-k+1}{k}$ ,当 $\dfrac{n-k+1}{k} > 1$ 时,即 $n-k+1 > k$, $k < \dfrac{n+1}{2}$ 时, $C_n^{k-1} < C_n^k$ ,同理,当 $\dfrac{n-k+1}{k} \leqslant 1$ 时,即 $n-k+1 \leqslant k$, $k \geqslant \dfrac{n+1}{2}$ 时, $C_n^{k-1} \geqslant$

$C_n^k$。当 $n$ 为偶数时,$k=1,2,\cdots,\dfrac{n}{2}$ 均小于 $\dfrac{n+1}{2}$,所以 $C_n^0<C_n^1<\cdots<C_n^{\frac{n}{2}-1}<C_n^{\frac{n}{2}}$,根据对称性可知,$C_n^n<C_n^{n-1}<\cdots<C_n^{\frac{n}{2}+1}<C_n^{\frac{n}{2}}$,所以,$C_n^0<C_n^1<\cdots<C_n^{\frac{n}{2}-1}<C_n^{\frac{n}{2}}>C_n^{\frac{n}{2}+1}>\cdots>C_n^{n-1}>C_n^n$。当 $n$ 为奇数时,$k=1,2,\cdots,\dfrac{n-1}{2}$ 均小于 $\dfrac{n+1}{2}$,所以 $C_n^0<C_n^1<\cdots<C_n^{\frac{n-1}{2}-1}<C_n^{\frac{n-1}{2}}$,根据对称性可知,$C_n^n<C_n^{n-1}<\cdots<C_n^{\frac{n+3}{2}}<C_n^{\frac{n+1}{2}}$,而 $C_n^{\frac{n-1}{2}}=C_n^{\frac{n+1}{2}}$,所以 $C_n^0<C_n^1<\cdots<C_n^{\frac{n-1}{2}-1}<C_n^{\frac{n-1}{2}}=C_n^{\frac{n+1}{2}}>C_n^{\frac{n+3}{2}}>\cdots>C_n^{n-1}>C_n^n$。

师:非常好,其实以上的证明过程也可以作差证明。现在在我们知道"杨辉三角"中的每一横行的数字是左右对称的、是先增大再减小的。对于研究数列而言,我们往往了解了它的通项、对称性、单调性之后,还会研究数列的前 $n$ 项和。那么,观察"杨辉三角"的每一横行、横行所有数字之和有何规律?

生:我们发现所有横行的数字之和为 $2^n$,即 $C_n^0+C_n^1+C_n^2+\cdots+C_n^n=2^n$。

师:如何证明呢?

生:因为 $(a+b)^n=C_n^0 a^n+C_n^1 a^{n-1}b^1+C_n^2 a^{n-2}b^2+\cdots+C_n^r a^{n-r}b^r+\cdots+C_n^n b^n$,令 $a=b=1$,则 $(1+1)^n=C_n^0+C_n^1+C_n^2+\cdots+C_n^r+\cdots+C_n^n$,所以 $C_n^0+C_n^1+C_n^2+\cdots+C_n^n=2^n$。

师:这种 $C_n^0+C_n^1+C_n^2+\cdots+C_n^n=2^n$ 的证明方法我们称之为赋值法。知道了 $C_n^0+C_n^1+C_n^2+\cdots+C_n^n=2^n$,那么 $C_n^0-C_n^1+C_n^2$

$-C_n^3+C_n^4-C_n^5+\cdots=?$

生：同样用赋值法，令 $a=1$，$b=-1$，

则，在 $(a+b)^n=C_n^0a^n+C_n^1a^{n-1}b^1+C_n^2a^{n-2}b^2+\cdots+C_n^ra^{n-r}b^r+\cdots+C_n^nb^n$ 中

$(1-1)^n=C_n^0-C_n^1+C_n^2-C_n^3+C_n^4-C_n^5+\cdots$，即

$C_n^0-C_n^1+C_n^2-C_n^3+C_n^4-C_n^5+\cdots=0$，而倘若我们将这个式子整理之后，我们可以得到的是：$C_n^0+C_n^2+C_n^4+\cdots=C_n^1+C_n^3+C_n^5+\cdots$

师：这说明在二项展开式中，奇数项的二项式系数之和等于偶数项的二项式系数之和等于 $2^{n-1}$，其实我们回到"杨辉三角"中观察，同学们也能发现了"杨辉三角"中的每行数字的确是奇数项之和等于偶数项之和。我们再来仔细观察"杨辉三角"中的每行，我们发现从第一行开始，左右两行都是数字 1，第一行 $11=11^0$，第二行 $11=11^1$，第三行 $121=11^2$，第四行 $1\,331=11^3$，第五行 $14\,641=11^4$，那么"杨辉三角"每一横行是否与 11 有某种关系呢？

生：从第 6 行起，杨辉三角形中间的数多数都是两位数以上，不具备前五行的性质。

```
1     5      10     10      5      1
     (6)   (11)
        进1    进1
```

师：对的，但是，如果我们对这些数作"满十进位"处理：满 10 向

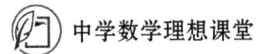

前进1,满20向前进2,以此类推,并保留个位数字后,所得数字仍具有上述性质.

如第5行处理如下

```
1    5    10    10    5    1
    (6)  (11)
    进1  进1
```

这样 161 051 = $11^5$

第6行处理如下

```
1    6    15    20    15    6    1
    (7)  (17)  (21)
    进1  进2   进1
```

1 771 561 = $11^6$

第9行处理如下

```
1    9    36   84    126   126   84   36   9   1
    (2) (13) (45) (97) (139) (134) (87)
    进1 进4  进9  进13 进13  进8   进3
```

2 357 947 691 = $11^9$

这样处理后的"杨辉三角"中,第 $n$ 行数字组成的数都是 $11^n$,这个结论对吗?可以证明吗?我们先来分析,因为 $10^1 C_1^1 + 10^0 C_1^0 = 10 \times 1 + 1 = 11 = 11^1$, $10^2 C_2^2 + 10^1 C_2^1 + 10^0 C_2^0 = 10^2 \times 1 + 10 \times 2 + 1 = 121 = 11^2 = \cdots$,

$10^5 C_5^5 + 10^4 C_5^4 + 10^3 C_5^3 + 10^2 C_5^2 + 10^1 C_5^1 + 10^0 C_5^0$

108

$= 10^5 \times 1 + 10^4 \times 5 + 10^3 \times 10 + 10^2 \times 10 + 10^1 \times 5 + 10^0 \times 1$，

$= 161\ 051 = 11^5$。

哪位同学愿意来证明一下？

生：证明只需赋值，在

$(a+b)^n = C_n^0 a^n + C_n^1 a^{n-1} b^1 + C_n^2 a^{n-2} b^2 + \cdots + C_n^r a^{n-r} b^r + \cdots + C_n^n b^n$ 中，$a=10$，$b=1$。则

$(10+1)^n = C_n^0\ 10^n + C_n^1\ 10^{n-1} + C_n^2\ 10^{n-2} + \cdots + C_n^r\ 10^{n-r} + \cdots C_n^{n-1} 10 + C_n^n$。

师：非常好。

② 评价过程

关于"教学目标明确"的指标：在知识维度上，教师对二项式系数的性质的证明，内容清晰、准确，体现了课标的要求，符合学情与教材的要求，因此为水平 3。在过程维度上，可以由浅入深地体现数学概念的本质，引发了学生的思考和探究，因此为水平 3。在思想方法上，围绕二项式系数性质的启发、交流之表现的形式灵活多样，引导了学生的发现与自主学习，因此为水平 3。在数学核心素养落实上，体现了数学抽象以及数学建模的数学核心素养，故为水平 3。

关于"情境问题设计"的指标：在情境维度上，情境设计具有创新性和开放性，能鼓励学生提出新的数学应用方案或解决实际问题的方法，培养了他们的创新意识和实践能力，因此为水平 3。在问题维度上，对以前所学的知识概念，例如数列的单调性、赋值法等进行学以致用，建构了相关知识形成网络结构，因此为水平 3。在组织维度

上,教学进行了分组,教学活动有序且分层递进,在疑惑中启发,因此为水平3。在技术维度上,利用了PPT展示了每一列性质的动态图像,因此为水平3。

关于"学生主动学习"的指标:在自主思考维度上,学生可以独立思考并且对结论进行论证,还提出自己的猜想,或是给出自己的结论,因此为水平3。在团队合作上,在分组的前提下,学生交流与合作,形成结论并且能严格证明之,因此为水平3。在资源整合维度上,学生利用教材、课前任务单、笔记等解决问题,因此为水平2。在自我反思维度上,学生可以从问题的解答中发现个人问题,并且找到错误原因,因此为水平3。

关于"学习效果反馈"的指标:在语言表达维度上,学生可以用准确的数学语言对二项式系数的性质进行完整的论证,因此为水平3。在方法运用维度上,可以用多种方法准确地解决问题,有一定创新性,因此为水平2。在新知识发现维度上,在教师的引导下,学生对二项式系数的性质表现出较高的兴趣,可以主动探索和学习,并能科学地论证解决,因此为水平2。在思维深度维度上,学生在对二项式系数性质的证明上能够从多个角度思考问题,展现出一定的思维广度,因此是水平2。

(3) 拓展问题

① 课堂实录

师:"杨辉三角"除了可以横着看,其实也可以斜着看;观察杨辉三角的每一斜行,其数字有何规律?

生：三角中与两腰平行的每斜行分别形成第 $k$ 阶差分数列为等差数列。

师：很好,关于这一结论,同学们可以回去证明。那么,再观察"杨辉三角"的每一斜行,数字之和有何规律?

生：从三角中一个确定的数的左肩的数出发,向右上方作一条和左斜边平行的射线,在这条射线上的各数的和等于这个数。

也就是 $C_n^{m+1} = C_{n-1}^m + C_{n-2}^m + C_{n-3}^m + \cdots + C_m^m$

证明,右边 $= C_{n-1}^m + C_{n-2}^m + C_{n-3}^m + \cdots + C_m^m = C_{n-1}^m + C_{n-2}^m + C_{n-3}^m + \cdots + C_{m+1}^{m+1}$

$= C_{n-1}^m + C_{n-2}^m + C_{n-3}^m + \cdots + \underbrace{C_{m+1}^m + C_{m+1}^{m+1}}_{C_{m+2}^{m+1}}$

$= C_{n-1}^m + C_{n-2}^m + C_{n-3}^m + \cdots \underbrace{C_{m+2}^m + C_{m+2}^{m+1}}_{C_{m+3}^{m+1}} = \cdots$

$= C_{n-1}^m + C_{n-1}^{m+1} = C_n^{m+1}$

师：那么,从三角中一个确定的数的右肩的数出发,向左上方作一条和右斜边平行的射线,在这条射线上的各数的和等于这个数?

生：也可以证明 $C_n^{m+1} = C_{n-1}^{m+1} + C_{n-2}^m + C_{n-3}^{m-1} + \cdots + C_{n-m-2}^m$,证明过程如下,证明,

右边 $= C_{n-1}^{m+1} + C_{n-2}^m + C_{n-3}^{m-1} + \cdots + C_{n-m-2}^0 = C_{n-1}^{m+1} + C_{n-2}^m + C_{n-3}^{m-1} + \cdots + C_{n-m-1}^0$

$= C_{n-1}^{m+1} + C_{n-2}^m + C_{n-3}^{m-1} + \cdots + \underbrace{C_{n-m-1}^1 + C_{n-m-1}^0}_{C_{n-m}^1}$

$$= C_{n-1}^{m+1} + C_{n-2}^{m} + C_{n-3}^{m-1} + \cdots + \underbrace{C_{n-m}^{2} + C_{n-m}^{1}}_{C_{n-m+1}^{2}} = \cdots =$$

$$= C_{n-1}^{m+1} + C_{n-1}^{m} = C_{n}^{m+1}$$

师：除了这样斜着看"杨辉三角"外，还可以再斜一点看"杨辉三角"的每一行（如图1），可以发现什么规律？

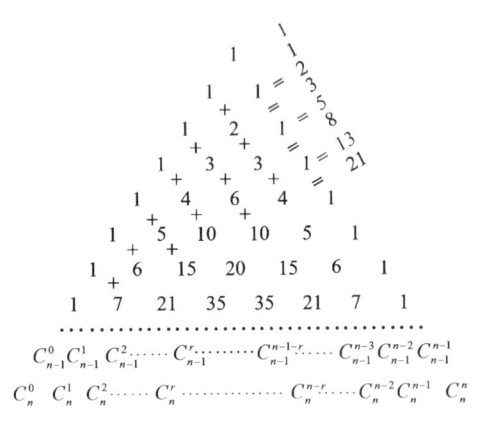

图1 "杨辉三角"示意图

生：三角中第 $n$ 条斜线上的数字之和为 $a_n$，则 $\{a_n\}$ 是斐波那契数列

$$a_n = \begin{cases} 1, & n=1, 2 \\ a_{n-1} + a_{n-2}, & n \geq 3 \end{cases}$$

当 $n$ 为偶数时，$n \geq 2$，$a_n = C_{n-1}^{0} + C_{n-2}^{1} + \cdots + C_{\frac{n}{2}}^{\frac{n}{2}-1}$；当 $n$ 为奇数时，$n \geq 3$，$a_n = C_{n-1}^{0} + C_{n-2}^{1} + \cdots + C_{\frac{n-1}{2}}^{\frac{n-1}{2}}$，证明过程如下，不妨设 $n$ 为偶数，则 $n+1$ 为奇数，$n+2$ 为偶数

$$a_n = \underbrace{C_{n-1}^0 + C_{n-2}^1 + \cdots + C_{\frac{n}{2}}^{\frac{n}{2}-1}}_{\frac{n}{2}},$$

$$a_{n+1} = \underbrace{C_{n+1-1}^0 + C_{n+1-2}^1 + \cdots + C_{\frac{n+1-1}{2}}^{\frac{n+1-1}{2}}}_{\frac{n}{2}+1} = \underbrace{C_n^0 + C_{n-1}^1 + \cdots + C_{\frac{n}{2}}^{\frac{n}{2}}}_{\frac{n}{2}+1}$$

$$\left.\begin{array}{l} a_n = \underbrace{C_{n-1}^0 + C_{n-2}^1 + \cdots + C_{\frac{n}{2}}^{\frac{n}{2}-1}}_{\frac{n}{2}} \\[2ex] a_{n+1} = \underbrace{C_n^0 + C_{n-1}^1 + \cdots + C_{\frac{n}{2}}^{\frac{n}{2}-1} + C_{\frac{n}{2}}^{\frac{n}{2}}}_{\frac{n}{2}+1} \end{array}\right\} \Rightarrow a_n + a_{n+1}$$

$$= C_n^0 + (C_{n-1}^0 + C_{n-1}^1) + (C_{n-2}^1 + C_{n-2}^2) + \cdots + \left(C_{\frac{n}{2}}^{\frac{n}{2}-1} + C_{\frac{n}{2}}^{\frac{n}{2}}\right)$$

$$= C_n^0 + C_n^1 + C_{n-1}^1 + \cdots C_{\frac{n}{2}+1}^{\frac{n}{2}} = C_{n+1}^0 + C_n^1 + C_{n-1}^1 + \cdots + C_{\frac{n}{2}+1}^{\frac{n}{2}}$$

$$= a_{n+2}。$$

师：至此，大家是不是对这"美妙"的三角感同身受吧！其实"杨辉三角"所蕴含的奥秘不仅仅是我们今天发现的这些，还有很多，希望课后同学们可以进一步去大胆假设，小心求证。

② 评价过程

关于"教学目标明确"的指标：在知识层面上，教师深入探讨了二项式系数性质的证明，引导学生从不同视角审视数表，与学情及教材的要求相契合，因此评定为水平 3。在过程层面上，遵循数学证明的严谨性与完整性，凸显了数学概念的本质，激发了学生的思考与探索，故评为水平 3。在思想方法上，通过启发与交流，围绕二项式系数性质展开了灵活多样的教学活动,引导学生自主发现与学习,因此评为水平3。在核心素养落实方面,充分展现了数学抽象、逻辑推理、数学建模等核心素养,故评定为水平3。

关于"情境问题设计"的指标:在情境层面上,设计具有创新性和开放性的情境,鼓励学生提出创新的数学应用方案或解决实际问题的策略,以培养其创新意识和实践能力,因此评为水平3。在问题层面上,将数列的单调性、赋值法等先前所学知识融入实际应用,构建了知识网络,故评为水平3。在组织层面上,通过分组教学,有序且层层递进地开展教学活动,引导学生在疑惑中寻求启示,因此评为水平3。在技术层面上,利用PPT展示了二项式系数性质的动态图像,增强了教学效果,故评为水平3。

关于"学生主动学习"的指标:在自主思考方面,学生能够独立思考并论证结论,提出个人猜想,故评为水平3。在团队合作上,分组后,学生之间进行了有效的交流与合作,并严谨地证明了结论,因此评为水平3。在资源整合上,学生利用教材、课前任务单、笔记等资源解决问题,但整合能力有待提升,故评为水平2。在自我反思方面,学生能够从解题过程中发现问题并分析错误的原因,因此评为水平3。

关于"学习效果反馈"的指标:在语言表达上,学生能够用准确的数学语言完整地论证二项式系数的性质,因此评为水平3。在方法运用上,虽然学生能够运用多种方法解决问题,但创新性稍显不足,故评为水平2。在新知识的发现上,在教师的引导下,学生对二项式系数的性质展现出了浓厚的兴趣,能主动地探索和学习,并能科学地论证、解决问题,因此评为水平 2。在思维深度上,学生在证明二项式系数性质时能够从多个角度思考,但思维的广度和深度还有待提高,故评为水平 2。

③ 评价总结

根据上一小节所示的评价过程,我们最终可以得出"二项式系数的性质"这节课在 4 个片段上的各个二级指标的水平分数。基于上述四个片段的评分结果,我们对四个一级指标进行了平均分的计算如表 11。具体来说,"教学目标明确"指标的平均得分约为 2.69 分,"情境问题设计"指标的平均得分约为 2.5 分,"学生主动学习"指标的平均得分约为 2.44 分,而"学习效果反馈"指标的平均得分则约为 1.75 分。综合这四个指标的平均分,我们得出总的平均分约为 2.34 分。若将这一平均分转换成百分制,则对应的分数约为 78.13 分。

二、案例二:沪教版《数学八年级下册》之"事件的概率"

本节课是实施中学数学理想课堂之课例研究的一部分,本课由"情境引入""新知识探究""活动探究""例题讲解"与"课堂小结"等五个环节组成。在情境引入环节,教师借助学术情境从已有的必然事件、随机事件与不可能事件的概念判断出发,让学生尝试对情境中涉及的事件之发生的可能性进行排序,从排序的不确定性中让学生体会对可能性大小进行量化的必要性,引出"概率"的概念。在新知识探究环节,教师首先讲授了对确定事件概率的规定,随后从学生未知

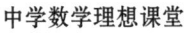

表 11  二级指标的水平分数

| 一级 | 二级指标 | 第一阶段（提出问题） | 第二阶段（分析并解决问题） | 第三阶段（拓展问题） | 第四阶段（总结概括） | 平均分 | 分项平均分 |
|---|---|---|---|---|---|---|---|
| 教学目标明确 15% | 知识 | 3 | 3 | 3 | 3 | 3 | 2.687 5 |
|  | 过程 | 3 | 3 | 3 | 3 | 3 |  |
|  | 思想方法 | 2 | 3 | 3 | 2 | 2.5 |  |
|  | 数学核心素养 | 0 | 3 | 3 | 3 | 2.25 |  |
| 情境问题设计 25% | 情境 | 3 | 3 | 3 | 2 | 2.75 | 2.5 |
|  | 问题 | 2 | 3 | 3 | 2 | 2.5 |  |
|  | 组织 | 1 | 3 | 3 | 2 | 2.25 |  |
|  | 技术 | 2 | 3 | 3 | 2 | 2.5 |  |
| 学生主动学习 30% | 自主思考 | 2 | 3 | 3 | 3 | 2.75 | 2.437 5 |
|  | 团队合作 | 1 | 3 | 3 | 3 | 2.5 |  |

续表

| 一级 | 二级指标 | 第一阶段（提出问题） | 第二阶段（分析并解决问题） | 第三阶段（拓展问题） | 第四阶段（总结概括） | 平均分 | 分项平均分 |
|---|---|---|---|---|---|---|---|
| 学生主动学习 30% | 资源整合 | 1 | 2 | 2 | 3 | 2 | 2.4375 |
|  | 自我反思 | 1 | 3 | 3 | 3 | 2.5 |  |
|  | 语言表达 | 0 | 3 | 3 | 2 | 2 |  |
| 学习效果反馈 30% | 方法运用 | 0 | 2 | 2 | 3 | 1.75 | 1.75 |
|  | 新知发现 | 0 | 2 | 2 | 2 | 1.5 |  |
|  | 思维深度 | 0 | 2 | 2 | 3 | 1.75 |  |
| 总分（三分制） |  |  |  |  |  |  | 2.34375 |
| 总分（百分制） |  |  |  |  |  |  | 78.125 |

117

的抛图钉问题与学生熟悉的抛硬币问题这两个角度入手,引发学生发现问题并且提出"该如何得到随机事件的概率?随机事件的概率又有什么现实意义?"这两个课堂核心问题。在活动探究环节,通过组织两次抛图钉试验并且利用信息技术呈现的试验结果,帮助学生体会试验次数对试验结果的影响,从而引导学生猜想当试验次数足够多时,频率会趋于稳定。学生在教师提问的引导下开展思考与反思,体会概率的本质意义,解决了课堂的核心问题。在例题讲解环节,以例题的形式巩固了频率与概率概念之间的区别,并以蒙特卡洛法求圆面积为学术情境,帮助学生体会所学知识的实际应用。在课堂小结阶段,教师让学生总结收获,借用"大数定律"在社会科学领域的价值,给学生送上寄语,体现了教学的育人理念。

1. 学生活动

我们从"自主学习、合作学习、资源利用、自我反思"这四个子维度来评价本课的学生活动。

在本课中,学生的自主学习活动主要集中在新知识探究环节。在该环节中,学生以自主学习的方式,尝试对情境中相关事件发生的可能性进行排序(表12)。教师准备了6个事件,包含了必然事件、随机事件与不可能事件。在随机事件的选取中也选择了等可能和非等可能的事件,兼顾了事件类型的全面性。由于部分事件本身的模糊描述与相关概念的缺乏,学生其实是无法获得这6个事件的确定排序的,但通过已有的学习基础与生活经验,学生能通过独立思考,给出个人的观点。随后在老师的引导下,通过对不同排序结果共同点的概括,学生发现能够确定可能性大小的事件其可能性都是可以被量化的。在此基础上，教师将事件"明天会下雨"修改为"明天降水概率为80%"，进一步凸显了量化的作用，学生能更为自然地接受"概率"的概念。

表 12 "探究对可能性大小进行量化的必要性"之活动设计表

| 活动主题 | 探究对可能性大小进行量化的必要性 | | |
|---|---|---|---|
| 活动类型 | 新知构建活动 | 活动形式 | 自主学习 |
| 活动目标 | 学生通过经历对已知事件发生的可能性大小进行排序的过程，对不同的排序结果进行反思与归纳，体会对可能性大小进行量化的必要性。而后，教师引出概率的概念。 | | |
| 活动任务 | 1. 将以下事件发生的可能性分别表示为 $P_1 \sim P_6$，按其发生的可能性大小，从低到高进行排序。<br>　（1）当 $m$ 是正整数时，$2m$ 是偶数；<br>　（2）明天可能会下雨；<br>　（3）抛一枚骰子，点数为 6 的一面向上；<br>　（4）抛一枚均匀的硬币，正面向上；<br>　（5）抛一枚图钉，针尖向上；<br>　（6）翻一下日历，恰好翻到 2 月 31 日。<br>2. 思考不同排序结果的共同点，思考哪些事件可能性的大小可以被确切地知道？哪些不可以？<br>3. 用数字表示事件 1、3、4、6 发生可能性的大小。 | | |
| 学生活动 | 1. 结果①：$P_6<P_2<P_3<P_4<P_5<P_1$<br>　结果②：$P_6<P_3<P_2<P_4<P_5<P_1$<br>　结果③：$P_6<P_2<P_3<P_5<P_4<P_1$<br>　……<br>2.（1）不可能事件发生的可能性最小，必然事件发生的可能性最大。<br>　（2）对事件 2、3、4、5 发生可能性大小的排序不确定，但能确定 $P_3<P_4$。<br>　（3）确切知道可能性大小的有：1、3、4、6；<br>　　　不确定可能性大小的有：2、5。<br>3. $P_3=\dfrac{1}{6}$，$P_4=0.5$（公式计算）<br>　$P_1=1$，$P_6=0$（规定） | | |

本课的学生合作学习主要体现在活动探究环节,教师组织学生进行2次抛图钉试验(表13)。在活动过程中,需要学生进行组内分工,分别担任实验员与记录员,合作完成活动任务。教师将收集获得的数据图像化,学生通过对图像化后的数据的观察,发现两次试验中频数的波动程度是不同的,猜想试验次数会对频率的稳定性造成影响,进一步提出"更多次数试验下频率会趋于稳定"的猜想,并通过最终的活动进行验证。在获得求随机事件概率一般方法的同时,学生以切身参与的形式感悟了概率的本质意义。

表13 "抛图钉试验"活动之设计表

| 活动主题 | 抛图钉试验 | | |
| --- | --- | --- | --- |
| 活动类型 | 问题探究活动 | 活动形式 | 合作学习 |
| 活动目标 | 经历抛图钉试验与数据分析的完整过程,发现隐藏在随机性中的确定性,了解获得随机事件概率的一般方法。体会频率的浮动会随着试验次数的增多逐渐稳定,感悟概率的本质意义,会根据大数次试验所得的频率估计事件的概率。体会科学探究的严谨性,养成规范试验和团队合作的意识。 | | |
| 活动任务 | 活动一<br>抛图钉活动:抛图钉5次,记录过程中针尖向上的频数,并计算频率。<br>活动二<br>1. 抛图钉活动:抛图钉20次,记录过程中针尖向上的频数,并计算频率。<br>2. 对比两次试验的结果,思考有何发现。<br>3. 思考造成这种结果的主要因素,尝试提出一个猜想。<br>活动三<br>1. 累加各小组试验的结果,模拟更多次数下试验的相关数据。<br>2. 探究针尖向上的频数随试验次数发生变化的相关规律。 | | |

续表

| 活动主题 | 抛图钉试验 | | |
|---|---|---|---|
| 活动类型 | 问题探究活动 | 活动形式 | 合作学习 |
| 学生活动 | 活动一<br>进行抛图钉试验,通过各组试验结果的图像,体会结果的随机性。<br>活动二<br>1. 进行抛图钉试验。<br>2. 通过各组试验结果的图像,发现频率的波动程度变低。<br>3. 猜测试验次数是造成波动程度变低的主要因素,猜想若试验次数更多一些,频率会更加的稳定。<br>活动三<br>通过对已有试验数据累加获得的数据图像,验证猜想。 | | |

在本课资源的利用上也较为丰富,除了教材,教师还利用了活动记录单,课前预习单作为课堂学习资源。活动记录单的采用(图2)使得学生的试验过程更具有科学性,很好地辅助了整个试验的过程。在课前预学任务单中,教师则设计了相应的预习问题,指导学生复习确定事件与随机事件的概念,回顾等可能事件之可能性大小的计算方法,为本课的学生活动做好了扎实的准备。但在课前预学任务单中,与本课直接有关的问题设置得较少,没有起到帮助学生在课前发现问题,提出问题的作用。

活动2:抛图钉20次,记录过程中针尖向上的频数,并计算频率

| 试验总次数(20次) | 针尖向上次数记录 | 针尖向上的频数 | 频率(频数/总次数) |
|---|---|---|---|
| 正正正正 | 正正正 | 14 | 0.7 |

图2 "抛图钉试验"的活动记录单(部分)

本课中,学生也获得了较多自我反思的机会,并且每一次的反思

都能更有利于学生加深对知识的理解,逐渐了解知识的本质。在对事件发生的可能性大小进行排序后,学生对不同的结果进行了反思,发现结果有争议的原因在于部分事件发生可能性的大小无法被量化,体会了量化的重要性。在对概率的概念进行理解的过程中,反思日常生活中对"概率"理解的误区,从而产生了对概率本质是什么的疑问。同时在反思中发现"表示事件发生频繁程度的量"的存在,开始对"频率"概念的学习。在抛图钉试验后的总结阶段,借助教师问题的设计进行反思,发现试验中"稳定值"是一个客观存在的量,是概率的真正本质。也通过反思"试验的作用是发现'概率'的近似值",了解了获得随机事件概率的一般方法。在课堂小结阶段,教师更是将主题升华,结合试验的体验,强调"大数次试验下频率趋于稳定"在社会科研领域的价值,体现了"只要辛苦付出,定能获得回报"的育人价值。

综上,本节课在"自主学习、合作学习、自我反思"等维度上都达到了水平 3;在"资源利用"的维度上,达到了水平 2,与水平 3 尚有一些差距。

2. 学习目标的达成

我们从"数学眼光、数学思维、数学语言"这三个子维度来评价本课学习目标的达成。

在本课中,学生通过教师的情境设计与问题的引导,用数学的眼光看待了问题。在课堂的各个环节都追求问题的自然生成。在教师的引导下,学生从排序的问题中发现问题,引发了概率概念的形成。

在求概率的过程中再次发现新问题,引发了对如何确定随机事件概率的思考。在解决问题的过程中,发现了隐藏在随机性中的必然性,挖掘出了概率的本质(图3)。

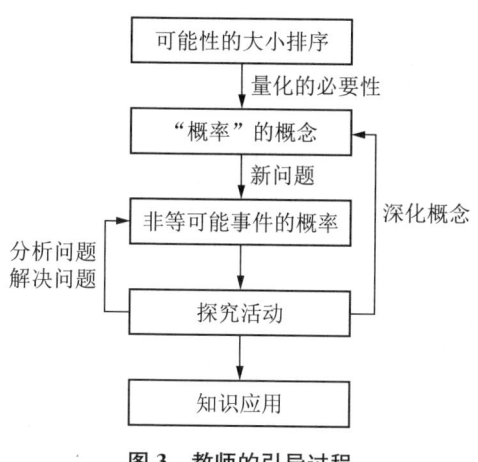

图 3 教师的引导过程

在课堂小结环节,教师更是引导学生利用数学的眼光去看世界,用大数次试验下频率与概率的关系去类比现实生活中努力与成功的关系,引起了学生的共鸣,收获了学生的掌声。

在本课中,学生的数学思维也得到了充分的体现。在新知识探究环节,在各自排序的结果各不相同的情况下,学生通过对多种结论的对比,思考发现各种结果中的共同点,发现了量化的必要性。在抛硬币的情境中,通过对问题的反思,了解了概率的本质与日常理解间存在着认知冲突。在抛图钉试验中,经过思考,提出了试验次数会对频数造成影响的猜想(图4),并思考得到进行验证的方法,在解决问题的过程中触及概率的本质。

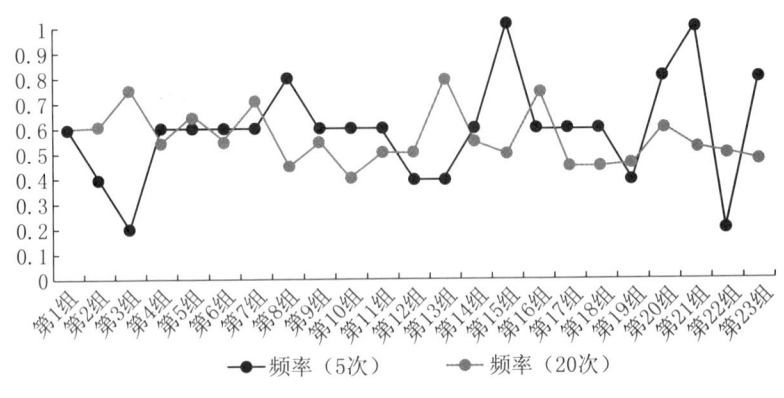

图4 学生对波动变小的猜想

在本课数学语言的应用中，学生也能够清晰、准确地表达自己的观点。在小结阶段能较为准确地表达出概率与频率的区别与联系。但稍有不足的是，由于学生对于概率的学习经历较少，因此在对知识形成的来龙去脉进行表述时往往仅能把握住关键字，对用精练、准确的语言对结论进行完整的表达还有些距离。

综上，本节课在"数学眼光、数学思维"的维度上，达到了水平3。在"数学语言"维度上，达到了水平2，与水平3尚有一些差距。总体来说，学生基本达到了融会贯通的学习目标。

3. 教学实施

我们从"情境、问题、活动组织、信息技术"等四个子维度来评价本课的教学实施。

本节课所采用的学术情境包括了6个概率事件，蒙特卡洛法求圆面积,抛均匀硬币试验,抛图钉试验;在课堂小结环节则涉及了心理情境的采用(表14)。在 6 个概率事件的选择中,教师选取了不同类型的事件,尤其在 4 个随机事件的选择上进行了精心设计。事件③和④的概率可求,事件②和⑤的概率暂不可求,其为体现量化的必要性做了铺垫。在引出概率的概念后,教师修改事件②的表达为"明天降雨概率是 80%",进一步体现了量化的意义。另一方面,事件③和⑤与之后的课堂情境产生了联动,使课堂推进更加自然。抛硬币试验情境的设计引导了学生对概率的本质进行反思,并通过抛图钉试验进行活动探究。在课堂小结环节,教师借助心理情境,提出了大数定律的育人价值,鼓舞学生以积极的心态面对结果,保持积极努力的状态。

表14 课堂情境设计表

| 情境 1 | 6 个概率事件 |
|---|---|
| 情境类型 | 学术情境 |
| 情境描述 | 1. 当 $m$ 是正整数时,$2m$ 是偶数;<br>2. 明天可能会下雨(明天降雨概率是 80%);<br>3. 抛一枚骰子,点数为 6 的一面向上;<br>4. 抛一枚均匀的硬币,正面向上;<br>5. 抛一枚图钉,针尖向上;<br>6. 翻一下日历,恰好翻到 2 月 31 日。 |
| 情境 2 | 抛均匀硬币试验 |
| 情境类型 | 学术情境 |
| 情境描述 | 1. 我们做了一次抛掷均匀硬币的试验,共抛 5 次,5 次都是正面向上;<br>2. 历史上统计学家曾多次做过抛掷一枚均匀硬币的试验。 |

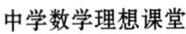

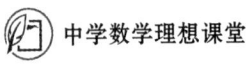

续表

| 情境 2 | 抛均匀硬币试验 |
|---|---|
| 情境类型 | 学术情境 |
| 情境描述 | 历史上统计学家曾多次做过抛掷一枚均匀硬币的试验 |

| 试验者 | 试验次数 $n$ | 出现正面的次数 $k$ | 出现正面的频率 $\frac{k}{n}$ |
|---|---|---|---|
| 布丰 | 4 040 | 2 048 | 0.506 9 |
| 德·摩根 | 4 092 | 2 048 | 0.500 5 |
| 费勒 | 10 000 | 4 979 | 0.497 9 |
| 皮尔逊 | 12 000 | 6 019 | 0.501 6 |
| 皮尔逊 | 24 000 | 12 012 | 0.500 3 |

| 情境 3 | 抛图钉试验 |
|---|---|
| 情境类型 | 学术情境 |
| 情境描述 | 1. 如图 5，在一个面积为 4 的正方形内随机取点，如果取得点足够得多，则点落在正方形内切圆内的频率会稳定在多少附近？（结果保留 π）；<br>2. 数学家利用这个原理，用大数次试验中的点落在圆内的频率来近似求圆的面积。<br><br>总点数＝546  圆内点数＝430.00<br><br>$\frac{\pi}{4}=0.79$ 点落在圆内的频率＝0.787 5<br><br>圆面积＝3.150 2<br>**图 5  蒙特卡洛法求圆面积** |

续表

| 情境 4 | 大数定律 |
|---|---|
| 情境类型 | 心理情境 |
| 情境描述 | 1. 今天学习的内容与数学中的大数定律有关,它是一个重要的数学定律,也是社会科学的基石定律;<br>2. "我努力了,但为什么还是失败了呢?""辛苦的付出,能不能最终换来回报?"……<br>3. 聊天记录<br><br>前几天还在学习概率的期望值 就想到你当时和我说的 当次数多了结果就会接近期望值<br><br>真的很谢谢你<br><br>嘿嘿<br><br>4. 寄语:你或许不是最幸运的,但是你会是很努力的那个人,时光终不负你。 |

本课的问题设计围绕着两个核心问题展开:一是该如何得到随机事件的概率?二是随机事件的概率又有什么现实意义?教师通过问题链的设计(表15),结合情境,在解决问题的过程中又不断自然生成新问题,最终提出两个核心问题。在解决核心问题的过程中,又以问题为引导,指导学生进行探究,通过归纳与反思获得答案。尤其是当学生通过试验发现频率最终在一个"稳定值"附近浮动时,教师牢牢抓住这个"稳定值"提出了一系列的问题。学生在回答的过程中逐渐意识到这个"稳定值"是必然的结果,试验起到的作用是发现了这个"稳定值",而真正决定这个"稳定值"的是事物的客观属性。学生从而了解了获得随机事件概率的一般方法,体会到了概率的本质含义。

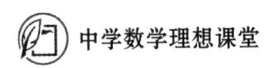

## 表 15 "事件的概率"课堂之问题链设计

| 课题 | 事件的概率 |
|---|---|
| 核心问题 | (1) 该如何得到随机事件的概率？<br>(2) 随机事件的概率又有什么现实意义？ |
| 子问题链 | 复习引入<br>指出下列事件中,哪些是必然事件？哪些是不可能事件？哪些是随机事件？<br><br>新知识探究<br>(1) 将这 6 个事件发生的可能性分别表示为 $P_1 \sim P_6$,能按其发生的可能性,从低到高排序吗？<br>(2) 大家的排序结果都有所不同,但不同的结果中有没有相同的地方？<br>(3) 这 6 个事件中,哪几个事件发生的可能性大小是可以确定的？<br>(4) 抛图钉会有几种可能的结果？不同结果出现的可能性相等吗？<br>(5) 抛一枚均匀的硬币,正面向上的概率是 0.5,是否说明每抛两次硬币,一定有一次正面向上呢？<br>(6) 若是我们做了一个抛均匀硬币的试验,共抛 5 次,5 次都是正面向上,是否说明此时正面向上的概率是 1？<br>(7) 该如何得到随机事件的概率？(留白)<br>(8) 随机事件的概率又有什么现实意义？(留白)<br><br>活动探究<br>(1) 对比两次试验的结果,你有什么发现吗？<br>(2) 你觉得造成这种结果的主要原因是什么？你有什么猜想？<br>(3) 根据图像,你能否发现针尖向上的频率随试验次数的改变而发生变化的相关规律吗？<br>(4) 在其他班级,做完全相同的试验,在次数足够多的情况下,频率会不会也在这个稳定值附近浮动。<br>(5) 没有做试验,这个稳定值是否依然客观存在？<br>(6) 你觉得这个稳定值是由什么确定的？<br>(7) 我们是怎么发现这个稳定值的？<br>(8) 该如何得到随机事件的概率？<br>(9) 随机事件的概率又有什么实际意义？ |

本课的活动组织主要体现在对抛图钉试验的组织上(图6)。虽然试验本身较为简单,但教师依然花了一定的时间细致讲解,统一了抛图钉的方式,同时安排各小组进行人员分工,分为实验员与记录员,规范数据记录的方式,使得整个试验过程高效有序,也向学生展现了科学探究试验所需要的严肃性和规范性。

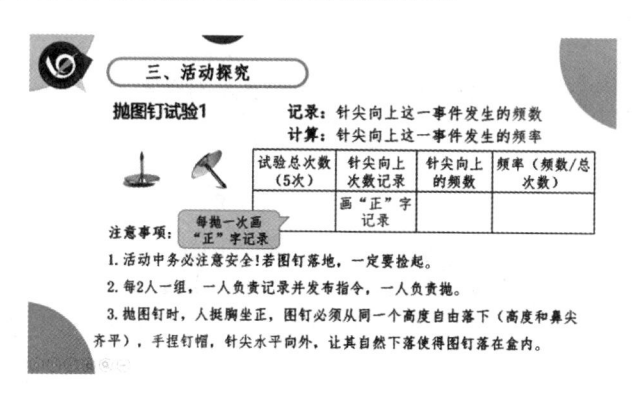

**图6 抛图钉试验的活动组织**

在信息技术与课堂教学融合方面,由于本课时涉及大量的数据处理、图像生成和随机取样,可以说信息技术的运用起到了非常好的效果。在课堂中,教师利用Excel的统计图表功能,将学生的试验数据图像化,也使对大量数据的统计处理成为了可能,帮助学生直观地进行观察并对结果进行归纳,如图7。利用几何画板的迭代功能,制作了蒙特卡罗法计算圆面积的课件,体现了知识的实际应用,进一步借助计算机让学生体会了大数次试验下结果的稳定性。

综上,本节课在"情境、问题、活动组织、信息技术"这4个维度上,均达到了水平3。其中,"活动组织、信息技术"这两个维度显得尤为出色。

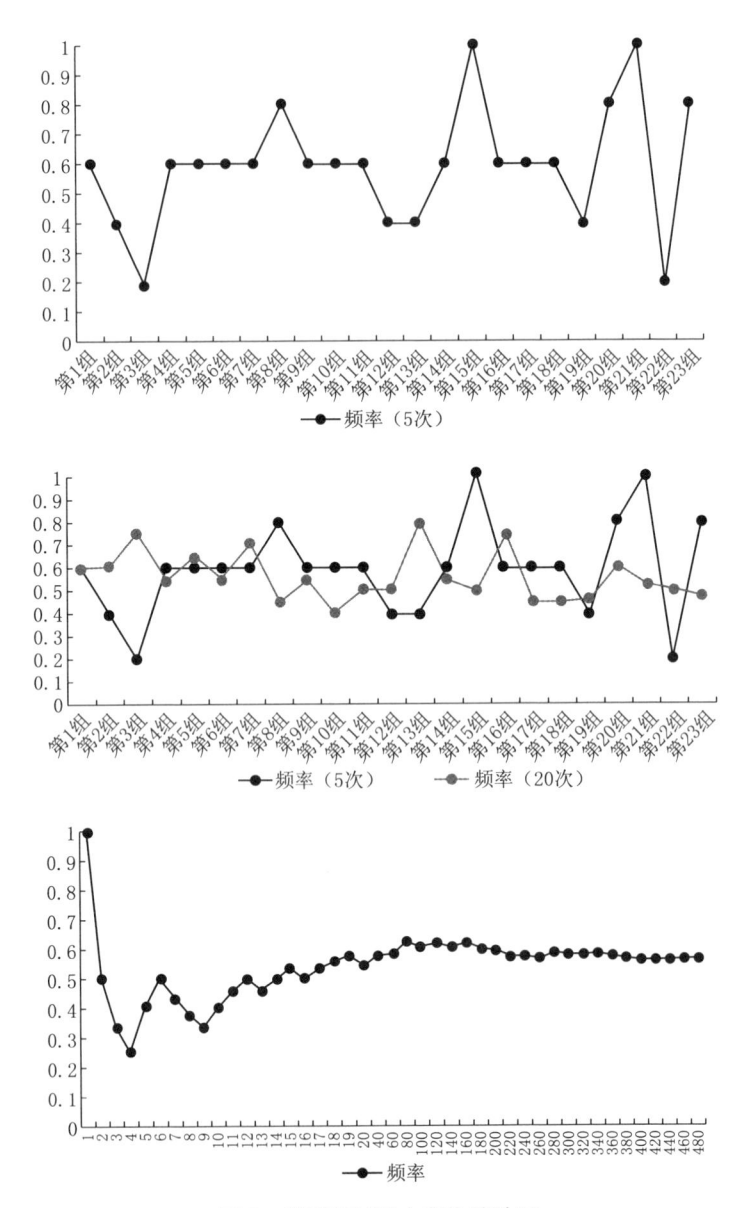

图 7 抛图钉试验之频数波动图

4. 教学目标达成

我们从"知识技能、思考方法、数学素养"等三个子维度来评价本课教学目标的达成。

本课的知识与技能目标达成情况较好,学生对于知识的掌握较为扎实。通过对可能性大小量化的必要性引出概率的概念,使其具备一定的认知基础。学生经历抛图钉试验对频率与概率间的相互关系产生了深刻印象,掌握了估计随机事件概率的一般方法。

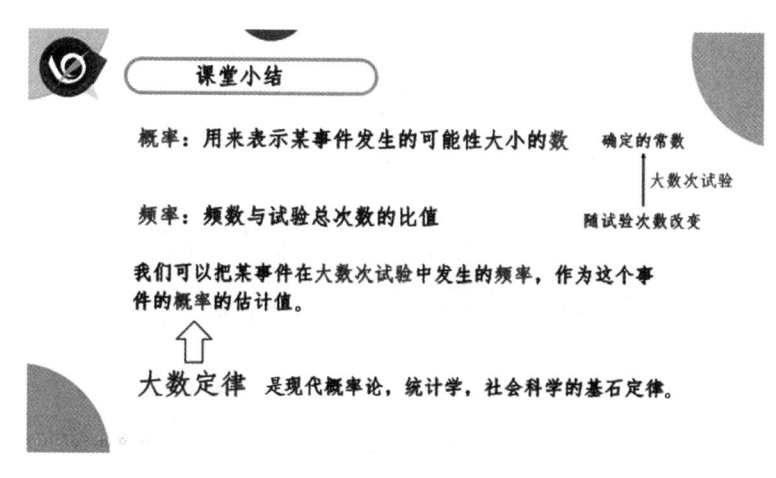

课堂小结

概率:用来表示某事件发生的可能性大小的数　　确定的常数

频率:频数与试验总次数的比值　　　　　　　　大数次试验
　　　　　　　　　　　　　　　　　　　　　　随试验次数改变

我们可以把某事件在大数次试验中发生的频率,作为这个事件的概率的估计值。

大数定律　是现代概率论,统计学,社会科学的基石定律。

图8　"事件的概率"的知识结构图

在本课的各个环节,学生都能通过相互学习、合作学习的方式,利用常用的数学思想方法解决问题。通过归纳法可以确切知道其发生可能性大小的事件的共同特点。抛图钉试验中利用图像法观察5次、20次、480次投掷次数下频数和试验次数之间的关系,发现隐藏在随机性下的必然性。但本课中问题的解决,较多的仍是以教师的引导为主,完全放手让学生通过自身能力去解决的机会较少。

在数学素养方面,在本课中,学生理解了用定量方法描述随机事件发生可能性的必要性。在教师的指导下,利用画"正"字的方法对频数进行了记录。经历了数据的收集与整理的全过程,并利用图像对收集的数据进行分析,获得了相应的结论,提升了数据观念。教师也很注重对模型观念的讲解,例如"对投掷的硬币与图钉的理想化",在教学用语中融入进行理想化假设的理念,强调试验获得的概率近似值是在当前客观条件下方可成立的(表16)。

表16 "事件的概率"课堂中涉及的理想化假设

| 课题 | 事件的概率 |
| --- | --- |
| 涉及的理想化假设 | (1) 假设硬币为均匀,忽略其厚度。<br>(2) 假设抛图钉的结果只分为针尖向上与针尖向下两类情况。<br>(3) 假设不同小组的图钉完全相同,忽略试验过程中的损耗。<br>(4) 假设各小组试验环境相同,图钉下落高度一致,结果完全随机。<br>(5) 假设对各小组的数据累加结果与相同大数次下试验结果等同。 |

综上,本节课在"知识技能、核心素养"这2个维度上,达到了水平3。在"思想方法"维度上达到了水平2。

5. 结语

综上,我们可以看到,从学生与教师的双客体出发,相应评价框架可用于中学数学理想课堂课例的评价。

# 第四章 理想课堂构筑的中学数学优质课

## 第一节 相似三角形的判定[①]

### 一、教学背景

相似三角形是学习圆以及下一章学习锐角三角比、未来学习三角函数的基础，比如，三角比的概念、三角函数的定义、圆的一些性质的证明，都与相似三角形有着密切的联系。另外，物理学、测量、工程设计、绘图等诸多方面，都要用到相似三角形的相关知识。学好三角形相似既是进一步学习的需要，也是未来工作实践的需要。

学生已经掌握了比例线段及其性质，三角形一边平行线的性质和判定以及平行线分线段成比例定理的知识，并且有了图形的放缩运动和相似三角形的知识基础，为进一步研究相似三角形提供了必要的知识储备。学生从已有的知识背景出发提出问题，从数学的角度思考问题，通过探究活动和演绎推理，构建数学知识。教师在教学过程中要注意引导学生对类比全等三角形的判定的学习过程，让学生思考相似三角形的判定需要哪些条件，如何运用已经掌握的知识导出相

---

[①] 本文的作者是上海青浦兰生学校张家付老师。

似三角形的判定方法,进而把全等三角形统一到相似三角形中。

初三的学生已具备了一定的数学的知识、技能与方法,也积累了一定的数学学习的经验。所以在教学过程中,老师要培养学生用数学的眼光观察事物,学会发现问题、提出问题、探索问题,并最终解决问题,逐步提高学生核心素养。

基于以上分析,制定教学目标及重难点。

1. 教学目标

(1) 掌握相似三角形的定义及相关概念,能准确写出相似三角形对应边的比例式。

(2) 理解相似三角形的判定方法,并会运用预备定理与判定定理1进行简单的几何证明。

(3) 经历相似三角形判定定理1(以下简称判定定理1)的推导过程,感悟类比和化归的数学思想。

2. 教学重点

相似三角形有关概念及判定方法的运用。

3. 教学难点

理解相似三角形的预备定理与判定定理的推导证明过程。

## 二、预学与聚焦(自学略懂阶段)

| 序号 | 预学任务单 |
| --- | --- |
| 1 | 什么是相似形?相似形有什么性质? |
| 2 | 根据相似形的性质以及全等三角形的判定方法猜测可以通过哪些元素的数量关系去判断两个图形是否为相似形? |

续表

| 序号 | 预学任务单 |
|---|---|
| 3 | 四个角对应相等的四边形是不是相似形？四条边对应成比例的图形是不是相似形？ |
| 4 | 如果请你给相似三角形下定义,你会怎么描述相似三角形定义？ |
| 5 | 根据你的定义,结合"三角形一边平行线性质定理推论",判断平行于三角形一边的平行线截其他两边所在直线,截得的三角形与原三角形相似么,为什么？ |
| 6 | 根据你的定义,判断与同一个三角形相似的两个三角形是否相似,为什么？ |
| 7 | 要判断两个三角形相似至少需要考虑几个元素关系？ |
| 8 | 如果两个三角形的三个角分别对应相等,这样的两个三角形相似吗？为什么？ |

问题1:什么是相似形？相似形有什么性质？

学生A:形状相同的两个图形。

学生B:形状相同的图形,对应角相等,对应边成比例。

根据本章开头第一节课的内容,90%以上的同学都能回答形状相同或者对应角相等,对应边成比例。这个问题也是对上一节课内容的复习,起到承上启下的作用。

问题2:根据相似形的性质以及全等三角形的判定方法猜测可以通过哪些元素的数量关系去判断两个图形是否为相似形？

学生A:边和角。

学生B:对应角,对应边。

因为形状相同是很难判断的直观感受,没有量化的标准,很难准确判断。所以结合全等三角形的判断方法,90%以上的同学都能回答要结合两三角形对应角和对应边的数量关系来判断两个三角形是否相似。这也是在引导学生去关注三角形之间的角和边的数量关系。

问题3：四个角对应相等的四边形是不是相似形？四条边对应成比例的图形是不是相似形？如果不是，能不能举出反例？

学生A：1. 不是；正方形和矩形；2. 不是；正方形和菱形。

学生B：1. 不是；正方形和矩形；2. 不是；正方形和菱形。

通过问题3，让同学注意到对于多边形（边数超过三边），只是对应角相等或只是对应边成比例，两个图形不一定相似。通过回答可知，90%以上的同学都认可这一结论。

问题4：如果请你给相似三角形下定义，你会怎么描述相似三角形定义？

学生：如果一个三角形的三个角对应相等且它们各有三边对应成比例，那么这两个三角形叫作相似三角形。

考虑到问题4中不能只考虑边或者角，所以相似三角形定义是如果两个三角形三角对应相等，三边对应成比例，则这两个三角形相似。并且90%以上的同学都能总结出这句定义。

问题5：根据你的定义，结合"三角形一边平行线性质定理推论"，判断平行于三角形一边的平行线截其他两边所在直线，截得的三角形与原三角形相似么？为什么？

学生：相似，因为对应角相等，对应边成比例。

根据定义，要证明两三角形相似，就是要说明三个角对应相等、三条边对应成比例。首先根据两直线平行、同位角相等,可知两三角形三个角都对应相等,然后再根据三角形一边平行线性质定理推论可知两三角形的三条边对应成比例,所以可知截得的三角形与原三角形相似。其中80%以上的同学都能自己证明。这也就是相似三角形预备定理。

问题6:根据你的定义,判断与同一个三角形相似的两个三角形是否相似?为什么?

学生:相似;对应角相等,对应边成比例。(如图1)

设 $\triangle ABC \backsim \triangle A_1B_1C_1$,$\triangle ABC \backsim \triangle A_2B_2C_2$,则 $\angle A = \angle A_1 = \angle A_2$,$\angle B = \angle B_1 = \angle B_2$,$\angle C = \angle C_1 = \angle C_2$,$\frac{AB}{A_1B_1} = \frac{BC}{B_1C_1} = \frac{AC}{A_1C_1}$ ①,$\frac{AB}{A_2B_2} = \frac{BC}{B_2C_2} = \frac{AC}{A_2C_2}$ ②,①÷②得:$\frac{A_2B_2}{A_1B_1} = \frac{B_2C_2}{B_1C_1} = \frac{A_2C_2}{A_1C_1}$,∴ $\triangle A_1B_1C_1 \backsim \triangle A_2B_2C_2$

**图1 问题6的学生作答**

根据相似三角形性质,对应角相等,对应边成比例,再结合相似三角形定义,90%以上的学生都能证明相似三角形的传递性。

问题7:如果两个三角形的三个角分别对应相等,这样的两个三角形相似吗?为什么?

学生A:相似;因为对应角相等,可以判定为相似三角形。

学生B:相似;如图,$B$,$C$ 分别在 $AD$,$AE$ 上,且 $\angle ABC = \angle D$,$\angle ACB = \angle E$,所以 $BC \parallel DE$,所以 $\frac{AB}{AD} = \frac{AC}{AE} = \frac{BC}{DE}$,所以根据相似三角形定义可知 $\triangle ABC \backsim \triangle ADE$。(如图2)

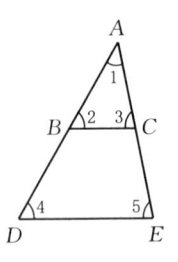

图 2 问题 7 的学生作答图

由于根据定义判断相似三角形要考虑的条件太多,所以想到三个角分别对应相等的两个三角形是不是相似?结合相似三角形预备定理和传递性可以证明只要两个三角形的三个角对应相等,这两个三角形就应该相似。这也就是判定定理 1。大约 90% 以上的学生都能感受到两三角形相似,但是能进行完整证明的学生不多。这也是本节课需要解决的重难点。

### 三、探究与发现(大致粗通阶段)

1. 创设情境

在本章的第一节课,我们就学习了相似形的概念,由此我们可以说形状相同的三角形就是相似三角形。但是有什么办法可以确定两个三角形是不是形状相同呢?

2. 引导型问题链

(1) 我们已经学习过相似形,那什么是相似形呢?

(2) 我们怎么判断它们的形状是不是相同呢?

(3) 有没有简便的判断方法呢?

(4) 根据相似三角形的定义,类比全等三角形的传递性,如果两个三角形相似于同一个三角形,那这两个三角形是否相似?

(5) 结合三角形一边平行线性质定理的推论,并且根据相似三角形定义,三角形一边平行线截另外两边所在直线,则截得的三角形与原三角形相似吗?

3. 教学实录

(1) 复习的引入

师:我们已经学习过相似形,那什么是相似形呢?

生:形状相同的两个图形。

师:所以,如果是两个形状相同的三角形,我们可以将它们称为相似三角形,但我们怎么判断它们的形状是不是相同呢?

生:我们可以从它们的角和边的数量关系入手。

师:具体找哪些关系?

生:看看三组对应角是不是分别相等,三组对应边是不是成比例。

师:很好,类比全等三角形,如果两个三角形的三个角对应相等、三条边对应成比例,那么这两个三角形叫相似三角形。但问题是每次要判断这么多数量关系是不是太麻烦了?有没有简便点的方法呢?本节课就让我们一起来研究还有哪些好的办法判断三角形的相似。

(2) 设计意图

通过以上两问,帮助学生回忆相似形的定义,引出相似三角形的概念以及判定方法的研究。

(3)新授概念

① 相似三角形的定义

如果两个三角形的三个角对应相等、三条边对应成比例,那么这两个三角形叫相似三角形。对应相等的角及其顶点分别是它们的对应角和对应顶点,以对应顶点为端点的边是它们的对应边。(如图3)

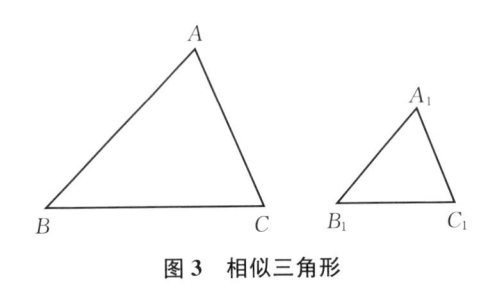

图3 相似三角形

② 相似三角形的表示方法

△ABC 与△$A_1B_1C_1$ 是相似三角形,则△ABC 与△$A_1B_1C_1$ 的相似可记作△ABC∽△$A_1B_1C_1$,读作△ABC 相似于△$A_1B_1C_1$。

师:相似三角形会有什么样的性质呢?我们先看下图4,DE 是△ABC 的中位线,请问△ABC 与△ADE 有何关系?为什么?

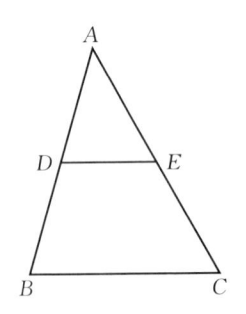

图4 相似三角形的性质

生：因为 $DE$ 是 $\triangle ABC$ 的中位线，所以

$$\frac{AD}{AB}=\frac{AE}{AC}=\frac{DE}{BC}=\frac{1}{2},$$

$$\angle A=\angle A，\angle ADE=\angle B,$$

$$\angle AED=\angle C,$$

由相似三角形的定义可得 $\triangle ADE \backsim \triangle ABC$。

师：由此你能得出相似三角形有何性质啊？

生：相似三角形性质是相似三角形的对应角相等、对应边成比例。

师：我们把相似三角形对应边的比称作相似比。

③ 相似比

两个相似三角形的对应边的比 $k$，叫做这两个相似三角形的相似比（或相似系数）。上图 4 中，$\frac{AD}{AB}=\frac{1}{2}$，因此 $\triangle ABC$ 与 $\triangle ADE$ 的相似比 $k=\frac{AD}{AB}=\frac{1}{2}$，而 $\triangle ADE$ 与 $\triangle ABC$ 的相似比 $k'=\frac{AB}{AD}=2$。

师：设 $\triangle ABC$ 与 $\triangle A'D'E'$ 的相似比为 $k$，$\triangle A'D'E'$ 与 $\triangle ABC$ 的相似比为 $k'$，则 $k$ 与 $k'$ 的数量关系如何？

生：$k'=\frac{1}{k}$ 或 $k' \cdot k = 1$。

注意：两个相似三角形的相似比与这两个三角形相似的表述顺序有关。

④ 特例

师：当两个相似三角形的相似比 $k=1$ 时，这两个相似的三角形有怎样的关系？

生：当两个相似三角形的相似比 $k=1$ 时，这两个三角形全等。

师:想一想全等三角形与相似三角形有何关系呢?

生:全等三角形一定是相似三角形,相似三角形不一定全等;全等三角形是相似三角形的特例。

(4) 相似三角形的传递性

师:如果 $\triangle ABC \backsim \triangle A_1B_1C_1$,$\triangle A_1B_1C_1 \backsim \triangle A_2B_2C_2$ 那么 $\triangle ABC$ 与 $\triangle A_2B_2C_2$ 相似吗?为什么?

生:相似。

师:为什么?

生:利用相似三角形的定义可得 $\triangle ABC \backsim \triangle A_2B_2C_2$。

相似三角形具有传递性:如果两个三角形分别与同一个三角形相似,那么这两个三角形也相似。

符号语言:

∵ $\triangle ABC \backsim \triangle A_1B_1C_1$,$\triangle A_1B_1C_1 \backsim \triangle A_2B_2C_2$,

∴ $\triangle ABC \backsim \triangle A_2B_2C_2$(相似三角形的传递性)。

(5) 相似三角形的预备定理

思考1:如图5,如果 $DE \parallel BC$,那么 $\triangle ADE$ 与 $\triangle ABC$ 相似吗?为什么?

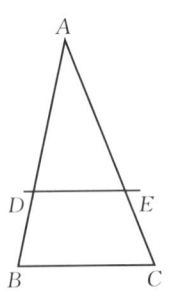

图5 相似三角形的预备定理

师:现有证明两个三角形相似的方法是什么?此题符合这些条件吗?

∵ $DE /\!/ BC$,

∴ $\dfrac{DE}{BC} = \dfrac{AD}{AB} = \dfrac{AE}{AC}$,

$\angle ADE = \angle B$,$\angle AED = \angle C$。

∵ 在△ADE 和△ABC 中,

∴ $\dfrac{DE}{BC} = \dfrac{AD}{AB} = \dfrac{AE}{AC}$,

$\angle DAE = \angle BAC$,$\angle ADE = \angle B$,$\angle AED = \angle C$,

△ADE∽△ABC。

生:可从相似三角形的定义出发证明两个三角形相似,由公共角和平行可得两个三角形的三个角对应相等,再结合三角形一边平行线性质定理推论,可得两个三角形的三边对应成比例,因而符合相似三角形的定义。

师:如果 DE 交直线 AB、AC 所形成的△ADE,那么△ADE 与△ABC 还相似吗?为什么?(如图 6)

生:相似的。方法类似于思考 1。

用语言叙述这一结论将得出相似三角形的预备定理:平行于三角形一边的直线截其他两边所在的直线,截得的三角形与原三角形相似。

符号语言:

∵ $DE /\!/ BC$,

∴ △ADE∽△ABC(相似三角形的预备定理)。

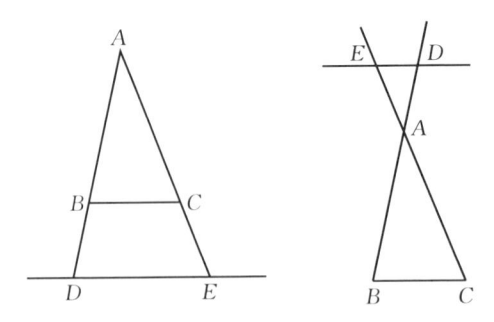

图6 相似三角形的预备定理的延伸思考

设计意图：根据题设中平行线的条件，结合三角形一边平行线性质定理的推论，再根据相似三角形的定义，得出了这两个三角形相似的结论。本定理的推导过程不仅让学生复习了相似三角形的定义，而且为后面的相似三角形判定定理的证明打下了基础。

师：到目前为止，我们就得到了两种证明三角形相似的两种方法，一是定义法，二是预备定理。还有其他方法吗？是不是一定要三个角对应相等、三边对应成比例才能判定为相似三角形呢？我们能不能类比全等三角形的判定定理得到相似三角形的判定定理？下面我们继续研究。

**四、整合与互动（触类旁通阶段）**

1. 创设情境

为了更加容易地判断两三角形的相似，在三角形的六个元素中，只要满足哪些条件就可以说明两三角形相似了呢？

2. 引导型问题链

（1）要说明两三角形相似，是不是必须满足六个元素全部成立？

(2) 类比全等三角形,至少要满足哪些条件?

(3) 根据前面所得相似三角形预备定理以及传递性,如果两个三角形有两组角对应相等,这样的两个三角形是否相似? 为什么?

3. 教学实录

(1) 判定定理 1

师:要说明两三角形相似,是不是必须满足六个元素全部成立?

生:应该不用。

师:类比于全等三角形,你觉得至少要满足哪些条件?

生:一个角相等应该不够,至少两组角要对应相等。

师:如果两组角对应相等的两个三角形是不是相似呢? 你怎么证明? 你有几种办法可以去探究?

生:一种是证明三边对应成比例,但是太麻烦;另一种是想办法利用前面的预备定理,构造预备定理的模型。

思考 2:如图 7,在 $\triangle ABC$ 与 $\triangle A_1B_1C_1$ 中,$\angle A = \angle A_1$,$\angle B = \angle B_1$,能证明 $\triangle ABC$ 与 $\triangle A_1B_1C_1$ 相似吗?

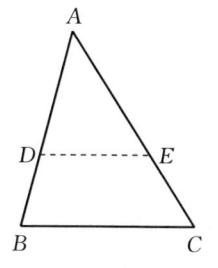

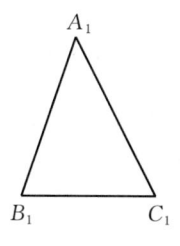

图 7　思考 2

师生共同分析得出辅助线的添法,证明:在△ABC的边AB(或延长线)上,截取$AD=A_1B_1$,过D作$DE /\!/ BC$交AC于E。

∵ $DE /\!/ BC$,

∴ $\angle ADE = \angle B_1$。

∵ $\angle B = \angle B_1$,

∴ $\angle ADE = \angle B_1$,

∵ 在△ADE和△$A_1B_1C_1$中,

$\begin{cases} \angle A = \angle A_1, \\ AD = A_1B_1, \\ \angle ADE = \angle B_1, \end{cases}$

∴ △ADE≌△$A_1B_1C_1$。

∵ $DE /\!/ BC$,

∴ △ADE∽△ABC(相似三角形的预备定理)。

∴ △ABC∽△$A_1B_1C_1$(相似三角形的传递性)。

判定定理1:如果一个三角形的两角与另一个三角形的两角对应相等,那么这两个三角形相似。即两角对应相等,两个三角形相似。

符号语言:

∵ 在△ABC和△$A_1B_1C_1$中,

$\begin{cases} \angle A = \angle A_1, \\ \angle B = \angle B_1, \end{cases}$

∴ △ABC∽△$A_1B_1C_1$(两角对应相等,两个三角形相似)。

∵ $\angle ADE = \angle B_1$,

$\angle B = \angle B_1$,

∴ $\angle ADE = \angle B_1$。

∵ 在△ADE 和△$A_1B_1C_1$ 中,

$$\begin{cases} \angle A = \angle A_1, \\ AD = A_1B_1, \\ \angle ADE = \angle B_1, \end{cases}$$

∴ △ADE≌△$A_1B_1C_1$。

∵ DE∥BC,

∴ △ADE∽△ABC(相似三角形的预备定理)。

∴ △ABC∽△$A_1B_1C_1$(相似三角形的传递性)。

**五、反馈与拓展(融会贯通阶段)**

1. 创设情境

通过刚才的学习,我们已经掌握了两种判断相似三角形的方法,这些方法能帮助我们解决哪些问题呢?

2. 引导型问题链

(1) 要判断两三角形是否相似,我们有几种办法?

(2) 什么情况下用预备定理?

(3) 什么情况下用判定定理1?

3. 教学实录

师:要判断两三角形是否相似,我们有几种办法?

生:既可以用预备定理,也可以用判定定理1。

师:什么情况下用预备定理?

生：当出现三角形一边平行线时。

师：什么情况下用判定定理1？

生：至少出现一组角对应相等时。

师：接下来是如何运用定理来解决几何问题，请看例题。例1，如图8，已知：在 △ABC 中，AB=AC，点 D、E、F 分别在 BC、AB、AC 上，∠EDF=∠B；求证：△BED∽△CDF。

图8 例1

师：△BED 与 △CDF 中有哪些已知条件？用哪种方法来证明 △BED∽△CDF 呢？

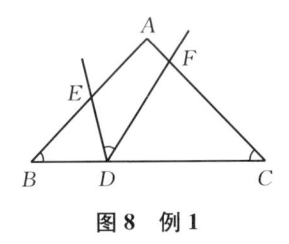

生：已有 ∠B=∠C，可用判定定理1。

师：再需找出哪对角相等？怎么证明？

生：通过外角得

∠EDC=∠B+∠BED，

而 ∠EDC=∠EDF+∠CDF，

由 ∠EDF=∠B，可得 ∠BED=∠CDF。

证明：∵ AB=AC，

∴ ∠B=∠C。

∵ ∠EDC=∠B+∠BED，

$\angle EDC = \angle EDF + \angle CDF$,

且 $\angle EDF = \angle B$,

∴ $\angle BED = \angle CDF$。

∵ 在 $\triangle BED$ 和 $\triangle CDF$ 中,

$\begin{cases} \angle B = \angle C, \\ \angle BED = \angle CDF, \end{cases}$

∴ $\triangle BED \backsim \triangle CDF$（两角对应相等,两个三角形相似）。

## 六、小结及反思

师：本节课主要学习了什么？有何收获？

生：1. 相似三角形的定义；

2. 相似三角形的性质；

3. 相似三角形的判定方法

(1) 相似三角形的传递性；

(2) 相似三角形的预备定理；

(3) 判定定理1。

师：我们还运用类比、化归、图形的分解与组合的数学思想解决了问题。

教师要在授课过程中关注学生在数学探究活动中的参与度以及其在学习过程中获得的亲身体验和数学感悟。本节课的许多问题的提出及探究都是根据学生对已经掌握的知识和经验进行反思和质疑而形成的。所以要多关注学生在数学活动中的参与度以及其运用数学知识解决问题的经历、经验和策略。通过及时评价,激发学生学习数学的兴趣,引导学生发现问题、大胆提出问题、积极思考分析问题,让他们逐步养成善于提问、主动探究的学习习惯。

## 第二节　锐角三角比的意义[①]

### 一、教学背景

**教材分析**:在以前的三角比几何学习中,主要研究边与角这两个基本几何元素。在相似三角形中,已经知道边与边之间的对应边成比例,角与角之间的对应角相等;在直角三角形中,知道边与边之间满足勾股定理的数量关系,角与角之间满足两锐角互余的数量关系。那么接下来,还有什么值得我们继续研究的呢?学生自然会想到边与角之间是不是会有什么关系?由此促发学生探究兴趣。这一学习方法与之前学习三角形、四边形的思想方法完全一致。在学习四边形时,我们也是沿着边与边之间的位置关系以及数量关系、角与角之间的数量关系,还有对角线关系以及对称性等四个主要方面进行了研究。

在三角形以及相似三角形的研究中,我们主要是定性研究三角形(或两个三角形)的性质及特征。而在锐角三角比的学习中,主要是定量研究直角三角形。直角三角形中边和角之间的数量关系,主要通过三角形内角和定理、勾股定理以及锐角三角比来表述。有了

---

[①] 本节的作者是上海青浦兰生学校的张家付老师。

这些数学工具,我们就能解决实际生活中的许多问题,如测量或者工件设计中的计算等等。解直角三角形是解任意三角形的基础,锐角的三角比概念是三角函数概念的基础。因此,"锐角三角比"这一章是后续学习的重要基础。

学情分析:从上一章"相似三角形"到本章"锐角的三角比概念",再从锐角三角比的意义到特殊锐角的三角比,再利用勾股定理和锐角三角比的知识解直角三角形,再通过学会解直角三角形到解决生活实际中的实际问题,可见学生需要学习的新知识和已有知识的"距离"并不大。这给学生自主学习、探究交流提供了好机会。

通过以上分析,教材设计了从相似三角形到锐角三角比这样一个概念的形成过程。

在此基础上制定教学目标。

1. 教学目标

(1) 经历学习锐角三角比概念的过程,获得在实际问题中抽象出数学概念的亲身体验,培养学生的几何直观和抽象能力;

(2) 掌握锐角三角比的定义,会根据直角三角形中两边长求三角比的值,培养学生的运算能力;

(3) 了解锐角三角比的值的增减性及取值范围,锻炼学生的推理能力和探究精神。

2. 教学重点及难点

通过目标分析,本节课的重难点就是对概念的学习过程。

## 二、预学与聚焦(自学略懂阶段)

| 序号 | 预学任务单 |
| --- | --- |
| 1 | 你觉得直角三角形中锐角的大小和两条直角边有关系吗? |
| 2 | 在一个直角三角形中,如果一个锐角等于30°,你知道这个角的对边与邻边的比值是多少吗? |
| 3 | 在一个直角三角形中,如果给定一个锐角的大小,那么它的对边与邻边的比值是否还是一个确定的值呢?为什么? |
| 4 | 当直角三角形中一个锐角的大小变化时,这个锐角的对边与邻边的长度的比值随之变化吗? |
| 5 | 如果直角三角形中锐角的对边和邻边的比值随着角度的变化而变化,那这个比值如何变化?取值范围是多少? |

问题 1:你觉得直角三角形中锐角的大小和两条直角边有关系吗?

学生 A、B:有关系。

90%以上的同学都能感觉到直角三角形中锐角的大小和两条直角边有关系。本问题的目的是引导学生思考直角三角形中除了角与角之间和边与边之间有关系外,边与角之间是不是也存在某种关系呢?

问题 2:在一个直角三角形中,如果一个锐角等于 30°,你知道这个角的对边与邻边的比值是多少吗?

学生 1:知道,是 $\dfrac{\sqrt{3}}{3}$。

学生 2:$\dfrac{对边}{邻边} = \dfrac{1}{\sqrt{3}} = \dfrac{\sqrt{3}}{3}$。

根据特殊三角形的三边关系,90%以上同学都知道对边与邻边

的比等于 $\frac{\sqrt{3}}{3}$，此问题通过学生熟悉的特殊三角形之三边关系，让学生感受固定角的对边与邻边的比是确定的以及这个比值和角度之间存在对应关系，为任意角的对边和邻边的比做好铺垫。

问题 3：在一个直角三角形中，如果给定一个锐角的大小，那么它的对边与邻边的比值是否还是一个确定的值呢？为什么？

学生 A：是一个确定的值；因为在三角形的三个角确定的情况下，三角形的形状就确定了，对边与邻边的比值是确定值。

学生 B：是；因为 $A_1B_1 /\!/ A_2B_2$，所以 $\frac{A_1B_1}{OB_1}=\frac{A_2B_2}{OB_2}$。（如图 1）

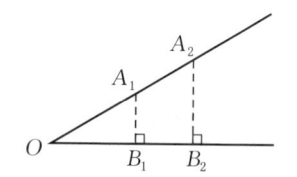

**图 1　问题 3 的学生 B 作答图**

通过上一章"相似三角形"的学习，80％以上的同学感觉同一个锐角的对边与邻边的比值都是一个定值，一部分同学利用相似三角形的性质证明了同一个锐角的相应的对边与邻边的比值是相等的，也就是一个确定的值。

问题 4：当直角三角形中一个锐角的大小发生变化时，这个锐角的对边与邻边的长度的比值会随之变化吗？

学生：会，因为内角发生变化，所以形状发生变化。

80%以上的同学感觉锐角变化时,相应的直角三角形的形状也会随之变化,所以比值也随之变化。

问题 5:如果直角三角形中锐角的对边和邻边的比值随着角度的变化而变化,那这个比值如何变化?取值范围是多少?

学生 A:比值随着角度的增大而增大,其取值范围是大于 0。

学生 B:角度越大,比值越大;取值范围是大于 0。

根据问题 4,感觉比值会随着角度的变化而变化,那如何变化呢?通过角度从小到大的变化过程,在邻边不变的情况下,对边也会越来越大,所以可知比值随着角度增加而变大。

通过以上问题的思考和回答,学生初步感知了在直角三角形中,任意一个锐角的对边和邻边的比值都是唯一确定的。由此,我们可以定义,直角三角形中一个锐角的对边和邻边的比叫这个锐角的正切。

### 三、探究与发现(大致粗通阶段)

1. 创设情境

如图 2,将一把梯子 $AB$ 的下端 $B$ 放在地面上,它的上端 $A$ 靠着墙面。若将梯子 $AB$ 的两端分别沿着墙面和地面滑动,△AOB 仍然

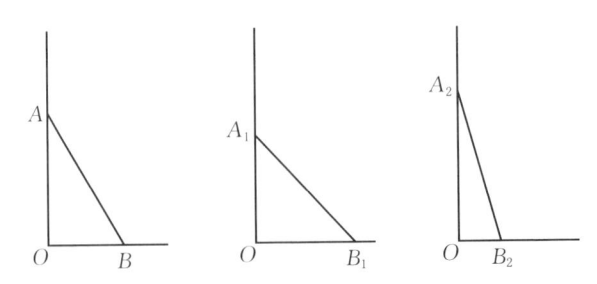

图 2 直角三角形的锐角角度与直角边长度的变化

是直角三角形,如图中的 Rt$\triangle A_1OB_1$ 和 Rt$\triangle A_2OB_2$ 是相对于 Rt$\triangle AOB$,那么滑动后所得直角三角形的斜边长度不变,而两条直角边的长度和锐角的大小都发生了变化。

2. 引导型问题链

(1) 通过梯子滑动的过程,我们发现梯子和地面形成的锐角大小与两条直角边长度是否有关系?

(2) 如何刻画直角三角形的锐角大小与两边长度之间的关系呢?

(3) 在一个直角三角形中,如果一个锐角等于 30°,你知道这个角的对边与邻边的比值是多少吗?

(4) 在一个直角三角形中,如果给定一个锐角的大小,那么它的对边与邻边的比值是否还是一个确定的值呢?为什么?

(5) 当直角三角形中一个锐角的大小变化时,这个锐角的对边与邻边的长度的比值会随之变化吗?

3. 教学实录

(1) 情景引入

如图 2,将一把梯子 $AB$ 的下端 $B$ 放在地面上,它的上端 $A$ 靠着墙面。若将梯子 $AB$ 的两端分别沿着墙面和地面滑动,$\triangle AOB$ 仍然是直角三角形,如图中的 Rt$\triangle A_1OB_1$ 和 Rt$\triangle A_2OB_2$ 是相对于 Rt$\triangle AOB$,那么滑动后所得直角三角形的斜边长度不变,而两条直角边的长度和锐角的大小都发生了变化。

师:在变化的过程中,我们容易发现,梯子和地面夹角在不断变化,此时直角三角形的两条直角边有没有变化?

生:也在不断变化。

师:这说明什么?

生:两条直角边与锐角有关系。

师:那么如何刻画直角三角形的锐角大小与两边长度之间的关系呢?

(2) 设计意图

怎样定量地刻画直角三角形的锐角大小与两边长度之间的关系?对于三角形(包括球面三角形)边角关系的定量考察,是"三角学"的起源。这方面的研究,始于古代人类对天文的观察、在航海中的测量。锐角的三角比,揭示了直角三角形中边角之间的联系,这是我们在本章所要学习的知识。这一过程也是在培养学生把实际问题抽象成数学问题以及利用几何直观猜想出结论的过程。

师:首先我们可以降低问题的难度,从特殊情况出发。在一个直角三角形中,如果一个锐角等于30°,你知道这个角的对边与邻边的比值是多少吗?(思考1)

生:30°所对直角边等于斜边一半,再根据勾股定理可得比值为 $\frac{\sqrt{3}}{3}$ 这样一个确定的值。

师:那一般情况还是不是这样呢?在一个直角三角形中,如果给定一个锐角的大小,那么它的对边与邻边的比值是否还是一个确定的值呢?为什么?(思考2)

生：如图3，在不同的直角三角形△ABE，△ACF，△ADG中，根据相似三角形对应边成比例可知$\frac{BE}{AE}=\frac{CF}{AF}=\frac{DG}{AG}$，所以对于任意一个锐角，它所在的直角三角形的对边与邻边的比值都是确定的。

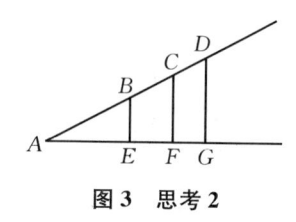

图3 思考2

设计意图：特殊直角三角形是学生已经熟悉的已有知识。有30°角的直角三角形可大可小，所以只要看到一条边没有固定的关系，两条边就要进行一些数量运算。此时，学生比较容易发现两条直角边的比值是固定不变的这一重要结论。结合相似三角形的上位知识，学生也是比较容易推出两直角边的比值不会随着三角形的大小发生变化。

通过这两个思考题，结合相似三角形知识可推得"直角三角形中，一个给定的锐角的对边与邻边的长度的比值是一个确定的数"这一重要结论，但是还不够。因为如果当角度发生变化时，值仍然不变，那也就失去了研究价值。

师：很好。接下来，当直角三角形中一个锐角的大小变化时，这个锐角的对边与邻边的长度的比值会随之变化吗？（思考3）

生：如图4，在不同的直角三角形△ABE，△ACE，△ADE中，

随着以 $A$ 为顶点的锐角从小到大的变化,它的邻边 $AE$ 不变,对边分别从 $DE$ 变为 $CE$、$BE$,所以对边与邻边的比分别为 $\dfrac{DE}{AE}<\dfrac{CE}{AE}<\dfrac{BE}{AE}$,说明随着角度的增加,比值越来越大。

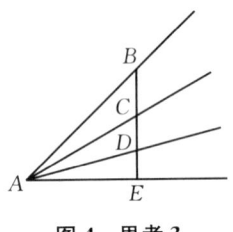

图 4　思考 3

师:通过几何直观可知在直角三角形中,一个锐角的对边与邻边的长度的比值会随着这个锐角大小的变化而变化。由此,我们通过问题串,引导学生在已有知识的基础上自主探究发现:在直角三角形中,当一个锐角发生变化时,它的对边与邻边的比值也随之变化;当这个锐角确定时,它的对边与邻边的比值也唯一确定的事实。在这种情况下,我们是不是就可以下一个定义,"我们把直角三角形中一个锐角的对边与邻边的比叫做这个锐角的正切(tangent),锐角 $A$ 的正切记作 $\tan A$;我们把直角三角形中一个锐角的邻边与对边的比叫做这个锐角的余切(cotangent),锐角 $A$ 的余切记作 $\cot A$"。

设计意图:在这里要让学生思考,为什么我们要经历这样一个从特殊到一般、从角度不变到角度变化的过程?让学生去体会数学定义的形成过程,揭示由"唯一确定性"保证定义的合理性的数学本质。

就像两点间距离的定义一样,两点间线段有且只有一条,而且是可度量的,也一样具备了"唯一确定性",从而保证了两点间距离定义的合理性。如果我们定义两点间距离是曲线或者是折线长度,你就会发现不同的人对同样两点间的距离有不同的理解,那这就失去了定义的价值。

## 四、整合与互动(触类旁通阶段)

1. 创设情境

在了解了正切、余切的定义以后,接下来让我们根据定义看看可以帮助我们解决哪些问题?又如何解决这些问题?

2. 引导型问题链

(1) 求一个锐角的正切或余切,我们需要哪些条件?

(2) 如果这些条件不足,我们该如何转化?

3. 教学实录

师:例1,如图5,在 Rt△ABC 中,$\angle C = 90°$,$BC = 4$、$AB = 5$,求 $\tan A$,$\cot B$ 的值。

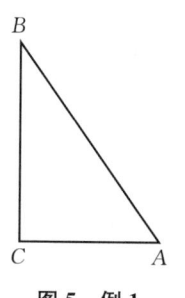

图5 例1

生:∵ $\angle C = 90°$,

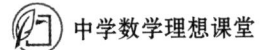

$\therefore AC^2 + BC^2 = AB^2$。

$\because BC=4$、$AB=5$，

$\therefore AC=3$，

$\tan A = \dfrac{BC}{AC} = \dfrac{4}{3}$、$\cot B = \dfrac{BC}{AC} = \dfrac{4}{3}$。

师：通过本题的解答过程，求一个锐角的正切或余切，我们需要哪些条件？

生：需要知道对边和邻边。

师：如果这些条件不足，我们该如何转化？

生：利用已知条件求解，比如这题是利用勾股定理。

师：下面再让我们看看例2，如图6，在 Rt△ABC 中，∠ACB=90°，CD⊥AB，AB=10、BC=8，求 $\tan A$ 和 $\cot \angle BCD$。

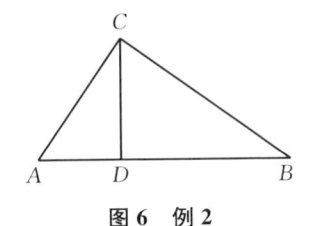

图6 例2

生：$\because \angle ACB = 90°$，

$\therefore AC^2 + BC^2 = AB^2$。

$\because BC=8$，$AB=10$，

$\therefore AC=6$，

$\tan A = \dfrac{BC}{AC} = \dfrac{4}{3}$，

∵ $CD \perp AB$,

∴ $\angle CDB = 90°$,

$\angle DCB + \angle B = 90°$。

又∵ $\angle A + \angle B = 90°$,

∴ $\angle DCB = \angle A$,

$\cot \angle BCD = \cot \angle A = \dfrac{AC}{BC} = \dfrac{3}{4}$

师：通过本题的求解过程，在一个角的对边或者邻边未知的情况下，我们还有什么办法求这个角的正切或余切？

生：我们可以找到与所求角相等的一个角，然后求这个角的正切或余切，利用相等角的正切或者余切相等进而求出要求的角的正切或者余切。

## 五、反馈与拓展（融会贯通阶段）

1. 创设情境

通过前面的学习，我们知道当锐角大小变化时，正切和余切都会变化。那它们是如何变化的？变化的范围是什么呢？在理解了正切和余切定义后，可以引导学生继续探究。

2. 引导型问题链

（1）通过前面的研究，当锐角增大时，它的正切和余切如何变化？

（2）变化后的取值范围是多少？

（3）互余两个角的正切与余切有何关系？

3. 教学实录

师:通过前面的研究,我们发现当锐角增加时,它的对边与邻边的比值也会越来越大。由此,你能获得什么样的结论呢?

生:因为正切是对边比邻边,则说明当锐角增加时正切也随之增大;而余切是邻边比对边,所以余切会随着锐角的增加而减小。

师:那变化的范围是多少呢?

生:首先边长的比值一定是正的,所以必大于0;当锐角接近直角时,对边趋向于无穷大且分母不变,所以比值也趋向于无穷大。这说明正切的取值范围是大于0的一切实数。同理,当锐角趋向于0时,对边也趋向于0而邻边不变,所以比值也趋向于无穷大。这说明余切的取值范围是大于0的一切实数。

师:我们能发现同一个角的正切和余切有什么关系吗?

生:根据定义,它们应该互为倒数。

师:如图7,在同一个直角$\triangle ABC$中,两个锐角$\angle A$和$\angle B$的正切与余切有何关系?

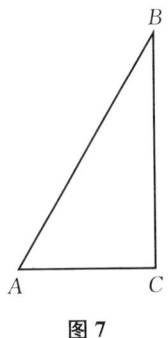

图7

生:根据正切、余切的定义,∠A 的正切等于∠B 的余切,反之,∠B 的正切等于∠A 的余切,所以对于互余两个角来讲,若 $\angle A+\angle B=90°$,则 $\tan A=\cot B$、$\tan B=\cot A$。

这一过程不仅仅是让学生知道了正切与余切的定义,还让学生体会了为什么可以这样定义,以及根据定义我们还能探究哪些性质。这些都是对学生的数学思想以及思维能力的又一提升。

### 六、小结及反思

《新课标》要求在单元教学的过程中,要注重把握数学内容的本质,教学设计须体现数学的整体性、逻辑的连贯性、思想的一致性、方法的普适性、思维的系统性。

本节课通过动态的情景引入,让学生感受到直角三角形中一个锐角与它的对边和邻边存在着某种联系。再通过特殊直角三角形的三边关系及相似三角形的性质推出直角三角形中每个锐角的对边与邻边的比值都是唯一确定的事实,并由此给这个比值定义为这个锐角的正切。在这个过程中,通过学生的观察、感受、猜想、验证,进而得出结论,并由结论引导学生继续探究还能得到哪些新的结论。

这就是已故复旦附中数学特级教师曾容老师的"过程教学"的精髓。过程教学就是一节课不仅要教会学生是什么,还要让学生知道为什么,最后还要让学生想一想还有什么?《新民晚报》曾评价:"曾老师教了一辈子的数学,其实他的教学理念很朴素,就是要让学生明白,许多具体的演算步骤和公式概念,或许会在走出校门后被渐渐遗忘掉,但映入脑海里的数学思想及思维能力训练,却是终身受益的。"

一节优秀的课是顺其自然地,不留教育痕迹地,润物细无声地让学生的思维得到提升、能力得到培养,核心素养在不知不觉中得到提高的教学。

## 第三节 基本不等式及其应用与平均值不等式及其应用[①]

### 一、教学背景

"基本不等式及其应用"是上教版《普通高中教科书 数学 必修第一册》(以下简称《必修第一册》)第 2 章"等式与不等式"第 3 节的内容。第 2 章"等式与不等式"既是初中数学向高中数学的过渡内容,又是高中数学内容的基础和工具,属于高中数学的预备知识板块。该章第 3 节介绍具有重要作用的基本不等式,包括平均值不等式和三角不等式,"1 平均值不等式及其应用"内容对应课标"掌握基本不等式 $\sqrt{ab} \leqslant \dfrac{a+b}{2}(a,b \geqslant 0)$。结合具体实例,能用基本不等式解决简单的最大值或最小值问题"。

本节教材在练习中有"用一根长为 $l$ 的铁丝制成一个矩形框架,当长和宽分别为多少时,该框架的面积最大?"这一问题,有探究与实践(利用等式证明不等式),还有课后阅读(调和平均值与算术平均值的不等式,突出了数学在科学研究、社会实践以及生产、生活中的作

---

[①] 本节的作者是上海市民星中学的唐费颖老师。

用)。教师在进行教学设计时,可选择性使用素材,以激发学生的兴趣、增进学生的理解、促进学生的思考。

学生在初中阶段已经历了代数领域之"数与式""方程与不等式"等主题的学习,学会了用字母表述代数式、利用乘法公式进行简单的计算和推理。高中阶段,在《必修第一册》的"等式与不等式的性质"中,要求学生运用不等式的基本性质证明一些简单的不等式,比较两个代数式值的大小。

但是对于刚升入高一的学生而言,他们的代数思维的意识、习惯刚刚起步,有待进一步发展,数学基础薄弱的学生甚至对字母表示数带给数学的变化和意义还缺少基本的认识,对用符号语言所呈现出来的形式化数学规律背后所指的实质意义也缺乏理解。此外,对公式类型数学知识的学习理解框架,大多数学生也还没有建立起来。为促使学生形成良好的思维习惯,提升其数学核心素养,本课应着力帮助学生积累公式学习的经验和方法、代数推理的活动经验,巩固"代换"的方法,深入理解定理(平均值不等式)。

基于课程内容要求及学情,设定如下学习目标:

1. 理解两个正数的算术平均值、几何平均值的概念及其意义,理解平均值不等式与常用不等式的成立条件及其取等号的条件。

2. 能运用平均值不等式比较大小及证明一些简单的不等式,发展逻辑推理的素养。

3. 会运用平均值不等式、常用不等式求解较简单的最大值和最小值问题,发展数学运算的素养。

本课的学习重点是推导、理解及应用平均值不等式。

而本课的学习难点是应用平均值不等式,把握平均值不等式的结构特点及作用。

## 二、预学与聚焦(自学略通阶段)

| 序号 | 预学任务单 |
| --- | --- |
| 1 | 假设一个矩形的长和宽分别为 $a$ 和 $b$,求:与这个矩形周长相等的正方形的边长,以及与这个矩形面积相等的正方形的边长,并比较这两条边长的长短。 |
| 2 | 阅读《必修第一册》之第 2 章第 3 节的"基本不等式及其应用",写出"算术平均值""几何平均值"的定义。 |
| 3 | 任取几组正数,计算它们的算术平均值和几何平均值,观察数据变化的特点,猜测一般情况下两个正数的算术平均值与几何平均值的相对大小。 |
| 4 | 探索并证明"平均值不等式"。 |

问题 1:如图 1,假设一个矩形的长和宽分别为 $a$ 和 $b$,求与这个矩形周长相等的正方形的边长,以及与这个矩形面积相等的正方形的边长,并比较这两条边长的长短。

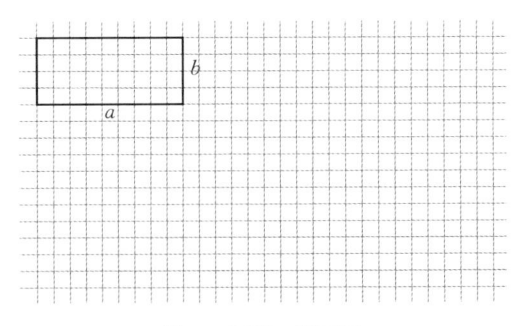

图 1 问题 1 的图示

学生：与这个矩形周长相等的正方形边长为 $\frac{a+b}{2}$；与这个矩形面积相等的正方形边长为 $\sqrt{ab}$；两条边长的长短比较为 $\frac{a+b}{2} \leqslant \sqrt{ab}$。

大多学生能分别正确写出与这个矩形周长相等的正方形的边长以及与这个矩形面积相等的正方形的边长，但基本没有学生能写出比较这两个边长大小的过程，都是主观猜测一个结果。

问题2：阅读《必修第一册》第2章第3节之"基本不等式及其应用"，写出"算术平均值""几何平均值"的定义。

学生：$\frac{a+b}{2}$；$\sqrt{ab}$。

学生阅读课本后，知道了"算术平均值""几何平均值"的定义，但在理解上还不完整，忽略了"正数 $a$、$b$"的条件。

问题3：任取几组正数，计算它们的算术平均值和几何平均值，观察数据变化的特点，猜测一般情况下两个正数的算术平均值与几何平均值的相对大小。

学生：

| $a$ | $b$ | $\frac{a+b}{2} > \sqrt{ab}$ |
| --- | --- | --- |
| 1 | 2 | $\frac{3}{2} > \sqrt{2}$ |
| 3 | 4 | $\frac{7}{2} > 2\sqrt{3}$ |
| 5 | 6 | $\frac{11}{2} > \sqrt{30}$ |

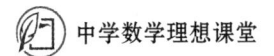

通过计算几组正数的算术平均值和几何平均值,可以帮助学生进一步熟悉算术平均值和几何平均值以及比较它们大小的过程,让学生能直观地感受算术平均值和几何平均值的大小关系。但在取值时,学生往往忽略两个正数相等的情况,导致遗漏算术平均值和几何平均值相等的情况。

问题 4:探索并证明"平均值不等式"。

学生:$\dfrac{a+b}{2} \geqslant \sqrt{ab}$,

$$\dfrac{a+b}{2} - \sqrt{ab} = \dfrac{a+b-2\sqrt{ab}}{2} = \dfrac{(\sqrt{a}-\sqrt{b})^2}{2} \geqslant 0。$$

学生能想到用作差法比较两个正数的算术平均值和几何平均值的大小,但不能完整地写出"平均值不等式"的内容,例如:公式使用的条件,等号成立的情况。

### 三、探究与发现(大致粗通阶段)

1. 创设情境

在《必修第一册》第 2 章第 3 节的"等式与不等式的性质"中提及,利用实数平方非负这一重要性质,通过"做差判断"这一判断符号的方法,证明了定理,即对任意的实数 $a$ 和 $b$,总有 $a^2+b^2 \geqslant 2ab$,且等号当且仅当 $a=b$ 时成立。另外如果 $a>0$、$b>0$,是否能用 $\sqrt{a}$、$\sqrt{b}$ 分别代替上式中的 $a$、$b$,若可以,将得到怎样的式子?

2. 引导型问题链

(1) 怎样由 $a^2+b^2 \geqslant 2ab$,通过代换,得到算术平均值和几何平均值的相对大小?

(2) 怎样证明当 $a>0$、$b>0$ 时,$\frac{a+b}{2} \geqslant \sqrt{ab}$,且等号当且仅当 $a=b$ 时成立?

3. 实录

(1) 探索平均值不等式,得到算术平均值和几何平均值的相对大小。

生:对任意的实数 $a$ 和 $b$,总有 $a^2+b^2 \geqslant 2ab$,且等号当且仅当 $a=b$ 时成立。如果 $a>0$、$b>0$,用 $\sqrt{a}$、$\sqrt{b}$ 分别代替上式中的 $a$、$b$,得 $\sqrt{a}^2+\sqrt{b}^2 \geqslant 2\sqrt{a}\sqrt{b}$,即 $a+b \geqslant 2\sqrt{ab}$,且等号当且仅当 $a=b$ 时成立。

师:对于任意正数 $a$、$b$,得到 $a+b \geqslant 2\sqrt{ab}$,变形为 $\frac{a+b}{2} \geqslant \sqrt{ab}$,且等号当且仅当 $a=b$ 时成立,称之为平均值不等式。对于正数 $a$、$b$,$\frac{a+b}{2}$ 是 $a$、$b$ 的算术平均值,$\sqrt{ab}$ 是 $a$、$b$ 的几何平均值。如何用自然语言来描述平均值不等式?

生:两个正数的算术平均值大于等于它们的几何平均值。

师:定理(平均值不等式)指出,两个正数的算术平均数大于等于它们的几何平均值,即对于任意的正数 $a$、$b$,有 $\frac{a+b}{2} \geqslant \sqrt{ab}$,且等号当且仅当 $a=b$ 时成立。由 $a^2+b^2 \geqslant 2ab$,可以通过代换得到 $\frac{a+b}{2} \geqslant \sqrt{ab}$。这些问题对推理、运算的要求都不高,只要能想到相应的代换就可以由一般到特殊地推出平均值不等式,但我们需要养成符号意识,积累代数变换的基本活动经验。

(2) 证明定理(平均值不等式)

师:观察"$a>0$、$b>0$ 时,$\dfrac{a+b}{2} \geqslant \sqrt{ab}$"的代数式结构特征,探寻当 $a>0$、$b>0$ 时,$\dfrac{a+b}{2} \geqslant \sqrt{ab}$,且等号当且仅当 $a=b$ 时成立的求证方法。

生:证明过程为,当 $a>0$、$b>0$ 时,

$$\dfrac{a+b}{2} - \sqrt{ab} = \dfrac{a+b-2\sqrt{ab}}{2} = \dfrac{1}{2}\left[(\sqrt{a})^2 + (\sqrt{b})^2 - 2\sqrt{ab}\right]$$

$$= \dfrac{(\sqrt{a}-\sqrt{b})^2}{2};$$

当 $\sqrt{a} \neq \sqrt{b}$、即 $a \neq b$ 时,$\dfrac{(\sqrt{a}-\sqrt{b})^2}{2} > 0$,此时 $\dfrac{a+b}{2} > \sqrt{ab}$;

当 $\sqrt{a} = \sqrt{b}$、即 $a = b$ 时,$\dfrac{(\sqrt{a}-\sqrt{b})^2}{2} = 0$,此时 $\dfrac{a+b}{2} = \sqrt{ab}$;

所以 $\dfrac{a+b}{2} \geqslant \sqrt{ab}$,当且仅当 $a=b$ 时,不等式中等号成立。

师:证明不等式的基本方法是作差比较,方向是差与 0 的比较(即符号判断),要关注初中学过的确定符号的代数式($x^2$、$\sqrt{x}$、$|x|$);由代数式 $\dfrac{a+b-2\sqrt{ab}}{2}$ 的特征(三项式,次数具

有二倍关系)关联到完全平方公式,获得求证方法。同时,要学会通过代数运算变形的方法来明确目标和待处理代数式的结构特征(次数、系数、单项式还是多项式等方面)。"等号当且仅当 $a=b$ 时成立"有两层含义。一是当 $a=b$ 时,不等式取等号;二是不等式取等号时,必有 $a=b$。例,已知 $x>0$,求证 $x+\dfrac{1}{x} \geq 2$,并指出等号成立的条件。从所求证不等式与平均值不等式在形式上的联系入手,$x+\dfrac{1}{x}$ 是 $x$ 与 $\dfrac{1}{x}$ 的算术平均值的 2 倍,而 $x$ 与 $\dfrac{1}{x}$ 的几何平均值 $\sqrt{x \cdot \dfrac{1}{x}}$ 是一个定值。

生:证明过程为,因为 $x>0$,由平均值不等式,得 $x+\dfrac{1}{x} \geq 2\sqrt{x \cdot \dfrac{1}{x}}=2$,且等号当且仅当 $x=\dfrac{1}{x}$,即 $x^2=1$ 时才成立;由于 $x>0$,所以 $x=1$;当且仅当 $x=1$ 时,$x+\dfrac{1}{x}=2$。

师:$x>0$ 这个条件是必要的,如果把 $x>0$ 去掉,那么 $x+\dfrac{1}{x}$ 就不一定能大于等于 2。可以用"一正、二定、三相等"去理解、记忆;能应用平均值不等式解决问题的特点。例,已知 $ab>0$,求证 $\dfrac{b}{a}+\dfrac{a}{b} \geq 2$,并指出等号成立的条件。

生：证明过程为，因为 $ab>0$，所以 $a$、$b$ 同号，得 $\frac{b}{a}>0$、$\frac{a}{b}>0$；

由平均值不等式，得 $\frac{b}{a}+\frac{a}{b}\geq 2\sqrt{\frac{b}{a}\cdot\frac{a}{b}}=2$；且等号当且仅当 $\frac{b}{a}=\frac{a}{b}$，即 $a=b$ 时才成立。

师：若把条件"$ab>0$"改为"$ab<0$"，结论还成立吗？

生：条件改动后结论不成立。此时，$\frac{b}{a}$、$\frac{a}{b}$ 都是负数，$\frac{b}{a}+\frac{a}{b}$ 不可能大于等于 2。

### 四、整合与互动（触类旁通阶段）

1. 创设情境

情境1：如图2，$AB$ 是圆的直径，点 $C$ 是 $AB$ 上一点，$AC=a$，$BC=b$，过点 $C$ 作垂直于 $AB$ 的弦 $DE$，连接 $AD$，$BD$。探索定理（平均值不等式）的几何背景。

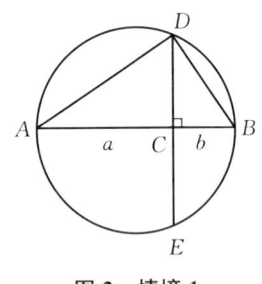

**图2 情境1**

情境2：如图3，假设一个矩形的长和宽分别为 $a$ 和 $b$，

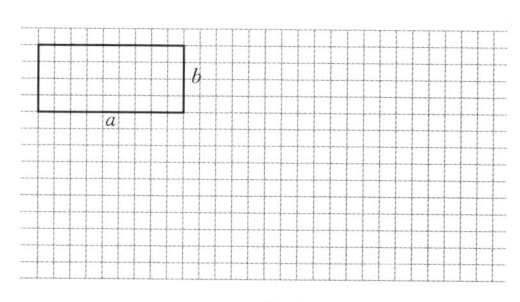

**图 3 情境 2**

（1）求与这个矩形周长相等的正方形的边长，以及与这个矩形面积相等的正方形的边长，并比较这两条边长的长短；

（2）求矩形的面积以及与这个矩形周长相等的正方形的面积，并比较这两个面积的大小。

2. 探究型问题链

情境1：如图2，$AB$ 是圆的直径，点 $C$ 是 $AB$ 上一点，$AC=a$，$BC=b$，过点 $C$ 作垂直于 $AB$ 的弦 $DE$，连接 $AD$，$BD$。你能说出定理（平均值不等式）的几何解释吗？

情境2：如图3，假设一个矩形的长和宽分别为 $a$ 和 $b$，

（1）与矩形周长相等的正方形和与矩形面积相等的正方形的边长分别是多少，这两条边长之间的长短关系是怎样的？

（2）矩形的面积和与矩形周长相等的正方形的面积分别是多少，怎样比较这两个面积的大小？

（3）请说出此情境中的几何意义。

3. 实录：定理（平均值不等式）的几何意义

师：如图2，$AB$ 是圆的直径，点 $C$ 是 $AB$ 上一点，$AC=a$，$BC=$

$b$,过点 $C$ 作垂直于 $AB$ 的弦 $DE$,连接 $AD$,$BD$。

生 A:由于 $\triangle ACD \backsim \triangle DCB$,因而 $CD = \sqrt{ab}$;又由于 $CD$ 小于或等于圆的半径,用不等式可以表示为 $\sqrt{ab} \leqslant \dfrac{a+b}{2}$;当且仅当点与圆心重合,即当 $a=b$ 时,不等式的等号成立。

生 B:几何解释为"圆的弦长的一半小于或等于圆的半径长,当且仅当弦过圆心时,二者相等"。

师:定理(平均值不等式)还有其他得几何意义吗?假设一个矩形的长和宽分别为 $a$ 和 $b$,求与这个矩形周长相等的正方形的边长,以及与这个矩形面积相等的正方形的边长,并比较这两条边长的长短。

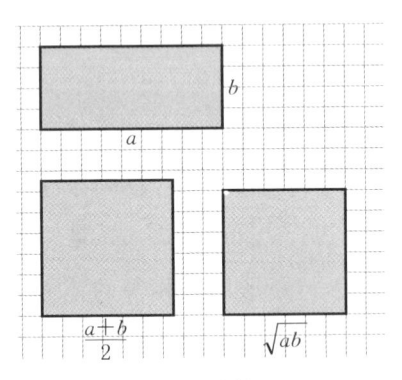

**图 4  学生作答图示**

生 C:如图 4,与矩形周长相等的正方形的边长为 $\dfrac{a+b}{2}$,与矩形面积相等的正方形的边长为 $\sqrt{ab}$，与矩形周长相等的正方形的边长大于等于与矩形面积相等的正方形的边长。

师：假设一个矩形的长和宽分别为 $a$ 和 $b$，求矩形的面积以及与这个矩形周长相等的正方形的面积，并比较这两个面积的大小。

生 D：矩形的面积为 $ab$，与矩形周长相等的正方形的面积为 $\left(\dfrac{a+b}{2}\right)^2$。

师：如何比较这两个面积的大小？

生 E：将定理（平均值不等式）两边平方可得 $\left(\dfrac{a+b}{2}\right)^2 \geqslant ab$；如果矩形的长和宽分别为 $a$ 和 $b$，那么矩形的面积为 $ab$，$\left(\dfrac{a+b}{2}\right)^2$ 可以看成与矩形周长相等的正方形的面积。因此，定理（平均值不等式）的一个几何意义为"在所有周长一定的矩形中，正方形的面积最大"。

**五、反馈与拓展（融会贯通阶段）**

1. 创设情境

将定理（平均值不等式）$\dfrac{a+b}{2} \geqslant \sqrt{ab}$ 两边平方得 $\left(\dfrac{a+b}{2}\right)^2 \geqslant ab$，该不等式在 $a>0$、$b>0$ 时成立，在 $a,b \in \mathbf{R}$ 时是否成立呢？如果成立又如何证明呢？

2. 应用型问题链

(1) 将定理(平均值不等式)$\frac{a+b}{2} \geqslant \sqrt{ab}$两边平方得$\left(\frac{a+b}{2}\right)^2 \geqslant ab$,该不等式在$a>0$、$b>0$时成立,在$a,b \in \mathbf{R}$时是否成立呢? 如果成立又如何证明呢?

(2) 如何用作差法证明$\left(\frac{a+b}{2}\right)^2 \geqslant ab$?

3. 实录

师:将定理(平均值不等式)$\frac{a+b}{2} \geqslant \sqrt{ab}$两边平方得$\left(\frac{a+b}{2}\right)^2 \geqslant ab$,该不等式在$a>0$、$b>0$时成立,在$a,b \in \mathbf{R}$时是否成立呢? 如果成立又如何证明呢?

生:$\left(\frac{a+b}{2}\right)^2 \geqslant ab$在$a,b \in \mathbf{R}$时成立;对任意实数$a$、$b$,总有$a^2+b^2 \geqslant 2ab$,且等号当且仅当$a=b$时成立;$a^2+b^2+2ab \geqslant 4ab$,从而$(a+b)^2 \geqslant 4ab$,即$\left(\frac{a+b}{2}\right)^2 \geqslant ab$,因此原不等式成立,且等号当且仅当$a=b$时成立。

师:如何用作差法证明此定理?

生:因为对任意实数$a$、$b$,

$\left(\frac{a+b}{2}\right)^2 - ab = \frac{a^2+2ab+b^2-4ab}{4} = \frac{a^2-2ab+b^2}{4} = \frac{(a-b)^2}{4} \geqslant 0$,

所以 $\left(\dfrac{a+b}{2}\right)^2 \geqslant ab$,而且当且仅当 $a-b=0$ 即 $a=b$ 时,不等式中等号成立。

师:定理表达为"对任意实数 $a$、$b$,有 $\left(\dfrac{a+b}{2}\right)^2 \geqslant ab$,且等号当且仅当 $a=b$ 时成立"。例,设 $x \in \mathbf{R}$,求二次函数 $y=x(4-x)$ 的最大值。

生:由不等式 $\left(\dfrac{a+b}{2}\right)^2 \geqslant ab$,推得 $x(4-x) \leqslant \left(\dfrac{x+4-x}{2}\right)^2=4$。于是,当 $x=4-x$,即 $x=2$ 时,取得最大值 4。

师:本题给出了利用平均值不等式解决问题的一个数学模型,即已知 $x$,$y$ 都是正数,如果和 $x+y$ 等于定值 $S$,那么当 $x=y$ 时,积 $xy$ 有最大值 $\dfrac{1}{4}S^2$。

## 六、课后反思

本课按照"单元设计基础上的课时教学设计"理念开展教学设计,利用《必修第一册》第 2 章第 3 节"等式与不等式的性质"中的定理"$a^2+b^2 \geqslant 2ab$",创设学生熟悉的数学情境,通过代数变换得到定理(平均值不等式)并用作差法加以证明,再由定理(平均值不等式)的一个几何意义"等周长的矩形中,正方形面积最大",得出定理"$\left(\dfrac{a+b}{2}\right)^2 \geqslant ab$"并通过综合法严谨证明,挖掘具有内在的联系的不同内容之间的实质性关联,体现了数学的整体性——横向联系。

本课是一节公式法则课,在教学设计中,注重精心设计学生活动,采取用问题引导学习的方式,在"如何使学生想得到"上下功夫,引导学生自主发现定理,帮助学生掌握核心知识、领悟数学思想和方法、学会有逻辑地思考、发展理性思维。

## 第四节 分组分解法[①]

### 一、教学背景

分组分解法是因式分解的一种方法,是要在学习了提公因式法、公式法、二次项系数为1的十字相乘法等相关内容之后学习的知识点,主要是解决四项或四项以上的多项式分解。它在学习分式约分、通分时有直接应用,另外在代数式的化简求值及一元二次方程、函数等学习中也有重要应用。

课程标准要求:在因式分解中,所涉及的多项式不超过四项,不涉及添项、拆项等偏重技巧性的要求。用公式法分解因式时,只涉及平方差公式和完全平方公式。不要求掌握用十字相乘法对二次项系数不等于1的二次三项式进行因式分解。关于一般的二次三项式的因式分解,将通过后续学习主要掌握求根公式法。

本节内容分组分解法是为前面三种方法的运用创造条件,即把多项式各项适当分组,使之能够应用以上三种方法。分组的目的不

---

[①] 本节的作者是上海市鞍山实验中学刘雪莲老师。

仅要使各组"局部"能分解因式,而且要能对整体进一步地进行因式分解。由于因式分解需要学生有较高的观察能力、分析能力和应用能力,因此要关注学生不同的思维方式,鼓励、引导学生积极思考、勇于探索,培养学生潜在的思维能力和创新能力。

基于课程内容要求及学情,设定如下教学目标:

1. 知道分组分解法的概念;知道分组分解法分组的特征。

2. 经历分组的过程,体会合理分组的必要性,掌握用分组分解法分解含有四项的多项式。注意要分解到不能再分解为止。

## 二、预学与聚焦(自学略懂阶段)

| 序号 | 预学任务单 |
| --- | --- |
| 1 | 对于多项式 $xm+xn+ym+yn$,它的各项没有公因式,不能提公因式分解;这是四项式,不能直接用公式或十字相乘法分解。那该如何分解? |
| 2 | 分组分解法的特点是什么? |
| 3 | 分组分解法的一般步骤是什么? |
| 4 | 用分组分解法进行分解时,是不是任意分组?分组的目的是什么?分组的方法有哪些?举例说明。 |
| 5 | 问题思考:分解因式 $9a^2+6ab-3b^2+4b-1$ |

问题1:对于多项式 $xm+xn+ym+yn$,它的各项没有公因式,不能提公因式分解;这是四项式,不能直接用公式或十字相乘法分解。那该如何分解?

学生 A: 组一　　　　组二　　　　组一　　　　组二

$xm+xn$　　$ym+yn$　　$xm+ym$　　$xn+yn$

$=x(m+n)$　$=y(m+n)$　$=m(x+y)$　$=n(x+y)$

$xm+xn+ym+yn$　　　　$xm+xn+ym+yn$

$=x(m+n)+y(m+n)$　　$=m(x+y)+n(x+y)$

$=(x+y)(m+n)$　　　　$=(x+y)(m+n)$

学生 B:可以把这个多项式分成$(xm+xn)$和$(ym+yn)$两组,从前一组中提取公因式$x$,得到$x(m+n)$,再从后一组中提取公因式$y$,得到$y(m+n)$。两组相加,便可提取公因式$(m+n)$,最后分解因式得到$(x+y)(m+n)$。过程为 $ax+ay+bx+by=a(x+y)+b(x+y)=(x+y)(a+b)$

所有的学生都能合理的分组进行分解因式。有一位学生回答的是方法,而不是分解过程;另一位学生将几种分组都进行了尝试。说明通过阅读课本,学生可以自己理解分组分解法,能掌握基本的四项式的分组,知道合理的分组可以提取公因式进行二次分解。

问题2:分组分解法的特点是什么?

学生 A:适用于多项式因式分解;要有目的地运用,使单项式组成一个可运用提公因式法、公式法或十字相乘法再分解的单项式。

学生 B:我认为分组分解法的特点是先部分提取公因式,再使用公式法分解因式(不是单独使用,需要与提取公因式法和公式法配合使用)分解出含公因式的两个式子,然后进行二次提取公因式,最后求出因式分解的多项式相乘之积。其中,分解一般分为"1+3"或"2+2"的式子分配(分组分解法用于四项式时)。

80%的学生通过阅读课本会发现当多项式的项数超过三项且没有公因式可以直接提取时,可以使用分组分解法。但是只有15%的学生发现了分组的特征是为了找到公因式、公式法进行再次分解。这就是课堂上需要教师具体关注的问题——分组的合理性。

问题3:分组分解法的一般步骤是什么?

学生A:把多项式进行适当分组,使其分组后可用基本方法(十字相乘、提公因式法、公式法等)来进行分解;分解所分各组中的多项式;把各组别所分结果进行整合,若有条件,可再一步分解。

学生B:观察式子中是否有公式。若无,则进行配方或寻找局部公因式;若有公式,则使用公式简化后再求解。使用其他方法继续求解,如十字相乘法等。

88%的学生发现,观察多项式,要先通过适当地分组,然后对每一组进行因式分解(分组的目的是分组后能够使用基本方法:公式法、公因式、十字相乘法)。因此将一般步骤进行详细化。学生对于分组分解法已经有了初步认识,知道分组的必要性。

问题4:用分组分解法进行分解时,是不是任意分组,分组的目的是什么?分组的方法有哪些?举例说明。

学生 A：不是任意分组；分组是为了让各组有公因式，并让剩下的因式为多项式的因式，以便因式分解；对于四项式，可采用"二·二分组"或者"一·三分组""二·二分组"提取公因式，如

$ax+ay+bx+by=(ax+ay)+(bx+by)=a(x+y)+b(x+y)=(a+b)(x+y)$；

"一·三分组"用于十字相乘法、公式法（平方差、完全平方公式），如 $a^2+b^2+2ab-1=(a^2+b^2+2ab)-1=(a+b)^2-1=(a+b+1)(a+b-1)$。

学生 B：分组的目的是分组后可以用任意所学方法进行分解，构成一些可分解的多项式（原式为 $ax+by+bx+ay$，分成 $ax+ay$ 和 $bx+by$ 后，$ax+ay$ 与 $bx+by$ 即可单独用提公因式法进行分解）。分组方法为观察有公因式的多项式，把其分为一组提公因式，同上举例；观察几个可以组成公式的整式，组合后用公式法进行分解（原式为 $a^2+b^2+2ab-1$，分为 $a^2+b^2+2ab$ 和 $-1$ 后，$a^2+b^2+2ab$ 可以用完全平方公式分解）；观察得以用十字相乘法的整式，把其组合十字相乘（原式为 $x^2+4x-77-1$，分成 $x^2+4x-77$ 和 $-1$）。

这一题的目的在于引导学生发现分组的特征。但从回答中发现，84%的学生是围绕着四项式进行归纳。个别学生总结出分组的目的是二次分组，因此分组时要观察多项式的特点，将四项式分组成

"二·二"和"三·一"这两种,以便使用基础方法进行再次分解。甚至有学生提及项数不同、分组方法也不同,可能需要拆添项。

问题思考:分解因式 $9a^2+6ab-3b^2+4b-1$

学生 A:原式 $=9a^2+6ab+b^2-4b^2+4b-1$

$\qquad =(3a+b)^2-(4b^2-4b+1)$

$\qquad =(3a+b)^2-(2b-1)^2$

$\qquad =(3a+b+2b-1)(3a+b-2b+1)$

$\qquad =(3a+3b-1)(3a-b+1)$

学生 B:分解因式为 $9a^2+6ab-3b^2+4b-1$

$\qquad =(3a-2b)^2+b^2+4b-1$

$\qquad =(3a-2b)^2+(b-2)^2+1$

78%学生发现简单的分组已经无法分解。12%的学生通过拆添项,形成"三·三"分组并完成分解。这道题可以在课堂上作为最后的问题引导学生完成。

### 三、探究与发现(大致粗通阶段)

1. 创设情境

对于项数超过三项的却不能够直接分解的多项式,引导学生理解分组的意义和目的。

2. 引导型问题链

(1) 因式分解 $ax+ay+ab+ac$,如果将因式改为 $ax+ay+bx+by$,还能用我们学过的方法分解因式吗?

(2) 分解的方法是什么?你是如何思考的?

(3) 如何将 $a^2+2ab+b^2-1$ 因式分解?

(4) 分组的目的是什么呢?

3. 教学实录

师：对于多项式的因式分解，我们首先思考的是有公因式可提取，然后根据项数使用公式法分解。当一个多项式既没有公因式提取，项数又超过三项式时，我们该如何分解？

生 A：我们应该先观察，发现多项式 $ax+ay+bx+by$ 的前两项有 $a$ 可提取，后两项又有 $b$ 可提取，最关键的是提取完之后发现还有公因式 $(x+y)$ 可提取。

师：这和我们之前的分解方法的不同之处在哪里？

生 B：之前的分解受公式本身的影响，与项数有关。而现在我发现通过分组后可以进行二次公因式的提取，达到分解的目的。

师：那对于多项式 $a^2+2ab+b^2-1$ 呢？

生 C：我观察到多项式的前三项是一个完全平方公式 $(a-b)^2$，与第四项形成平方差公式分解。

师：那么能总结分组的目的吗？

生 D：分组是为前面三种方法的运用创造条件，即把多项式各项适当分组，使之能够应用以上三种方法。分组的目的不仅要使各组"局部"能分解因式，而且要能对整体进一步进行因式分解。

**四、整合与互动（触类旁通阶段）**

1. 创设情境

不能直接因式分解的多项式，分组是一种方式。如何准确快速地分组?

2. 探究型问题链

(1) 刚刚的两道题还有没有其他的分组方法?

(2) 四项式的分组分解法的基本思路是什么?

(3) 怎么分组?

3. 教学实录

师:刚刚的两道题还有没有其他的分组方法?

生 A:对于多项式 $ax+ay+bx+by$,我尝试过将第一、三项的 $x$ 提取,剩下 $(a+b)$,并提取第二、四项的 $y$,剩下 $(a+b)$。可进行二次分解提取公因式 $(a+b)$。而多项式 $a^2+2ab+b^2-1$,只有一种分法。

师:也就是说分组的方法不一定是唯一的,需要我们不断地观察、尝试。在实践中,你发现分组分解法的基本思路了吗?

生 B:一般先观察有没有公因式可提取,可利用公因式进行分组。若没有公因式,看有没有公式可使用。

师:下面我们通过一组练习,看看你们有没有发现如何快速分组?

分解因式(1) $a+b+ab+1$

(2) $7x^2+3y+xy+21x$

(3) $x^2+x-4y^2-2y$

(4) $a^2-4b^2+12bc-9c^2$

生 C:我发现(1)中有可利用的相同字母分组,即在"$b+ab$"这一

组中可提取 $b$，剩下 $(1+a)$，而剩下的一组也是 $a+1$，刚好可以再次提取公因式分解。当然也可以第一、三项一组，第二、四项一组。

生 D：我发现(2)中的不能够按照相同字母分组，含有 $x$ 的有三项，但是观察各项系数是成比例的，即 $1:3=7:21$。可以尝试将原式变成 $xy+3y+7x^2+21x$，然后分成第一、二项一组，第三、四项一组，两次提取公因式分解。

生 E：在(3)(4)中都有公式可以直接使用，分组的方法比较简单。

师：我们大家一起归纳总结一下。对于运用分组分解法分解因式时观察各项的系数特点（成比例）、字母特征（相同字母一组）、公式特征（尤其完全平方公式）。这样的话可提高分组的速度和准确率。

### 五、反馈与拓展（融会贯通阶段）

1. 创设情境

对于四项式的分组分解其实大部分情况下是有两种分法："二·二分组"和"三·一分组"，通过设计问题，让学生自己体会并总结出类型。

2. 应用型问题链

(1) 在多项式 $a^2-b^2+2a+($     )的括号内填入单项式，使这个多项式在有理数范围内能够分解因式。

(2) 在多项式 $a^2-b^2+($     )+(     )的括号内填入单项式，使这个多项式在有理数范围内能够分解因式。

(3) 你能总结一下这题的类型吗？

3. 教学实录

师：在问题(1)中添加一项后可以分组分解，你是怎么思考的？

生 A：我打算用"二·二分组"，可以把 $a^2-b^2$ 看成一组能分解成 $(a-b)(a+b)$，后两项中只要能有公因式 $(a+b)$ 或者 $(a-b)$，就可以二次分解。因此，我增加的项是 $2b$ 或者 $-2b$。

生 B：我发现 $a^2+2a+(\quad)$ 具有完全平方公式的特点，与 $-b^2$ 可以形成平方差公式。因此，我加入 $+1$。

师：同学们观察得非常仔细，发现四项式的分组分解法的一般路径，即两种分组方式，其目的在于第二次分解时能用之前的基本方法。那么，如果缺少两项，你如何完成分解？

生 C：根据上面总结的类型，对于多项式 $a^2-b^2+(\quad)+(\quad)$ 可以选择"二·二分组"，取前两个一组，后两个中只要形成公因式 $(a+b)$ 或者 $(a-b)$，就可以有无数种添加法。也可以用"三·一分组"，以 $a^2$ 为一组，其余三项构成完全平方式，也能有无数组；反之也可以。

## 六、课后反思

1. 每个环节的问题链设计要适中

本节课的设计初衷是从学生擅长的提取公因式开始，提出问题。概念教学的重要环节就是设计问题链，旨在激发学生的学习兴趣和体会本节课内容的必要性。因此，设计时会增加难度：项数变为四项;没有公因式提取。从学生的最近发展去设计问题,鼓励学生思考并理解分解的目的,引导学生发现四项式的分组方法,激起学生的探知欲。教师要发现问题,并且能建立新旧知识之间的联系;在进行学科教育的同时,要关注数学求真,让学生潜移默化地受到辩证唯物主义的教育。在解决问题的同时,要追问分组的目的,激发学生探求问题的实质,引导学生将新知识顺利过渡为已有知识,让学生体会转化思想。

2. 关注不同学生的问题链设计

在每个环节的问题链设计中,要关注不同层次的学生。以预学单为例,对于基础最弱的学生,要求他们通过阅读课本能够完成第一题,能把书上的 $ax+ay+bx+by$ 改成 $xm+xn+ym+yn$ 这也是方便这些学生模仿书上例题的解释,独立完成解题。第2、3题能帮助中间一层的学生在阅读完之后,可以通过自己的思考进行总结,提高数学语言表达的能力。而最后一题可以帮助最好的学生真正理解分组分解法,能让这些学生达到灵活运用的层度。数据整理后也发现确实达到了设计初衷。

3. 通过追问来提升数学语言表达能力

最后一个环节的问题链设计的目的在于调动学生的学习积极性,点燃学生思维的火花,激发学生的想象力,还能在部分学生心中种下类似"还可以这样思考""这种难度的题目我也可以试试"这样的种子。同时,学生通过"自己的语言组织,归纳出这一类多项式的特点"是学生数学素养、道德素养的重要组成部分。

## 第五节　统计图表——频率分布表和频率分布直方图[①]

### 一、教学背景

在初中阶段，学生已经接触到了数据收集、数据处理等知识，知道可以用表格、条形图、折线图、扇形图、频数分布直方图、频率分布直方图来表示数据；会计算平均数、中位数、众数、方差、标准差，频数、频率。但学生对数据的感悟能力尚未形成、利用信息技术处理统计问题的意识薄弱，需要教师引导学生用统计思维去分析实际问题，也需要学生间展开合作并用信息技术辅助统计学习。

本节课是上教版《普通高中教科书　数学　必修第三册》（以下简称《必修第三册》）第 13 章第 4 节统计图表的第一课时。该书第 13 章的前三节分别介绍了总体与样本、数据的获取、抽样方法。本课在学生已经掌握收集数据方法的前提下，进一步整理数据、提取信息，为后续构建数模、进行推断、获得结论打下基础，以提升学生的数据分析核心素养。

基于课程内容的要求及学情，设定如下学习目标：

1. 在实际情境中，学生会将未经处理的统计数据制作成频率分布表，进而根据频率分布表制作频率分布直方图以及频率分布折线图，会用简单的语言描述统计图表呈现的信息。

2. 让学生知道统计图表是数据组织的一种可视化工具，使学生

---

[①] 本节的作者是上海市民星中学的唐费颖老师。

掌握通过制作统计图表来展现样本数据分布情况的方法,发展学生的数据分析素养。

本节课的学习重点是让学生学会列频率分布表、画频率分布直方图以及频率分布折线图,体会它们各自的特点。其学习难点则是在具体案例的解决过程中,让学生学习数据分析的方法、理解数据分析的思路,并运用所学知识和方法解决实际问题。

**二、预学与聚焦(自学略通阶段)**

| 序号 | 预学任务单 |
| --- | --- |
| 1 | 在初中统计初步的学习中,你学过哪些统计图表?能否举几个例子?它们的作用是什么? |
| 2 | 怎样通过我校高一年级 120 名学生的身高和体重的数据,估算杨浦区 2021 级高一学生的身高、体重的分布情况? |
| 3 | 怎样绘制我校高一年级 120 名学生的身高频率分布表? |
| 4 | 怎样绘制我校高一年级 120 名学生的身高频率分布直方图? |
| 5 | 怎样绘制我校高一年级 120 名学生的身高频率分布折线图? |

问题1:在初中统计初步的学习中,你学过哪些统计图表?能否举几个例子?它们的作用是什么?

学生:饼图、频数分布直方图。

大多学生都能写出一些统计图表的类型,但还不能体会统计图表的作用,往往是为了作图而作图。

问题2:怎样通过我校高一年级 120 名学生的身高和体重的数据,估算杨浦区 2021 级高一学生的身高、体重分布情况?

学生:抽样调查。

在《必修第三册》第 13 章第 3 节中,学生学习了抽样方法,但这里已提供了我校高一年级 120 名学生的身高和体重的数据,要求通过这些数据估算杨浦区 2021 级高一学生的身高、体重的分布情况。学生审题不清。

问题 3:怎样绘制我校高一年级 120 名学生的身高频率分布表?

学生:计算频数、频率、列表。

学生知道绘制频率分布表要计算频率以及频数与频率的关系,但他们制表的过程还不完整,遗漏了分组这一步骤。分组对学生来说的确是个难点,特别是对组距的选择、下限和最小值的关系的理解等。

问题 4:怎样绘制我校高一年级 120 名学生的身高频率分布直方图?

学生:横坐标身高、纵坐标频率作图。

学生写出了绘制身高频率分布直方图中坐标轴的名称,但想当然地认为频率分布直方图中纵坐标就是频率。这样的错误不在少数。

问题 5:怎样绘制我校高一年级 120 名学生的身高频率分布折线图?

学生:在频率分布直方图中,连接矩形上底边的中点,得到折线图。

学生知道了身高频率分布折线图和频率分布直方图的关系。

### 三、探究与发现(大致粗通阶段)

1. 创设情境

为了解我校高一年级学生的体重和身高的情况,学校做一次全年级调查。2021 级学生高一时的身高(单位:cm)及体重(单位:kg)记录在表 1 中。请根据表 1 中我校 120 名学生的身高和体重的数据,估算杨浦区 2021 级高一学生的身高、体重的分布情况。

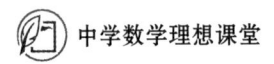

表1　民星中学120名2021级高一年级学生的身高、体重的数据

| 性别 | 身高 | 体重 | 性别 | 身高 | 体重 | 性别 | 身高 | 体重 | 性别 | 身高 | 体重 |
|---|---|---|---|---|---|---|---|---|---|---|---|
| 女 | 160 | 66 | 女 | 158 | 48 | 女 | 167 | 65.4 | 男 | 179 | 84 |
| 女 | 164 | 57 | 女 | 168 | 61.6 | 女 | 160.5 | 70.2 | 男 | 175 | 86 |
| 女 | 160 | 68 | 女 | 160.5 | 58.3 | 女 | 168.5 | 72.5 | 男 | 180 | 93.4 |
| 女 | 156 | 58 | 女 | 170 | 62.9 | 男 | 164 | 54 | 男 | 169 | 65 |
| 女 | 170 | 61 | 女 | 163 | 57.7 | 男 | 177 | 405 | 男 | 174 | 52.5 |
| 女 | 159 | 67 | 女 | 162 | 50.5 | 男 | 169 | 66 | 男 | 185 | 54 |
| 女 | 159 | 43 | 女 | 156.5 | 53.5 | 男 | 172 | 87 | 男 | 174 | 71.8 |
| 女 | 148 | 62 | 女 | 165 | 55.9 | 男 | 177 | 59 | 男 | 179 | 81.7 |
| 女 | 155 | 39 | 女 | 156 | 67.5 | 男 | 174 | 90.1 | 男 | 178.5 | 55.8 |
| 女 | 161 | 60 | 女 | 159 | 50 | 男 | 175 | 56 | 男 | 190 | 97.7 |
| 女 | 162 | 55 | 女 | 160.5 | 42.4 | 男 | 180 | 75 | 男 | 165 | 57 |
| 女 | 165 | 60 | 女 | 158 | 57.9 | 男 | 159 | 54 | 男 | 173 | 68.2 |
| 女 | 157 | 52 | 女 | 164.5 | 55.8 | 男 | 167 | 112 | 男 | 176 | 100.6 |
| 女 | 172 | 47 | 女 | 153.5 | 57.5 | 男 | 181 | 78.8 | 男 | 172.5 | 71.5 |
| 女 | 154 | 48 | 女 | 165.5 | 48.3 | 男 | 165 | 48 | 男 | 178 | 92.8 |
| 女 | 171 | 76 | 女 | 159.5 | 52 | 男 | 175 | 83 | 男 | 180 | 64.1 |
| 女 | 160 | 54 | 女 | 171.5 | 64.5 | 男 | 176 | 93 | 男 | 173 | 90.1 |
| 女 | 157 | 58 | 女 | 174 | 48.2 | 男 | 174 | 69 | 男 | 179 | 59.7 |
| 女 | 159 | 62 | 女 | 157 | 63.4 | 男 | 180 | 80 | 男 | 181 | 104.4 |
| 女 | 163 | 52 | 女 | 164 | 84.6 | 男 | 184 | 90 | 男 | 180 | 68.9 |
| 女 | 165 | 60 | 女 | 157 | 72.3 | 男 | 167 | 56 | 男 | 174.5 | 59.7 |
| 女 | 159 | 46 | 女 | 166 | 64.7 | 男 | 178 | 57 | 男 | 177 | 87.1 |
| 女 | 166 | 46 | 女 | 160 | 45.8 | 男 | 173 | 72 | 男 | 169.5 | 59 |
| 女 | 169 | 60 | 女 | 162 | 48.9 | 男 | 176 | 81.1 | 男 | 177 | 70.9 |
| 女 | 158 | 50 | 女 | 156 | 67.3 | 男 | 181 | 117 | 男 | 178.5 | 92.7 |
| 女 | 164 | 55 | 女 | 156.5 | 37.8 | 男 | 173 | 54 | 男 | 174 | 82 |
| 女 | 163 | 65 | 女 | 161 | 58.5 | 男 | 173 | 94 | 男 | 175.5 | 68.2 |
| 女 | 160 | 55 | 女 | 166 | 63.3 | 男 | 177.1 | 51.3 | 男 | 177 | 60 |
| 女 | 153 | 60 | 女 | 166 | 59 | 男 | 179 | 69 | 男 | 177 | 84.4 |
| 女 | 171 | 67 | 女 | 167.5 | 58.2 | 男 | 160 | 47 | 男 | 171.5 | 67.7 |

2. 引导型问题链

(1) 怎样通过我校 120 名学生的身高和体重的数据,估算杨浦区 2021 级高一学生的身高、体重的分布情况?

(2) 怎样绘制身高频率分布表?

(3) 通过频率分布表,可以就学生的身高得出怎样的结论?

3. 教学实录

(1) 绘制频率分布表

① 求极差

师:什么是极差?

生:最大值与最小值的差称为极差,又称全距,表示一组数据的波动范围的大小。

【操作】这组数据中最大值为 190,最小值为 148,极差为 190 − 148 = 42。

② 确定组距与组数

师:什么是组距?怎样选取合适的组距与组数?

生:组距是指每个小组的区间端点之间的距离,组数 = $\dfrac{\text{极差}}{\text{组距}}$。

师:组距与组数的确定没有固定的标准,是一个尝试与选择的过程。当数据在 120 个以内时,常分成 5~12 组。若取组距为 4,则 $\dfrac{\text{极差}}{\text{组距}} = \dfrac{42}{4} = 10.5$,于是将样本分成 11 组。由于组距为 4,11 个组距的长度超过极差,怎样确定每组的上下限?

生:可以使第一组的下限略低于最小值,最后一组的上限略高于最大值，可以取区间为[147,191]，将样本数据分为如下11组，即[147,151)、[151,155)……[187,191]。

③ 统计每组的频数及频率

师：什么是频数？什么是频率？

生：频数就是每个小组内的数据个数；频数与样本容量的比值叫做这一小组的频率。

④ 绘制频率分布表

操作方法a：纸笔计算（学生初中阶段已有相关经验，此步简略），如表2。

表2　民星中学120名2021级高一年级学生身高的频率分布表

| 身高分组区间 | 频数 | 频率 | 累积频数 |
| --- | --- | --- | --- |
| [147, 151) | 1 | 0.01 | 1 |
| [151, 155) | 4 | 0.03 | 5 |
| [155, 159) | 18 | 0.15 | 23 |
| [159, 163) | 18 | 0.15 | 41 |
| [163, 167) | 18 | 0.15 | 59 |
| [167, 171) | 11 | 0.09 | 70 |
| [171, 175) | 20 | 0.17 | 90 |
| [175, 179) | 19 | 0.16 | 109 |
| [179, 183) | 8 | 0.07 | 117 |
| [183, 187) | 2 | 0.02 | 119 |
| [187, 191] | 1 | 0.01 | 120 |

操作方法b：利用计算机中的电子表格办公软件计算，如表3。

表3  利用电子表格办公软件制作频率分布表的中间步骤

| | A | B | C | D | E | F | G | H |
|---|---|---|---|---|---|---|---|---|
| 1 | 性别 | 身高(cm) | 体重(kg) | 身高分组区间 | 分组上限 | 频数 | 频率 | 累积频数 |
| 2 | 女 | 160 | 66 | [147, 151) | 151 | 1 | 0.01 | 1 |
| 3 | 女 | 164 | 57 | [151, 155) | 155 | 4 | 0.03 | 5 |
| 4 | 女 | 160 | 68 | [155, 159) | 159 | 18 | 0.15 | 23 |
| 5 | 女 | 156 | 58 | [159, 163) | 163 | 18 | 0.15 | 41 |
| 6 | 女 | 170 | 61 | [163, 167) | 167 | 18 | 0.15 | 59 |
| 7 | 女 | 159 | 67 | [167, 171) | 171 | 11 | 0.09 | 70 |
| 8 | 女 | 159 | 43 | [171, 175) | 175 | 20 | 0.17 | 90 |
| 9 | 女 | 148 | 62 | [175, 179) | 179 | 19 | 0.16 | 109 |
| 10 | 女 | 155 | 39 | [179, 183) | 183 | 8 | 0.07 | 117 |
| 11 | 女 | 161 | 60 | [183, 187) | 187 | 2 | 0.02 | 119 |
| 12 | 女 | 162 | 55 | [187, 191] | 191 | 1 | 0.01 | 120 |

第一步:输入数据,即 A、B、C 列分别输入"性别""身高""体重"的原始数据;在 D、E 列分别输入"身高分组区间""分组上限"。

第二步:计算频数和累积频数,即选定 F2:F12,输入公式"{=FREQUENCY(B2:B121,D2:D12)}",即可计算出各组的频数;在 H2 单元格中输入公式"=SUM($F$2:F2)"并使用自动填充手柄下拉至 H12,即可计算出累积频数。

第三步:计算频率,即在 G2 中输入公式"=F2/120",使用自动填充手柄下拉至 G12 即可计算出频率。

（2）阅读频率分布表

师：与先前看起来毫无规律的数据相比，表 2 清晰地给出了每组数据是如何分布的。根据频率分布表，能否得到身高低于 159 cm 的学生的频率？

生：可以，只需将[147，151）、[151，155）及[155，159）的频数相加，求其累积频数，为 1+4+18=23，再计算其频率，为 0.19。在表中还加了一列累积频数，由样本数值低的组向高的组逐组累积的频数称为向上累积频数，而由样本数值高的组向低的组逐组累计的频数则称为向下累积频数。

师：通过频率分布表，我们可以就学生的身高得出怎样的结论？

生：通过频率分布表，我们还能直观地看出，在分得的这些组中，身高在 171 cm 到 175 cm 之间的学生人数最多，而在 147 cm 到 151 cm、187 cm 到 191 cm 之间的学生人数最少。

师：通过频率分布表，我们可以得到样本数据的一些分布特点，我们还可以通过制作频率分布直方图进一步将样本分布的特征可视化。

### 四、整合与互动（触类旁通阶段）

1. 创设情境

根据民星中学 120 名 2021 级高一年级学生身高的频率分布表，绘制频率分布直方图。

2. 探究型问题链

（1）依据频率分布表，制作频率分布直方图。在直角坐标系中把横轴分成若干段,每一段对应一个组距,然后以组距形成的线段为底作一矩形,规定"小矩形的面积表示相应小组的频率",请问,矩形的高如何表示?

(2) 频率分布直方图中每一个小矩形的面积表示什么?所有小矩形的面积总和为多少?

(3) 如果选取的组数太多或太少,那么得到的频率分布直方图会如何?

3. 教学实录

师:依据频率分布表,我们可以制作频率分布直方图。在直角坐标系中把横轴分成若干段,每一段对应一个组距,然后以组距形成的线段为底作一矩形,规定"小矩形的面积表示相应小组的频率",请问,矩形的高如何表示?

生:矩形的高为小组的$\frac{频率}{组距}$。

【操作】在频率分布表右侧添加一列$\frac{频率}{组距}$,并计算$\frac{频率}{组距}$的数值。

【操作】利用计算机中的电子表格办公软件绘制频率分布直方图的关键步骤如下:选择数据-插入-二维柱形图-簇状柱形图-添加图表元素(坐标轴、坐标轴标题、图表标题),就能得到频率分布直方图。

师:在绘制统计图时还应该注意以下几点。一是统计图一般要有标题,用以说明统计图的内容。如果可能的话,列出数据来源。二是纵轴和横轴也需要有名称,纵轴应清楚地标明刻度,横轴应标明类别或刻度。三是标注,即如果要在一张图

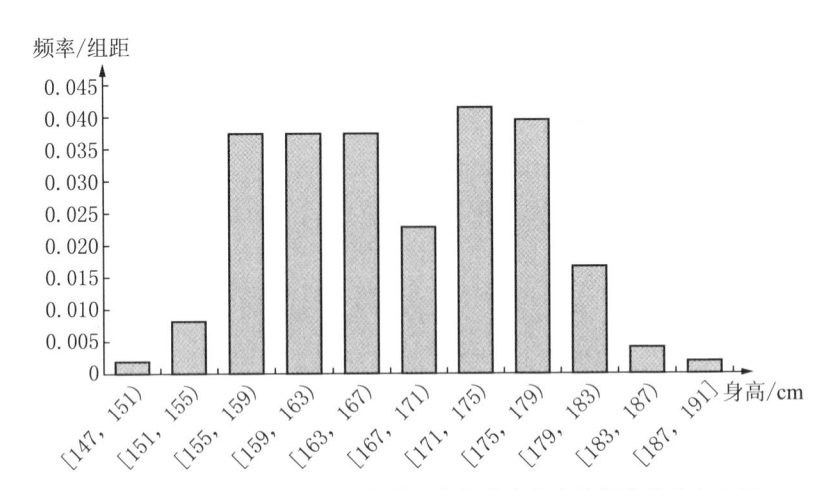

**图1 民星中学120名2021级高一年级学生身高的频率分布直方图**

中呈现多元数据,应使用一些标注来识别单个数据。那么,根据频率分布直方图,我校高一年级学生身高分布有哪些特点?

生:从频率分布直方图中我们可以看出,身高在171 cm到175 cm这个范围内的学生人数最多,特别高或特别矮的学生都很少。

师:频率分布直方图中每一个小矩形的面积表示什么?所有小矩形的面积总和为多少?

生:在频率分布直方图中,数据落在各小组内的频率可以用小矩形的面积来表示,这些面积的总和为1。

师:如果选取的组数太多或太少,那么得到的频率分布直方图会如何?

生：尝试将民星中学 120 名 2021 级高一年级学生身高分别分为 3 组和 21 组，制作相应的频率分布直方图。其中，将数据分为 3 组的情形如表 4 和图 2；将数据分为 21 组的情形如表 5 和图 3。

师：图 2 由于组数太少，所有数据都集中在 3 个组中，导致无法有效呈现数据的分布情况。而图 3 由于分组太多，导致大部分的组中只有少数的数据或者没有数据，也无法有效地呈现数据的分布情况。

表 4　数据为 3 组的情形

| 身高分组区间 | 频数 | 频率 | 累积频数 |
| --- | --- | --- | --- |
| [148，162) | 38 | 0.32 | 38 |
| [162，176) | 56 | 0.47 | 94 |
| [176，190] | 26 | 0.22 | 120 |

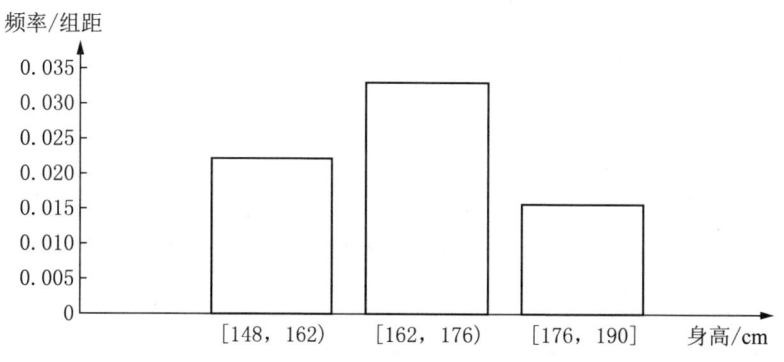

图 2　民星中学 120 名 2021 级高一年级学生身高的频率分布直方图（数据为 3 组）

表 5  数据为 21 组的情形

| 身高分组区间 | 频数 | 频率 | 累积频数 |
| --- | --- | --- | --- |
| [148，150) | 1 | 0.01 | 1 |
| [150，152) | 0 | 0.00 | 1 |
| [152，154) | 3 | 0.03 | 4 |
| [154，156) | 4 | 0.03 | 8 |
| [156，158) | 9 | 0.08 | 17 |
| [158，160) | 13 | 0.11 | 30 |
| [160，162) | 8 | 0.07 | 38 |
| [162，164) | 7 | 0.06 | 45 |
| [164，166) | 11 | 0.09 | 56 |
| [166，168) | 5 | 0.04 | 61 |
| [168，170) | 7 | 0.06 | 68 |
| [170，172) | 6 | 0.05 | 74 |
| [172，174) | 12 | 0.10 | 86 |
| [174，176) | 8 | 0.07 | 94 |
| [176，178) | 9 | 0.08 | 103 |
| [178，180) | 11 | 0.09 | 114 |
| [180，182) | 3 | 0.03 | 117 |
| [182，184) | 1 | 0.01 | 118 |
| [184，186) | 1 | 0.01 | 119 |
| [186，188) | 0 | 0.00 | 119 |
| [188，190] | 1 | 0.01 | 120 |

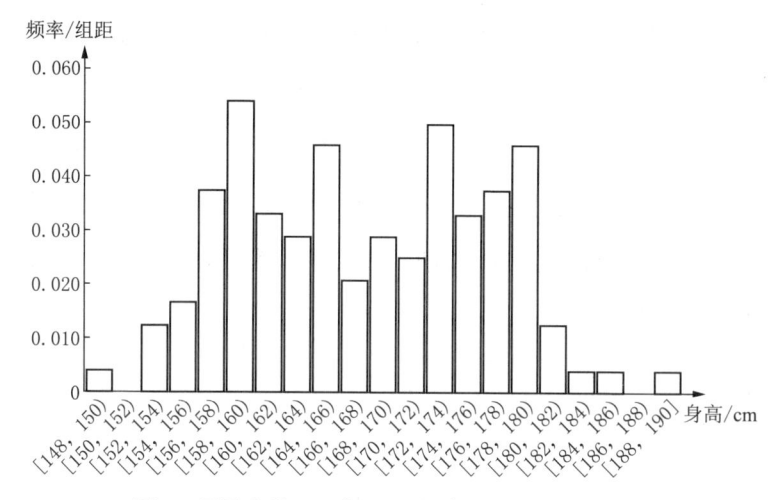

图 3　民星中学 120 名 2021 级高一年级学生身高的
频率分布直方图(数据为 21 组)

## 五、反馈与拓展(融会贯通阶段)

1. 创设情境

根据民星中学 120 名 2021 级高一年级学生身高的频率分布直方图,绘制频率分布折线图。

2. 应用型问题链

(1) 怎样绘制频率分布折线图?

(2) 频率分布折线图中整条折线与 $x$ 轴围成的封闭图形的面积等于 1 吗?

(3) 如果样本容量足够大,且分组的组距取得足够小,那么频率分布折线图会如何?

3. 教学实录

师:怎样绘制频率分布折线图?操作方法 a 是纸笔绘图。

生：在频率分布直方图中，按照分组原则，再在最左边和最右边各加一个区间[143，147)和[191，195]。这两个组的频率取值为 0，然后从所加的最左边的区间的中点（称为组中值）开始，从左至右依次连接各矩形上底边的中点，直至最右边所加区间的中点，再将矩形的边去除，就可以得到频率分布折线图（图 4）。

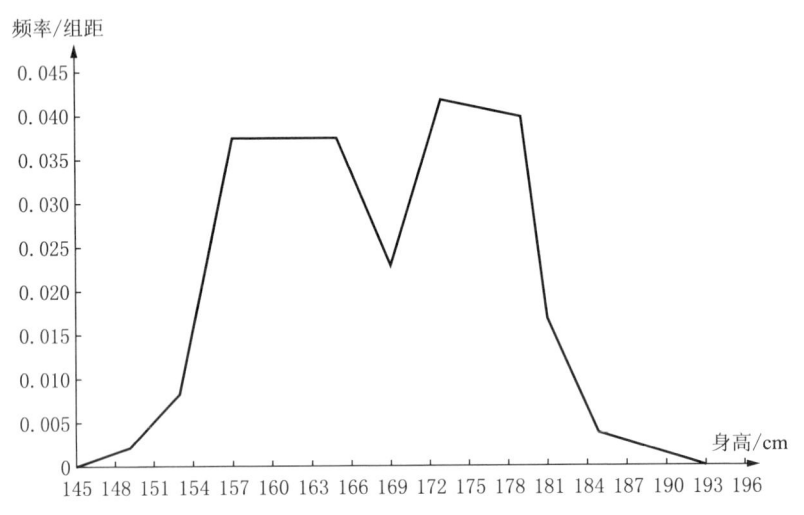

**图 4　民星中学 120 名 2021 级高一年级学生身高的频率分布折线图**

师：方法 b 是利用计算机中的电子表格办公软件，关键步骤如下。选择数据-插入-散点图-带直线的散点图-添加图表元素（坐标轴、坐标轴标题、图表标题），就能得到频率分布折线图。那么在绘制频率分布折线图时，在两侧各加了一个虚设的附加组，会不会对统计的结果造成影响？

生：在绘制频率分布折线图时，虽然在两侧各加了一个虚设的附加组，但由于这两个组的频率都是零，不会对统计的结果造成影响。

师：频率分布折线图中，整条折线与 $x$ 轴围成的封闭图形的面积等于 1 吗？

生：频率分布折线图中整条折线与 $x$ 轴围成的封闭图形的面积等于频率分布直方图中小矩形的面积之和，其数值为 1。

师：如果样本容量足够大，且分组的组距取得足够小，频率分布折线图会如何？

生：频率分布折线图将趋于一条光滑的曲线。

## 六、课后反思

本章将单元活动的理念贯穿《必修第三册》第 13 章的统计教学中。以该章第 6 节的统计活动完成一份"高一年级学生的体质健康报告"为主线，本节课主要将前期学生已收集到的我校 120 名 2021 级高一年级学生身高数据可视化，并将其绘制成频率分布表、频率分布直方图、频率分布折线图。

在实际教学中，学生发现通过纸笔绘制频率分布表、频率分布直方图、频率分布折线图的效率不高，特别是当数据量大的时候。于是，他们想到借助计算机和统计软件，但是对于软件使用不熟悉。这也正是开展合作学习的好时机。在绘制完成图表后，学生以为就完成任务了，反映出对于"统计图表"的目的的认识不足。要进一步培养学生根据数据的分布特征发现统计规律的意识和能力。

## 第六节 画三角形[①]

### 一、教学背景

在学习全等三角形之前,同学们学习了全等三角形的概念与性质,即通过图形的运动(平移、旋转、翻折)发现只改变图形的位置,不会改变图形的形状与大小,反之,形状、大小相同的两个图形经过运动后一定能够重合。这些都是直观的感受,而"画三角形"这节课,实际上是进一步通过画图探讨如何确定三角形,并且利用尺规作图深化对几何问题的研究。因此,本节课的教学重点首先聚焦于"至少需要几个条件可以确定三角形",再利用尺规作图探讨所作三角形的唯一性。这些结论将在之后的全等三角形的判定中得到验证。这也将成为从实验操作到几何论证的一次很好的经验。

同时,作为这节课的重点,让学生知道图形的学习以及实验操作的重要性,使学生养成尺规作图的习惯。因此,本课设定以下的学习目标:

1. 通过画三角形的操作活动,探究一个三角形所需要的条件。

2. 通过画三角形的活动,初步感知判定两个三角形全等的条件,体会分类的思想。

3. 通过探究活动,培养学生的画图能力和几何语言表达能力。

---

[①] 本节的作者是上海市鞍山实验中学的刘雪莲老师。

## 二、预学与聚焦(自学略通阶段)

| 序号 | 预学任务单 |
|---|---|
| 1 | 画出△ABC,使得 $AB=3$ 厘米,$AC=4$ 厘米,$BC=3.8$ 厘米,$\angle C=45°$,$\angle A=60°$,你选了哪些条件作图?这样作图出来的三角形是唯一的吗? |
| 2 | 为什么要研究三角形的画法? |
| 3 | 三角形画法中,为什么要先研究给出的两个元素,而不是三个元素? |
| 4 | 用教材中给出的已知三个元素画出三角形,如果给定的是两角以及其中一角的对边,你能画出来吗?(请用第一题的数据)。 |
| 5 | 用教材中给出的已知三个元素画出三角形,如果给定的是两边以及其中一边的对角,你能画出来吗?还是唯一吗?(请用第一题的数据)。 |

问题1:画出△ABC,使得 $AB=3$ 厘米,$AC=4$ 厘米,$BC=3.8$ 厘米,$\angle C=45°$,$\angle A=60°$,你选了哪些条件作图?这样作图出来的三角形是唯一的吗?

学生 A:△ABC 即为所求。(如图1)

学生 B:△ABC 即为所求。唯一。(如图1)

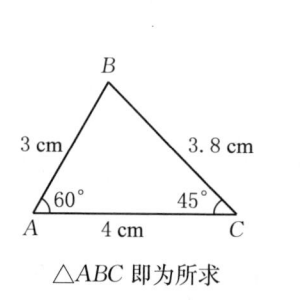

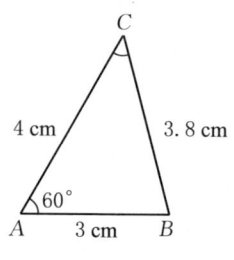

△ABC 即为所求           △ABC 即为所求。唯一。

图1  问题1的学生作答图(图左为学生 A 的作答、图右为学生 B 的作答)

所有的学生都能画出三角形,但是只有88%的学生是清楚地知道选择哪些条件可以画出三角形。更多的学生是画得出但是不清楚什么是"唯一"。由此可见,初中阶段的学生对于确定三角形的形状和大小,理解得不够清楚。课堂上应该解决这个问题。

问题 2:为什么要研究三角形的画法?

学生 A:为研究判定全等需要几个元素。

学生 B:因为我们要通过对三角形画法的研究来探索使一个三角形的形状、大小得到确定的条件,从而研究出证明两个三角形全等的条件。

67%的学生不能回答这个问题,他们单纯地从三角形的画法去思考,认为三角形是最简单的图形,也是研究的起点与基础。研究三角形的画法可以确定一个三角形的形状和大小。但是也有个别同学发现三角形的画法与三角形全等判定之间的关系。

问题 3:三角形画法中,为什么要先研究给出的两个元素,而不是三个元素?

学生 A:从无数种可能到唯一情况,在由两个元素上升到三个元素的过程中找到确定一个三角形形状的元素的下限。

学生 B:因为已知一个元素不可以确定,则从两个元素开始尝试。

80%的学生能够理解分类思想,知道要画出三角形须要确定三角形的三个顶点的位置,根据三角形的 6 个元素(三个角和三条边)进行分类,有一个、两个到三个的思考方式。这也对第一题中的选择哪些条件画三角形更明确了。

问题 4：用教材中给出的已知三个元素画出三角形，如果给定的是两角以及其中一角的对边，你能画出来吗？（请用问题一的数据。）

学生 A：能且唯一。（如图 2）

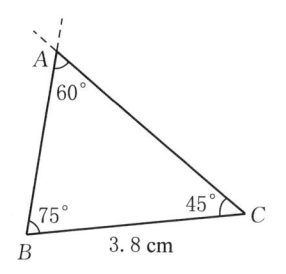

设 $\angle C=45°$，$\angle A=60°$，$\angle A$ 对边 $BC$ 为 3.8 cm
$180°-45°-60°=75°$
答：能且为唯一。

**图 2　问题 4 的学生 A 作答图**

学生 B：$\triangle ABC$ 即为所求。（如图 3）

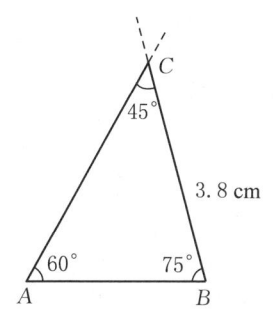

$\because \triangle ABC$ 中，$\angle A+\angle B+\angle C=180°$（三角形的内角和等于 $180°$）
又 $\because \angle C=45°$，$\angle A=60°$（已知）
$\therefore 60°+\angle B+45°=180°$（等量代换）
$\therefore \angle B=75°$（等式性质）
$\triangle ABC$ 即为所求。

**图 3　问题 4 的学生 B 作答图**

问题 5：用教材中给出的已知三个元素画出三角形，如果给定的是两边以及其中一边的对角，你能画出来吗？还是唯一吗？（请用问题1的数据）。

学生 A：$\triangle A_1BC$ 及 $\triangle A_2BC$ 即为所求；并不是唯一的。（如图4）

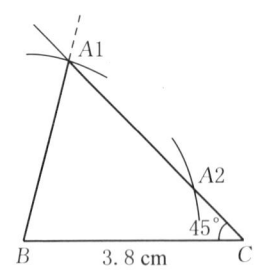

∴ $\triangle A_1BC$，$\triangle A_2BC$ 即为所求。
并不是唯一的。

**图4　问题5的学生A作答图**

学生 B：$\triangle ABC$ 即为所求；唯一。（如图5）

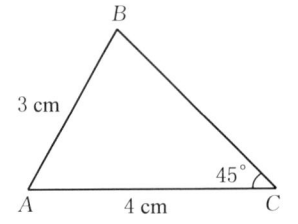

$AB = 3$ cm，$AC = 4$ cm，$\angle C = 45°$
可以，还是唯一的
∴ $\triangle ABC$ 即为所求。

**图5　问题5的学生B作答图**

学生 C：能且还是唯一。（如图6）

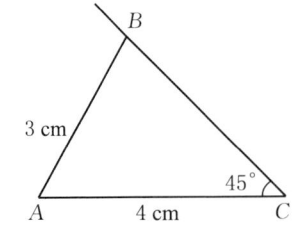

设 $AB = 3$ cm，$AC = 4$ cm，边 AB 对角 $\angle C = 45°$
答：能且还是唯一。

**图6　问题5的学生C作答图**

这道题70%的同学画出了不唯一的三角形。但是也出现了个别同学,比如说学生B画出来两个条件一致的三角形。该结果应该是说明三角形不唯一,但是这名学生理解成两个独立的三角形是确定的。而学生C由于尺规作图的不完整性导致漏解并造成错误。这些都是课堂上应该予以解决的问题。

### 三、探究与发现(大致粗通阶段)

1. 创设情境

前面我们学习了全等三角形的相关概念和性质,那么你知道如何获得形状、大小唯一确定的三角形吗?想要确定三角形,只要确定三角形的三个顶点就好,而已知三角形有六个元素(三个角、三条边)。我们发现只给一个元素无法确定三个顶点,这个很容易理解。那么,至少需要几个元素才可以确定三角形?

2. 引导型问题链

(1) 请利用预学单中第一题中的两个元素,画出三角形。

(2) 若选择三个元素,你能画出三角形吗?

3. 教学实录

师:我们发现,只知道三角形的一个元素是无法确定三角形的三个顶点的。那么,给出两个元素可以确定吗?请举例说明。

生A:知道三角形的两个元素,应该可以是两个角、两条边或一角一边。我选择两条边,即 $AB=3$ 厘米,$AC=4$ 厘米。我只能确定点 $A$、$B$,发现点 $C$ 在以4厘米为半径、$A$ 为圆心的圆上,无法确定点 $C$ 的位置。

生 B:我选择 $BC=3.8$ 厘米,$\angle C=45°$,画出线段 $BC$ 后,可以以点 $C$ 为顶点做 $\angle C=45°$。这样只能知道点 $A$ 在 $\angle C$ 的一边上,但无法确定点 $A$ 的位置。另外,我在选择 $\angle C=45°$、$\angle A=60°$ 时,发现只能确定一个顶点,另外两个点都无法确定。

师:通过实际作图,同学们都发现,只知道三角形的两个元素是无法确定它的三个点的,也就是说不能得到确定的三角形。那么知道三个元素可以吗?

生 C:一定可以。

生 D:不一定。

**四、整合与互动(触类旁通阶段)**

1. 创设情境

在知道两个元素无法确定三角形后,增加一个条件是否一定能确定三角形?

2. 探究型问题链

(1) 这三个元素分别是什么?

(2) 如何用尺规作图画出?

(3) 做出的三角形是确定的吗?

教学实录

师:知道三角形的三个元素就一定可以确定三角形吗?

生 A:可以。我选择了 $AB=3$ 厘米、$AC=4$ 厘米、$BC=3.8$ 厘米。先做出线段 $BA$,确定点 $A$ 和点 $B$,然后分别以 $A$ 和 $B$ 为圆心,以 4 厘米和 3.8 厘米为半径画圆,发现在线段

$AB$ 的两侧分别有两个交点就是顶点 $C$,就得到两个折叠型的全等三角形 $ABC$。因此,知道三角形的三边是可以确定三角形的。

师:非常好。还有吗?

生 B:我选择了 $AB=3$ 厘米、$AC=4$ 厘米、$\angle A=60°$。先做出 $\angle A$,然后以 $A$ 为圆心、3 厘米和 4 厘米为半径在 $\angle A$ 的两边做弧,交点即为点 $B$ 和点 $C$,得到唯一的一个三角形。因此,知道三角形的两边及其夹角也可以确定三角形。

生 C:我选择了 $\angle C=45°$、$\angle A=60°$、$AC=4$ 厘米。可以先做线段 $AC$,然后以点 $A$ 和 $C$ 为顶点,在 $AC$ 的同侧分别作出 $\angle C=45°$、$\angle A=60°$,交点即为点 $B$,得到唯一的三角形。因此,知道三角形的两角及其夹边可以确定三角形。

生 D:我选择了 $BC=3.8$ 厘米、$\angle C=45°$、$\angle A=60°$,发现可以利用三角形的内角和求出第三个角,这样可以转化为生 C 所提及的三角形两角及其夹边之情形,也能画出唯一的三角形。因此,知道三角形的两角及其一角的对边可以确定三角形。

师:我们发现三个元素中确定两个角和一条边,都能得到确定的三角形。刚才有同学提到做出的三角形不一定是唯一的。那是在什么情况下产生的?请举例说明。

生 E:我选择了 $\angle A=60°$、$AC=4$ 厘米、$BC=3.8$ 厘米,发现做出 $\angle A$ 后,在角的一边上截取 $AC=4$ 厘米,然后以点 $C$ 为

圆心、3.8厘米为半径画圆,该圆与角 $A$ 的另一边有两个交点,得到的三角形就不唯一。

## 五、反馈与拓展(融会贯通阶段)

1. 创设情境

知道三角形的三个元素中的四种情况可以做出唯一的三角形:三边、两边及其夹角、两角及其夹边、两角及其中一角的对边。我们知道,两边及其中一边的对角画出来的三角形是不唯一的。

2. 应用型问题链

那么在什么情况下,知道两边及其中一边的对角能确定一个三角形? 我们不妨借助预学单上的数据尝试一下。

(1) $\angle A=60°$, $AB=3$ 厘米, $BC=3.8$ 厘米,

(2) $\angle A=60°$, $AB=3$ 厘米, $BC=2.8$ 厘米,

(3) $\angle A=60°$, $AB=3$ 厘米, $BC=2.5$ 厘米,

(4) $\angle A=60°$, $AB=3$ 厘米, $BC=2$ 厘米。

3. 教学实录

师:通过你们的操作,你发现了什么?

生:老师,我发现两边及其中一边的对角已知,画出来的三角形有可能是唯一确定的。比如在(1)中,我做好 $\angle A$ 和线段 $AB$ 之后,以 $B$ 为圆心、3.8厘米为半径做弧与 $\angle A$ 的另一边只有一个交点,只能做出唯一的三角形。但在(2)中,我用相同的方法得到了两个交点,也就得到了两个形状大小不一样的三角形。这似乎与 $BC$ 的长短有关系。

师：非常好，你发现了它的秘密。已知两边及其中一边的对角，所画的三角形的个数与这个角的对边有关联。这是在∠A是锐角的情况下所作的讨论。如果∠A是直角或者钝角呢？请同学们课后试一试吧。

生：作答如图7。

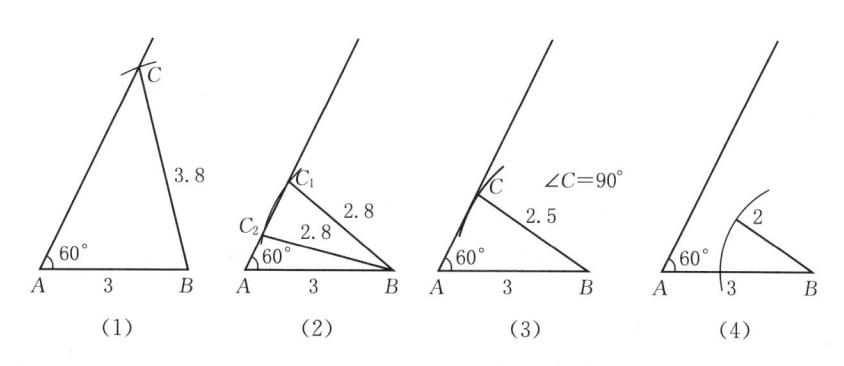

图7 应用型问题链的学生作答

## 六、课后反思

这节课是在全等三角形的概念与性质和判定之间的，起着承上启下的作用，通过画图让学生体会至少需要几个元素可以确定三角形。在设计活动环节时，处处思考如何让学生通过操作去感受"唯一性"。整节课都是从学生的实际出发，让学生回答总结。

1. 预设与实际的相互补充

为了实现教学目标，课前通过预学任务单将这节课的重点前置。以活动的方式实现目标的具体化。在探究与发现环节，对于至少需要几个元素中能确定三角形，通过预学单的操作，学生快速理解了至少需要3个元素。这就引出了这节课的重点,也减少了课堂上画图的时间。

2. 充分的深度教学

预学单的使用,无形中给予学生在课堂上思考的时间。在整和与互动环节,通过追问的形式,即"两个元素不能确定三角形吗?""三个元素一定可以吗?""分别是哪三个元素?""你能尺规作图画出三角形吗?",引导学生带着疑问去探索,从而让学生能够合理地分类。

在反馈与拓展环节中,通过控制变量法(对两边及一边的对角,只改变角的对边的长度)让学生感受"不唯一"意味着什么。让学生体会这节课的核心知识,通过"问题串",引导学生积极思考,并且使学生能善于发现和解决问题。

# 第七节 "演绎证明"[①]

## 一、教学背景

数学概念是数学知识的基础,是数学教材结构的最基本的因素,是数学思想与方法的载体。正确理解数学概念,是掌握数学基础知识的前提。学生如果不能正确地理解数学中的各种概念,就不能很好地掌握各种法则、公式、定理,也就不能应用所学知识去解决实

---

① 本节的作者是上海音乐学院实验学校的姚梭星老师。

问题。但数学概念比较抽象，初中生由于年龄、生活经验和智力发展等方面的限制，要接受教材中的所有概念是不容易的。

在所有的数学概念教学中，几何的概念教学尤为困难。例如"演绎证明"，是初中数学教材第19章"几何证明"的第一课时。这节课是概念教学，是最容易让老师忽视的一节课，却又是几何证明教学中非常重要的一个教学环节。因为本节课是几何证明的入门，课本开宗明义，从人类文明发展进程的视角，按照"从感性到理性"的认识规律，阐述了几何证明的重要性以及从直观几何、实验几何推进到论证几何的必要性。学生从本节课中可以学会一种严密的思维方法，以及它所体现的理性精神。其次，本节课是学习本章知识的最关键的部分，有许多概念，对于学生来说比较枯燥、难以理解。因此本节课在备课时应该特别注重调动同学的理性思维，力求在教学中让同学能真正体会、感悟。同时，预设"学生在学习时可能出现的问题"，设计预学单，提前让学生完成，然后根据学生的完成情况设计有效的教学环节。

基于以上，设计以下教学目标：

1. 通过简单回顾以前所学的知识、方法，体验几何研究从直观经验、操作实验到演绎推理的演进过程，认识几何直觉演绎推论的作用。

2. 通过回顾"对顶角相等"与"三角形内角和等于180°"的说理和分析，初步理解演绎证明的含义及因果关系的表述，知道推理的基本过程，体会演绎证明的可靠性。

3. 通过介绍平面几何的研究和发展历程，认识《几何原本》的历史价值和意义，提高学习兴趣、了解数学文化。

## 二、预学与聚焦(自学略通阶段)

| 序号 | 预学任务单 |
|---|---|
| 1 | 你能用多种方法说明"对顶角相等"吗? |
| 2 | 你能用多种方法说明"三角形内角和为180°"吗? |
| 3 | 你能说明"两个三角形全等判定之一的SAS"吗? |
| 4 | 你能说出以下段落在说理过程中的因果关系吗?<br>已知:如图,$AB/\!/CD$,$\angle B+\angle D=180°$。求证:$CB/\!/DE$。<br>解:因为$AB/\!/CD$,所以$\angle B=\angle C$;<br>　　因为$\angle B+\angle D=180°$,所以$\angle C+\angle D=180°$;<br>　　所以$CB/\!/DE$。<br>填空:因:_____　果:_____<br>　　　因:_____　果:_____<br>　　　因:_____　果:_____ |
| 5 | 你了解数学著作《几何原本》吗?请你介绍一下科学家徐光启的优秀成果。 |

问题1:你能用多种方法说明"对顶角相等"吗?

5%的学生回答"直接测量度数,就可以说明了"。10%的学生回答"可以通过实验操作,把两个角分开,然后顶点与顶点重合,进行观察,两个角的两条边是否分别叠合"。85%的学生都书写了说理过程,但是解题方法有所不同,过程书写的严密性也各有不同。说明在演绎证明过程的书写上,学生还没有得到很好的培训和练习,这也是本节课的教学目标之一。

学生作业一（如图1）

解法一：∵ ∠3=180°−∠2，∠3=180°−∠1（邻补角的意义），

∴ ∠1=∠2（等式性质）。

解法二：∵ ∠1=∠5+∠6，∠2=∠5+∠6（三角形的一个外角等于与它不相邻的两个内角和），

∴ ∠1=∠2（等量代换）。

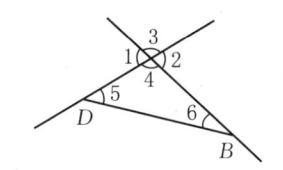

**图1  问题1的学生作业一作答图**

学生作业二（如图2）

解：作 $AD /\!/ BC$

∵ $AD /\!/ BC$（已作），

∴ ∠3=∠4，∠5=∠6（两直线平行，内错角相等）；

∵ ∠1+∠3+∠5=180°（三角形内角和180度），

同理：∠2+∠4+∠6=180°，

∴ ∠1=∠2（等量代换）。

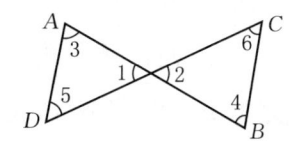

**图2  问题1的学生作业二作答图**

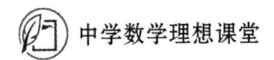

问题2:你能用多种方法说明"三角形内角和等于180°"吗?

10%的学生回答"直接测量三个内角的度数,然后相加就得到了内角和"。没有学生想到可以通过实验操作。90%的学生都书写了说理过程,有几种不同的说理方法。

<u>学生作业一</u>(如图3)

解:过点$A$作$EF /\!/ BC$

∵ $EF /\!/ BC$(已作),

∴ $\angle B = \angle 1$,$\angle C = \angle 2$(两直线平行,内错角相等);

∵ $\angle 1 + \angle 2 + \angle BAC = 180°$(平角的意义),

∴ $\angle B + \angle BAC + \angle C = 180°$(等量代换)。

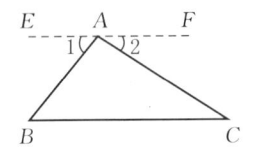

**图3 问题2的学生作业一作答图**

<u>学生作业二</u>(如图4)

解:延长$BC$到点$D$,过点$C$作$CE /\!/ AB$

∵ $CE /\!/ AB$(已作),

∴ $\angle A = \angle 1$(两直线平行,内错角相等),

$\angle B = \angle 2$(两直线平行,同位角相等);

∵ $\angle 1 + \angle 2 + \angle ACB = 180°$(平角的意义),

∴ $\angle A + \angle B + \angle ACB = 180°$(等量代换)。

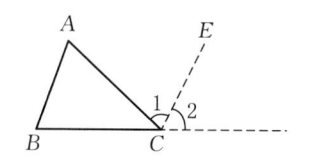

图 4　问题 2 的学生作业二作答图

问题 3：你能说明"两个三角形全等判定之一的 SAS"吗？

5%的学生通过作图进行了说明。10%的学生回答"就把 SAS 判定过程书写了一遍"。学生对于定理如何证明没有真正掌握，只是记住了定理本身的内容。少数学生用其他全等三角形的判定来加以证明。80%左右的学生回答得非常好，详细说明了作图和操作过程。

**学生作业一**（如图 5）

解：画一个 $\triangle ABC$，画出另一个 $\triangle A'B'C'$，使得 $A'B'=AB$，$A'C'=AC$，$\angle A'=\angle A$，之后看它们能否重合。结论若是可以重合，即可以证明全等。

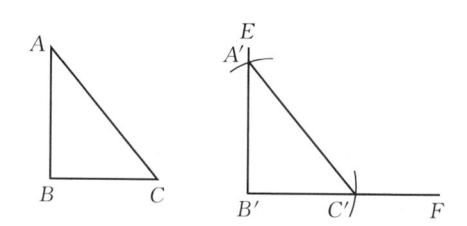

图 5　问题 3 的学生作业一作答图

**学生作业二**（如图 6）

已知：$AB=A'B'$，$AC=A'C'$，$\angle A=\angle A'$。求证：$\triangle ABC \cong \triangle A'B'C'$。

解：在△ABC 和△A'B'C'中，

∵ AB=A'B'，∠A=∠A'，AC=A'C'（已知），

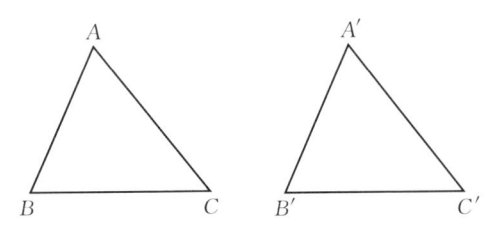

∴ △ABC≌△A'B'C'（SAS）。

图 6　问题 3 的学生作业二作答图

**学生作业三**（如图 7）

作图法：把△ABC 放到△A'B'C'上，使得∠A 的顶点与∠A'的顶点重合；由于∠A=∠A'，因此可以使射线 AB、AC 分别落在射线 A'B'、A'C'上；因为 AB=A'B'，AC=A'C'，所以点 B、C 分别与点 B'、C'重合。这样能使△ABC 和△A'B'C'重合，就能说明△ABC≌△A'B'C'。

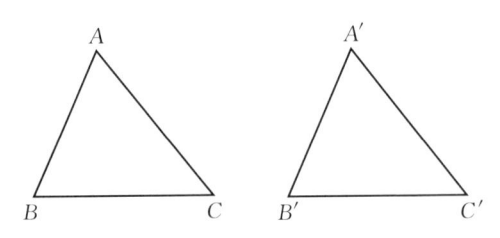

图 7　问题 3 的学生作业三作答图

问题 4：你能说出以下段落在说理过程中的因果关系吗？

这道预学题，每个学生都填写得很认真，但是几乎都存在着很多

问题,说明这时学生对于严密逻辑推理的因果关系还没有真正地理解与掌握。这正体现了本节课的必要性。

**学生作业一**

填空:因: ___AB∥CD___ 果: ___∠B=∠C___

因: ___∠B+∠D=180°___ 果: ___∠C+∠D=180°___

因: ___∠C+∠D=180°___ 果: ___CB∥DE___

**学生作业二**

填空:因: ___已知___ 果: ___两直线平行,内错角相等___

因: ___已知___ 果: ___等量代换___

因: ___已证___ 果: ___同旁内角互补,两直线平行___

问题5:你了解数学著作《几何原本》吗？请你介绍一下科学家徐光启的优秀成果。

通过这道题目,促使学生在课前去搜索相关资料,激发学生对于数学历史的兴趣。了解了著名数学家的优秀成果,激发了学生的民族自豪感。从学生的预学单上可以看到很多相关资料。

### 三、探究与发现(大致粗通阶段)

1. 创设情境

本节课通过复习旧知——"对顶角相等""三角形内角和等于180°",来引入新课。通过老师的不断设问、层层递进,逐步得出演绎证明的定义。这样可以让学生的思维在老师课堂问题的层层引导下,得到充分的发散,从而使学生认识到"演绎证明"的必要性和重要性。

2. 引导型问题链

(1) 在预备班、初一时,曾学习过许多几何知识。请回忆一下,学过哪些几何知识?

(2) 我们在学习这些几何知识时,是通过观察、操作活动以及说理,发现并确认一些图形的基本性质,获得研究图形的有益的经验和方法。同学们还记得有哪些是通过实验操作得到的性质吗?

(3) "三角形内角和等于180°"是通过哪些方法来得到这个结论的? 通过哪些方法来得到"对顶角相等"的呢?

3. 课堂实录

师:我们在学习这些几何知识时,是通过观察、操作活动以及说理,发现并确认了一些图形的基本性质,获得了研究图形的有益的经验和方法。同学们还记得有哪些是通过实验操作得到的性质吗?

生:当时我们是通过操作来得到这一性质的——三角形任意两边之和大于第三边。给出大小不等的四根小棒,尝试用几种方法能拼成三角形,从而寻找规律,得出满足什么条件才能拼成三角形。

师:还有"三角形全等的判定1——两边及其夹角对应相等",我们先是通过前一节课的作图,然后通过说理来得到判定的。把$\triangle ABC$放到$\triangle A'B'C'$上,使$\angle A$的顶点与$\angle A'$的顶点重合;由于$\angle A = \angle A'$,因此可以使射线$AB$、$AC$分别落在射线$A'B'$与$A'C'$上;因为$AB = A'B'$、$AC = A'C'$,所以点$B$、

$C$ 分别与点 $B'$、$C'$ 重合。这样 △$ABC$ 和 △$A'B'C'$ 重合，即两个三角形全等。那么你们还记得当初学的时候，我们是通过哪些方法来得到"对顶角相等"的吗？老师清晰地记得，我们在初一学习对顶角时，有同学曾迷惑地说："这两个角一眼就看出是相等的，还需要证明吗？"实则上这也是方法之一，即直观说明，凭眼睛看到的结果就加以认定。这种方法是凭个人观察进行判断。眼见为实，几何直观很重要，但是直观往往只能认识表面现象，还需要提高到理性认识，才能掌握事物的本质。还有什么方法吗？

生：还可以通过测量来判断两个角度相等。

师：这是方法之二的操作确认，可以用量角器度量两个对顶角，也可以把两个对顶角剪下来相叠，由度量所得数据基本相同或叠在一起基本重合就能加以确认。这种方法是通过人们的实践进行检验。因为这种检验可以无数次重复，结论总是基本相同，所以有较高的准确性。但是测量难免有误差，叠合还需讲道理。前面的这些方法，是通过观察、操作活动以及说理，发现并确认了一些图形的基本性质，获得了研究图形的有益的经验和方法。像这样的方法我们称作为"实验几何"。那在此基础上，我们今天学习用逻辑推理的方法来论证几何学。事实上，我们以前学习的时候，已经初步学会用逻辑推理的方法来加以证明并得到结论。逻辑推理是一种严谨的数学证明，那么到底怎样才算是严谨的数学证明呢？

我们一起来看一下同学们在预学单上的书写过程。方法之三是推理论证，如图 8。因为 $\angle AOC$ 与 $\angle AOD$、$\angle AOD$ 与 $\angle BOD$ 分别是邻补角（已知），所以 $\angle AOC + \angle AOD = 180°$、$\angle AOD + \angle BOD = 180°$（邻补角的意义），得到 $\angle AOC + \angle AOD = \angle AOD + \angle BOD$（等量代换），所以 $\angle AOC = \angle BOD$（等式性质）。

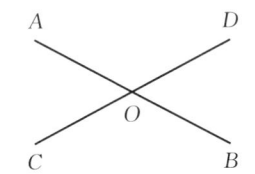

**图 8　方法之三之推理论证**

师：第三种方法是完全依靠理性进行推导。它不凭任何个人的感觉，而是从邻补角的意义出发，运用等量的两个基本性质，按照"有此因就有其果"的规则，符合逻辑地推导出结论。这一证明方法是严谨的，也是最为可靠的。像这第三种方法，我们就称为"演绎推理"（或演绎法）。这就是我们今天要学的，演绎推理的过程就是演绎证明。也就是说，演绎证明是指从已知的概念、条件出发，依据已被确认的事实和公认的逻辑规则，推导出某结论为正确的过程。演绎推理是数学证明的一种常用的、完全可靠的方法。演绎证明是一种严谨的数学证明，是我们现在要学习的证明方式。因此，现在我们书写证明过程时就要把"解"写成"证明"了，把文字语言改成符号语言。学习演绎证明,可以使我们的思维缜密及表达条理清晰。这是提高逻辑思维能力的有效途径。

### 四、整合与互动(触类旁通阶段)

1. 创设情境

通过复习与探究,我们初步知道了什么是演绎证明,从中看到演绎证明的每一步推理都必须有依据,通常把每一步的依据写在由其得到的结论后面的括号内,并且整个证明由一段一段的因果关系连接而成,段与段前后连贯、有序展开。

2. 探究型问题链

(1) 给出逻辑段,你能指出逻辑段中的"因"和"果"吗?

(2) 你能确立因果关系的"几何依据"吗?

(3) 实验几何和论证几何之间有何区别?

3. 课堂实录

你能指出上述"方法之三是推理论证(如图8)"的逻辑段中的"因"和"果"以及确立因果关系的"几何依据"吗?

第一段是首先有"因"——$\angle AOC$ 与 $\angle AOD$、$\angle AOD$ 与 $\angle BOD$ 分别是邻补角,然后得到了"果"——$\angle AOC + \angle AOD = 180°$、$\angle AOD + \angle BOD = 180°$,而确立这种因果关系的依据是邻补角的意义。第二段有了第一段中的"果"——$\angle AOC + \angle AOD = 180°$、$\angle AOD + \angle BOD = 180°$,就可以将其作为第二段中的"因",得到"果"——$\angle AOC + \angle AOD = \angle AOD + \angle BOD$,而确立因果关系的依据是等量代换。在第三段中,第二段中的"果"作为第三段中的

"因"——∠AOC+∠AOD=∠AOD+∠BOD，得到"果"——∠AOC=∠BOD，确立因果关系的依据是等式性质。那我们下面再举个例子，来比较一下实验几何和论证几何的区别。在学习"三角形内角和等于 $180°$"的过程中，我们是先用实验的方法进行探究，如分别度量三个内角求出它们的和或利用三角形纸板裁下它的三个内角再拼在一起，发现它们组成了一个平角，从而形成了"三角形的内角和等于 $180°$"的猜想。然后，对猜想的正确性证明，如图 9。

**图 9** "三角形内角和等于 $180°$"的实验方法

那同学们还记得当时我们是怎样来对说理过程进行推理证明的吗？请和老师一起来回忆一下推理过程。由于证明的需要，可以在原来的图形上添画一些线，像这样的线被叫作辅助线。辅助线通常画成虚线。

如图 10，过 $\triangle ABC$ 的顶点 $A$ 作直线 $EF \mathbin{\!/\mkern-5mu/\!} BC$，

因为 $EF \mathbin{\!/\mkern-5mu/\!} BC$（所作），

所以 $\angle EAB = \angle B$、$\angle FAC = \angle C$（两直线平行，内错角相等）；

因为点 $E$、$A$、$F$ 在直线 $EF$ 上（所作），

所以 $\angle EAB + \angle BAC + \angle FAC = 180°$（平角的意义）；

所以 $\angle B + \angle BAC + \angle C = 180°$（等量代换）。

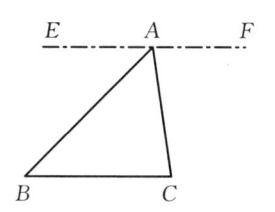

**图10 对说理过程的推理证明示意图**

因为添了一条辅助线,所以最后证明结论中,$\angle A$ 必须表示成 $\angle BAC$。下面请同学们也来分析一下"三角形的内角和等于 $180°$"共有几个逻辑段,并分别指出"因""果"以及确立因果关系的依据。

第一段是首先有"因"——过 $\triangle ABC$ 的顶点 $A$ 作直线 $EF \parallel BC$,然后得到了"果"——$\angle EAB = \angle B$、$\angle FAC = \angle C$,而确立这种因果关系的依据是两直线平行、内错角相等。第二段是有了"因"——点 $E$、$A$、$F$ 在直线 $EF$ 上,就得到了"果"——$\angle EAB + \angle BAC + \angle FAC = 180°$,而确立因果关系的依据是平角定义。在第三段中,第一、二段中"果"作为第三段中"因"($\angle EAB + \angle BAC + \angle FAC = 180°$,$\angle EAB = \angle B$、$\angle FAC = \angle C$),得到了"果"——$\angle B + \angle BAC + \angle C = 180°$,确立因果关系的依据是等量代换。

通过对学生熟悉的"对顶角相等""三角形内角和等于 $180°$"的论证,使学生感悟到学习演绎证明的必要性。通过对两个熟悉证明过程的解决,有助于使学生理解证明过程是"一连串连贯、有序的因果关系",对初学者的书写过程大有帮助,使学生从七年级的实验几何顺利地过渡到八年级的论证几何。

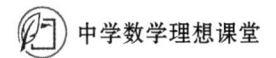

## 五、反馈与拓展(融会贯通阶段)

1. 创设情境

通过前一阶段的学习,学生已经掌握了区分"因果"关系的方法,接下来可以设置几个课堂练习,进一步提高学生的逻辑推理能力,为后期学生自己书写严谨的推理过程,打下良好的基础。

同时,本节课是让学生了解"悠久的数学历史知识"的最好时机,但是如何设计呢?以何种形式来学习?不能光是形式化地了解数学历史,更不能为了了解历史而忽略了本节课最主要的知识点。因此,通过设计预学单是比较好的解决方法。完成预学单可以让学生通过课前查找资料的方式,提升学生对数学历史的了解,激发学生对学习数学的兴趣,更能让学生感受到我国在数学历史上的伟大成就,从而激发学生的爱国主义精神。

2. 应用型问题链

(1) 依据今天学到的知识,你能完成以下的课堂练习吗?

(2) 你了解数学著作《几何原本》吗?请你介绍一下科学家徐光启的优秀成果。

3. 课堂实录

(1) 阅读下面的证明过程,说一说其中的因果关系。

已知:如图 11,$\angle AOC$ 与 $\angle COB$ 互为邻补角,$OD$ 平分 $\angle AOC$,$OE$ 平分 $\angle COB$;

求证:$\angle DOE = 90°$。

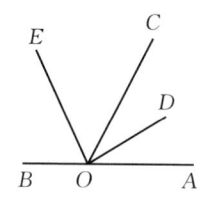

图 11 课堂实录(1) 的题目图

证明:因为 OD 平分∠AOC(已知),

所以∠DOC=$\frac{1}{2}$∠AOC(角平分线的意义),

同理∠COE=$\frac{1}{2}$∠COB,

所以∠DOC+∠COE=$\frac{1}{2}$∠AOC+$\frac{1}{2}$∠COB=$\frac{1}{2}$(∠AOC+∠COB)(等式性质);

因为∠AOC 与∠COB 互为邻补角(已知),

所以∠AOC+∠COB=180°(邻补角的意义),

得∠DOC+∠COE=90°(等量代换),

所以∠DOE=90°。

(2) 写出下面的证明过程,说一说其中的因果关系。

已知:如图 12,点 D、E、F 分别在△ABC 的边 BC、AB、AC 上,且 DF∥AB、DE∥AC。

求证:试利用平行线的性质求∠A=∠EDF。

两位学生进行板演,在其他学生书写过程时巡视学生情况,及时

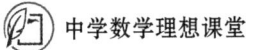

掌握学生的错误之处。然后,在点评时分析错误情况。

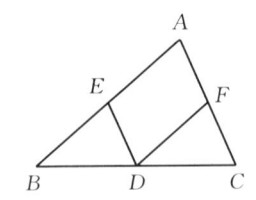

**图 12 课堂实录(2)的题目图**

(3)下面是预学单上的一道题,大家都做过了。现在再让你来看,你知道错哪里了吗?

已知:如图 13,$AB/\!/CD$,$\angle B+\angle D=180°$。

求证:$CB/\!/DE$。

证明:因为 $AB/\!/CD$,所以 $\angle B=\angle C$;

因为 $\angle B+\angle D=180°$,所以 $\angle C+\angle D=180°$;

所以 $CB/\!/DE$。

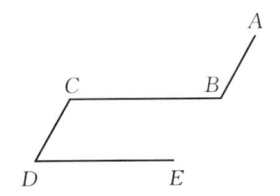

**图 13 课堂实录(3)的题目图**

填空:因:_____$AB/\!/CD$_____  果:_____$\angle B=\angle C$_____

因:__$\angle B=\angle C$、$\angle B+\angle D=180°$__ 果:__$\angle C+\angle D=180°$__

因:_____$\angle C+\angle D=180°$_____  果:_____$CB/\!/DE$_____

我们通过回忆、复习以前所学的知识，体会到了演绎证明的严谨性。我们在以后的几何证明过程中，就必须严格按照"逻辑段"的要求来书写演绎证明的过程。同学们通过预学单，都已经查找过《几何原本》的相关资料了，请大家一起来交流一下。

公元前 300 年前后，由古希腊数学家欧几里得整理编写的《几何原本》在几何学发展的历史中具有重要意义。它标志着几何学已成为一个有着比较完整的理论系统和严谨的科学方法的学科。从欧几里得发表《几何原本》到现在，已经过去了两千多年。尽管科学技术日新月异，但由于欧氏几何具有鲜明的直观性和严谨的逻辑演绎方法相结合的特点，所以在长期的实践中表明，它已成为培养、提高青少年逻辑思维能力的好教材。历史上不知有多少科学家从学习几何中得到益处，从而做出了伟大的贡献。古希腊人崇尚理性精神，讲究用逻辑推理方法获取可靠的知识。逻辑推理既朴实又严谨。例如，有一个著名的推论，"人是要死的""苏格拉底是人""所以苏格拉底是要死的"。其中，第一句话是公理，第二句话是已知的事实，第三句话则是根据第一、二句话所说两个前提推出的结论，其可靠性是不容置疑的。

《几何原本》（前 6 卷）这部数学名著在公元 1607 年由明代科学家徐光启和意大利传教士利马窦合作翻译成中文，传入我国。新民网 2007 年 11 月 8 日上午获悉，为纪念徐光启《几何原本》翻译出版 400 周年，由上海市徐汇区人民政府出资，上海油画雕塑院、上海友人雕塑艺术工程有限公司设计制作的"夜观星象"和"徐利谈道"两尊雕塑在上海光启公园落成。

### 六、课后反思

课堂是一个充满活力的生命整体,处处蕴含着问题。通过一份有精心设计的问题的预学单,不仅可以体现老师对教材、学生的尊重,也体现了备课以及教学的计划性。教师实施教学时,既要重视预学单上学生所出现的问题并且思考解决的方法,又要注重知识学习的传授和课堂教学的效率。精彩的问题离不开教学之前的精心预设。"凡事预则立,不预则废。"预设问题是教学的基本要求,因为教学是一个有目标、有计划的活动。教师必须在课前对自己的教学任务有一个清晰、理性的思考与安排。

当然预学单肯定无法预知所有的问题。课堂教学是一个动态生成的过程,再精心的预设也无法预知整个课堂的全部细节。在实际的课堂教学中,难免会发生诸多的意外。一旦出现"新的问题",教师要有心理准备,能灵活应对,而不能一味拘泥于课前的教案,有时反而可以巧妙地利用意外的"问题",也许这些问题将会成为我们课堂的一个预设之外的精彩之举。

比如,书后练习中的两道题,第一题比较简单,适合本节课教学内容;第二题就容易让同学产生误解,导致学生采用"三角形外角和性质"来解题。所以,应该把第二题改成证明"$\angle A = \angle EDF$",就比较好了。同时,教师可以在以后的教学中让学生明白,"三角形外角和性质"是由"三角形内角和"推导出来的。这样就体现了知识之间的连贯性与系统性。

课堂教学因预设而有序,因解决问题而精彩。课堂教学是不断变化的动态过程。在教学中,如果完全按照"预设"进行,结果将无视或忽视学生学习的自主性,课堂因此而变得机械和呆板。因此,预设问题要有弹性、有留白的空间,以便在教学中能宽容地、开放地纳入始料未及的"问题"。对学生积极的、正面的、价值高的"问题",要提高鼓励、利用的程度;对消极的、负面的、价值低的"问题",应采取更为机智的方法,让学生的思维"归队",回到预设的教学安排上来。

## 第八节 导数的概念及意义(第一节课)[①]

### 一、教学背景

1. 教学内容解析

"导数的概念及其意义"是上教版《普通高中教科书 数学 选择性必修第二册》(以下简称《选择性必修第二册》,第 5 章第 1 节的内容,是高中数学的一节概念课。导数以高起点、高观点和更一般的方法简化了中学数学中许多与函数相关的问题,也为今后学习微积分做了铺垫。一般来说,导数概念学习的起点是"极限"。基于高中学生的认知水平,他们有一些归纳能力,但在归纳基础上抽象出数学概念的能力比较弱。这就形成了本节课的三个难点:

第一个难点是明确瞬时速度的含义及平均速度与瞬时速度的区别和联系。让学生在观察实验的同时,体会当 $h$ 趋于 0 时,

---

[①] 本节的作者是复旦附中郑仲义老师。

$\frac{d(2+h)-d(2)}{h}$ 趋于一个定值,这个定值就是瞬时速度。让学生在经历平均速度到瞬时速度的过程中,第一次体会数学上的逼近思想。

第二个难点是将平均速度和瞬时速度抽象为一般的表达式,完全转化为数学问题,在揭示研究瞬时变化率必要性的同时,用类比的思想方法,经历从平均变化率到瞬时变化率的过渡,让学生再次体会逼近的思想方法。

第三个难点是让学生理解导数符号的意义,并能准确运用相关符号。

本节课对导数概念的引入从变化率入手,用形象直观的"逼近"方法,明确瞬时速度的含义,将瞬时速度抽象为一般的函数,从而形成导数的概念。学习导数的过程就是学生体会极限思想的过程。因此,本节课的教学重点是在充分经历导数概念的建立过程中,让学生体会数学上的逼近思想、理解导数的思想及其内涵。

2. 教学目标

(1) 引导学生通过观察、数值逼近、几何直观感受、解析式抽象、类比等方法体会数学概念的发生和形成。

(2) 让学生理解导数的概念、初步掌握导数的计算方法,并在具体数学问题中进一步理解导数的概念。

(3) 通过对瞬时速度、瞬时变化率的探索,激发学生对本部分内容的学习兴趣。

(4) 发展学生的直观想象、数学运算素养。

## 二、预学与聚焦(自学略通阶段)

预学单为帮助同学把导数概念与物理学中的瞬时速度概念相联系,让同学理解导数就是瞬时速度、体会学科之间的联系。既加深了概念的内涵理解,又拓展了概念的外延认识,在新旧概念之间形成关联。

问题1:物理上以什么物理量来定义物体运动的快慢?是如何建立距离来计算这个物理量的?

65%的学生回答位移与时间的比值。这部分同学是"理化双选"的同学。35%的同学回答距离与时间之比。这两种回答都能与本节课引入的生活情境与科学情境建立联系,帮助同学的思维快速进入状态,引导学生理解导数概念源自物理学。

问题2:在《必修第一册》的第四章之"幂函数、指数函数与对数函数",也提到了函数增长的速度。受位移和瞬时速度的启发,你觉得有没有更好的方法来刻画"函数增长速度"?

学生在《必修第一册》第四章之"探究与实践"活动中,体验过线性增长、指数增长、对数增长的区别。当时曾用 $f(x+1)-f(x)$ 来刻画 $y=f(x)$ 的增长,帮助学生复习旧知识。

15%的同学的回答用了具体的数值,如 $f\left(x+\dfrac{1}{2}\right)-f(x)$ 或者 $f(x+h)-f(x)$ 来刻画不同函数的增长快慢;45%的同学参照了教材,觉得可以用 $\lim\limits_{h\to 0}\dfrac{f(x+h)-f(x)}{h}$ 来刻画同一个函数在不同点处的增长快慢;40%的同学写用导数来刻画。这些同学仍然是"理化双选"的同学为主。经了解,物理课上因为解题的需要,老师已经把一些基本的初等函数导函数告诉给了同学,这些同学也只是知道是这样,但不知道为什么是这样。本节课,教师还是要帮助所有同学重构导数概念的形成过程。

问题3:根据定义,函数$y=x^2$,$x\in[0,+\infty)$的瞬时变化率是不是随着$x$的增大而增大?当$x=1、2、3、4$时,它们的变化率分别是多少?你有什么猜想?请说说理由。

本题意在引导学生根据定义进行初步计算。经过思考回答,学生能体会极限的思想。

80%的学生按序进行了计算,即

$$\lim_{h\to 0}\frac{(1+h)^2-1^2}{h}=\lim_{h\to 0}\frac{2h+h^2}{h}=\lim_{h\to 0}(2+h)=2,$$

$$\lim_{h\to 0}\frac{(3+h)^2-3^2}{h}=\lim_{h\to 0}\frac{6h+h^2}{h}=\lim_{h\to 0}(6+h)=6,$$

$$\lim_{h\to 0}\frac{(4+h)^2-4^2}{h}=\lim_{h\to 0}\frac{8h+h^2}{h}=\lim_{h\to 0}(8+h)=8。$$

20%的同学直接用导函数$f(x)'=2x$,$x\in[0,+\infty)$,分别计算得到$f'(1)=2$,$f'(2)=4$,$f'(3)=6$,$f'(4)=8$。只有四位同学在解题中结合图像$y=x^2$,$x\in[0,+\infty)$,并在图中探索了平均变化率和瞬时变化率。由此归纳猜想:这个函数的瞬时变化率是递增的,瞬时变化率也是一个函数。这可以看出,同学写出一般化式子$\lim_{h\to 0}\frac{(x+h)^2-x^2}{h}=\lim_{h\to 0}(2x+h)=2x$的能力还是不足;即使是学过导数的同学,也把导函数记号中的"'"位置写得错误百出,对导数符号的含义理解也是不深刻的。

问题 4:你还能研究哪些函数的瞬时变化率?

95%的同学写了一次函数、三次函数、幂函数等多项式函数;40%的同学写了 $y=\sin x$,$y=\ln x$,$y=e^x$ 等函数。这些同学仍然以"理化双选"的同学为主。

问题 5:某物体沿直线运动,且永远位于点 $P$ 处或点 $P$ 的同一侧。设其运动过程中,在时刻 $t$(单位:s),其所在位置与点 $P$ 的距离为 $s(t)=2t+4.9t^2$,$t\in[0,30]$(单位:m)

(1) 求该物体与 $P$ 点的距离为 $132.5$ m 时的瞬时速度;

(2) 设 $0\leqslant t_1<t_2\leqslant 30$、$t_0=\dfrac{t_1+t_2}{2}$,试比较物体在 $t_0$ 时的瞬时速度与在 $t_1$ 到 $t_2$ 之间平均速度的大小。

只有 10% 的学生正确完成本题。本题是在关联的情境中,让学生正确使用导数的思想计算平均速度和瞬时速度,考查学习后的知识掌握程度。

### 三、探究与发现(大致粗通阶段)

1. 创设情境

当我们乘坐高铁时,常常会在车厢内看到列车信息显示屏,如何理解列车信息显示屏中"速度 307 km/h"?

当物体作匀速运动时,运动的速度 $v$ 是运动距离 $s$ 除以运动时间 $t$,即 $v=\dfrac{s}{t}$。但是,如果一个变速运动的物体在时间段 $t$ 内的运动

距离是 $s$，同样的公式给出的只能是这段运动过程中运动物体的平均速度 $\bar{v}=\dfrac{s}{t}$。平均速度难以准确地描述一个变速运动过程，例如高台跳水运动员从起跳到入水，其平均速度为 0，难道说运动员在这段时间是静止的？

由此可见，用平均速度描述物体的运动状态是有一定局限性的，"平均速度"只能粗略地描述物体的运动状态。还有一种速度，它能更精确地刻画运动员在每个时刻的运动状态，我们称之为瞬时速度。

那如何求运动物体的瞬时速度呢？

例如，在自由落体运动中，物体下落的距离 $d$（单位：米）与时间 $t$（单位：秒）近似满足函数关系 $d(t)=5t^2$，如何试求物体在 $t=2$ 时的瞬时速度？

大家有没有好的想法？我们来看物理中测瞬时速度的 VCR，观看的时候思考仪器在测量瞬时速度时的工作原理是什么？（如图 1）

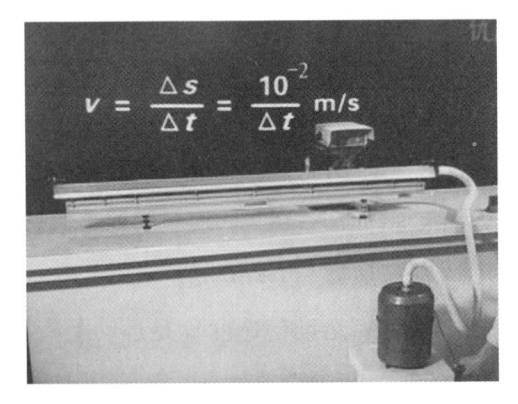

图 1　测量瞬时速度时的工作原理示意图

## 2. 课堂实录

生：根据已有的物理知识，仪器是通过测量气轨上的滑块在 $\Delta t$ 时间内滑过的距离 $\Delta s$，用 $\dfrac{\Delta s}{\Delta t}$ 计算而得。

师：这里所得的真是瞬时速度吗？为什么？

生：不是。

师：对，也就是我们很难测量到真正的瞬时速度，我们测量到的是千分之一、万分之一秒，以及更短时间间隔内的平均速度。那如何使得平均速度更接近瞬时速度呢？

生：时间间隔越小越好，使得 $\Delta t$ 变小。

师：对。那如果我们想求自由落体运动在 $t=2\,\mathrm{s}$ 时的瞬时速度，就要考察 $t=2\,\mathrm{s}$ 附近的情况。在 $t=2\,\mathrm{s}$ 之前或者之后，任意取一个时刻 $2+h$；$h$ 可以是正值，也可以是负值，但不为 0；当 $h$ 取不同值时，计算平均速度 $\bar{v}=\dfrac{d(2+h)-d(2)}{h}$。我们先看物体在 $[2+h,2]$ 内的平均速度（学生利用计算器分组合作，每组随意选取 $h$ 值计算），请看表格 1。大家发现了什么特点？

表 1　$[2+h,2]$ 内的平均速度

| $h(<0)$ | $[2+h,2]$ 上的 $\bar{v}$ |
| --- | --- |
| $-0.1$ | 19.5 |
| $-0.01$ | 19.95 |
| $-0.001$ | 19.995 |

续表

| $h(<0)$ | $[2+h, 2]$上的$\bar{v}$ |
| --- | --- |
| -0.000 1 | 19.999 5 |
| -0.000 01 | 19.999 95 |
| …… | …… |

生：当$h$趋近于0时，从2的左边接近2时，平均速度趋于一个确定的值20。

师：再看物体在内在$[2, 2+h]$的平均速度，请看表格2。大家又发现了什么特点？

表2 $[2, 2+h]$的平均速度

| $h(>0)$ | $[2, 2+h]$上的$\bar{v}$ |
| --- | --- |
| 0.1 | 20.1 |
| 0.01 | 20.01 |
| 0.001 | 20.001 |
| 0.000 1 | 20.000 1 |
| 0.000 01 | 20.000 01 |
| …… | …… |

生：当$h$趋近于0时，从2的右边接近2时，平均速度也趋于一个确定的值20。

师：通过这两个表格的对比，你们发现了什么？

生：在表1中，我们通过缩小$h$的绝对值，发现在$h$趋近于0的过程中，平均速度趋近于一个确定的值20。因此，我们可以说物体在$t=2$秒时的瞬时速度为20米/秒。

教师板书解题规范

解：当 $h \neq 0$ 时，$h = 2$ 附近时间段 $[2+h, 2]$ $(h<0)$ 或者 $[2, 2+h]$ $(h>0)$ 的平均速度是

$$v = \frac{S(2+h) - S(2)}{h} = \frac{5(2+h)^2 - 5 \times 2^2}{h} = \frac{20h + 5h^2}{h} = 20 + 5h$$

因为 $h$ 趋近于 0 时，$v$ 趋近于 20，所以物体在 $t = 2$ 秒时的瞬时速度为 20 m/s。经过以上计算，大家都发现：当时间间隔很小，也就是当两个时间的端点无限靠近时，就逼近了一个时刻，我们就把平均速度作为瞬时速度的近似值。用瞬时速度的语言来讲，"速度 307 km/h"的高铁速度可解释为在某一瞬间，列车以 307 千米/小时的瞬时速度前进。

先把时间段分割，在越来越小的时间段内对运动进行分析，再从整体上得到对运动状态越来越精确的描述，这就是被称为"微积分"的数学工具给我们提供的解决问题的途径。本课程只能介绍前端的工作，即寻找数学工具刻画运动物体在某一时刻的瞬时速度。这里的瞬时速度指的是，运动物体在临近指定时刻的某个时间段的平均速度在时间段长度越来越小的变化过程中所趋于的一个稳定值。之前，我们在学习函数零点的时候，利用"二分法"逼近函数零点。今天，根据上面的讨论，我们又用平均速度逼近了瞬时速度，这都体现了我们数学中无限逼近的思想。

**四、整合与互动（触类旁通阶段）**

对于自由落体的运动时刻，我们可以这样计算瞬时速度，那其他

运动也可以吗？如果我们把运动的变化抽象为一个函数，也有这样的结论吗？其实，物体的运动变化量可以抽象成一个函数 $y=f(x)$，这样我们可以用一个更为一般的表达式 $\dfrac{f(x_0+\Delta x)-f(x_0)}{\Delta x}$ 来表达一个函数在某个区间的变化趋势。

师：那如何更好地刻画一个函数的变化趋势呢？为了探讨这个问题，我们来做这样的两个实验活动。

实验活动 1：求函数 $y=x$、$y=x^2$、$y=\sqrt{x}$ 从 0 到 1 的平均变化率。

师：这三个函数在 0 到 1 的变化趋势是不是一样的呢？

生：根据平均变化率的公式 $\dfrac{f(x_2)-f(x_1)}{x_2-x_1}$ 计算得这三个函数在同一个变化区间上平均变化率都是 1。但根据图 2 发现这三个函数在 0 到 1 的变化趋势是不一样的。

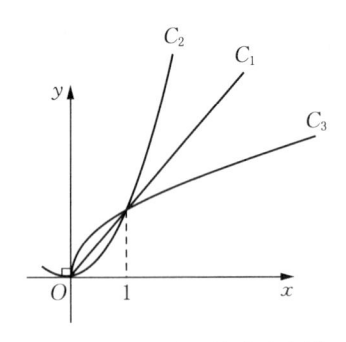

**图 2　实验活动 1 的学生作答**

师：平均速度只能粗略反映物体在某个时间段的运动状态，要想更为精确地刻画物体在某个时刻的运动状态，我们只能通过瞬时速度。类似地，对于函数来说，平均变化率也只能粗略地描述函数的变化趋势，那如何精确地描述函数的变化呢？

生：瞬时变化率。

师：那如何求函数在某一点处的瞬时变化率呢？下面，我们就做另一个实验活动，看一下，当 $\Delta x$ 缩短时，平均变化率发生了什么样的变化？请大家分组合作、计算结果、得出结论，并表达对结果的看法。

实验活动 2：已知函数 $f(x)=x^2$，分别计算 $f(x)$ 在下列区间上的平均变化率。

表3　瞬时变化率区间

| 区间$[1, 1+\Delta x]$ | 区间$[1-\Delta x, 1]$ |
| --- | --- |
| (1) $[1, 1.1]$ | (5) $[0.9, 1]$ |
| (2) $[1, 1.01]$ | (6) $[0.99, 1]$ |
| (3) $[1, 1.001]$ | (7) $[0.999, 1]$ |
| (4) $[1, 1.000\ 1]$ | (8) $[0.999\ 9, 1]$ |

经过计算，学生会发现当两个区间的端点无限靠近时，即 $\Delta x$ 逼近 0 时，平均变化率都逼近一个确定的值 2，也就是瞬时变化率，如表 4 和图 3。

表4 实验活动2的学生作答

| 区间$[1, 1+\Delta x]$ | 平均变化率 | 区间$[1-\Delta x, 1]$ | 平均变化率 |
|---|---|---|---|
| (1) $[1, 1.1]$ | 2.1 | (5) $[0.9, 1]$ | 1.9 |
| (2) $[1, 1.01]$ | 2.01 | (6) $[0.99, 1]$ | 1.99 |
| (3) $[1, 1.001]$ | 2.001 | (7) $[0.999, 1]$ | 1.999 |
| (4) $[1, 1.0001]$ | 2.0001 | (8) $[0.9999, 1]$ | 1.9999 |

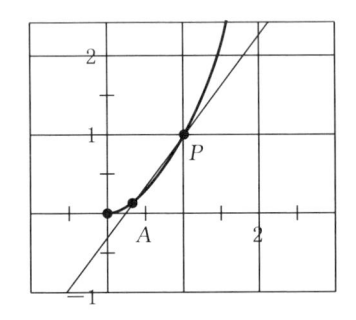

图3 实验活动2结论的几何画板演示

我们就把"2"记作是$f(x)=x^2$在$x=1$处的瞬时变化率,用数学语言表达就是$\lim\limits_{h \to 0}\dfrac{f(1+h)-f(1)}{h}=2$。这样,我们就实现了从平均变化率到瞬时变化率的过渡,得到了一个具体函数$f(x)=x^2$在$x=1$处的瞬时变化率。

师:那对于任意一个函数$f(x)$在$x=x_0$处的瞬时变化率该怎么表示? 一般地,函数$y=f(x)$在$x=x_0$处的瞬时变化率是

$$\lim_{\Delta x \to 0}\frac{\Delta y}{\Delta x}=\frac{f(x_0+\Delta x)-f(x_0)}{\Delta x},$$

我们称它为函数 $y=f(x)$ 在 $x=x_0$ 处的导数,记作 $f'(x_0)$ 或 $y'|x=x_0$,即

$$f'(x_0)=\lim_{\Delta x\to 0}\frac{\Delta y}{\Delta x}=\lim_{\Delta x\to 0}\frac{f(x_0+\Delta x)-f(x_0)}{\Delta x}。$$

瞬时变化率和导数是同一个概念的两个名称。

**五、反馈与拓展(融会贯通阶段)**

师:$f(x_0)$,$f'(x_0)$,$y'|x=x_0$,这三个符号分别是什么意思?

生:$f(x_0)$ 是函数 $f(x)$ 在 $x=x_0$ 处的函数值,$f'(x_0)$ 或 $y'|x=x_0$ 是函数 $y=f(x)$ 在 $x=x_0$ 处的导数。

师:至此,导数的定义就完全展现给大家了。下面,我们通过完成预学单第 5 题来熟悉导数定义,巩固导数的计算方法。

第 5 题:某物体沿直线运动,且永远位于点 $P$ 处或点 $P$ 的同一侧。设其运动过程中,在时刻 $t$(单位:s),其所在位置与点 $P$ 的距离为 $s(t)=2t+4.9t^2$,$t\in[0,30]$(单位:m)。

(1)求该物体与 $P$ 点的距离为 132.5 m 时的瞬时速度;(2)设 $0\leqslant t_1<t_2\leqslant 30$、$t_0=\dfrac{t_1+t_2}{2}$,试比较物体在 $t_0$ 时的瞬时速度与在 $t_1$ 到 $t_2$ 之间平均速度的大小。

解答要求:理解题意,正确使用瞬时速度与平均速度的定义,用位移和时间得到速度的表达式。

解答(1):$2t+4.9t^2=132.5$ 得 $t=5\left(t=-\dfrac{265}{49}\text{舍}\right)$

$$\lim_{h\to\infty}\frac{s(5+h)-s(5)}{h}=\lim_{h\to\infty}\frac{2h+49h+4.9h^2}{h}=\lim_{h\to\infty}(51+4.9h)=51,$$

因此当物体与 $P$ 点距离为 132.5 m 时,其瞬时速度为 51 m/s。

解答(2):

$$v_0=\lim_{h\to\infty}\frac{s(t_0+h)-s(t_0)}{h}=\lim_{h\to\infty}\frac{2h+9.8t_0h+4.9h^2}{h}$$
$$=\lim_{h\to\infty}(2+9.8t_0+4.9h)=2+9.8t_0,$$

平均速度为

$$v_0=\frac{s(t_2)-s(t_1)}{t_2-t_1}=\frac{(2t_2+4.9t_2^2)-(2t_1+4.9t_1^2)}{t_2-t_1}$$
$$=2+4.9(t_1+t_2)=2+9.8t_0=v_0,$$

因此该物体在 $t_0$ 时的瞬时速度 $v_0$ 与在 $t_1$ 到 $t_2$ 之间的平均速度相同。

经过探究,我们从生活中的实例到具体的函数、由特殊到一般,运用类比的思想方法,由平均速度逼近瞬时速度,再由平均变化率逼近了瞬时变化率,从而得到了函数在某一点处的导数。导数的思想方法就是通过函数在某一点附近的变化状态,揭示这一点处的变化状态,也揭示函数的本质。

**六、课后反思**

1. 为什么要学导数?

2. 导数概念的形成过程是什么? 用了哪些思想方法?

3. 求导的依据是什么? 步骤是什么?

4. 完成练习卷。

## 第九节　多边形内角和[①]

### 一、教学背景

"多边形内角和"是沪教版《数学八年级下册》第二十二章第一节的内容。本课时学习的主要核心内容是多边形及其有关元素的概念、凹凸多边形的概念、多边形的内角和公式。

在概念学习方面，多边形作为基本的几何图形，是对三角形学习的一种延续。通过回顾学习三角形的相关经历，可以更有利于学生展开对多边形相关概念的学习。此外本课作为《特殊四边形》的前置章节，凸显了概念学习的有序性，也为后续九年级《多边形与圆》的学习打下了基础。公式中的"多边形内角和随着边数的变化而变化"也体现了数学中的函数思想。

在数学思想方法上，学生将会通过类比三角形的相关概念来尝试定义多边形以及相关元素。在研究多边形内角和定理的过程中，学生也会尝试将问题转化为三角形内角和的问题来解决，体现了数学的化归思想。在学习过程中，通过从特定边数的多边形内角和问题到多边形内角和公式的研究，也凸显了从特殊到一般的研究策略。

基于以上，设定以下教学目标：

1. 理解多边形及其有关概念，掌握多边形内角和定理。会用多角形内角和性质进行简单的计算与证明。

---

[①] 本节的作者是上海音乐学院实验学校的阎厚毅老师。

2.经历多边形及其有关概念形成的过程,体验类比思想。

3.通过对多边形内角和的探究,经历操作、归纳、猜测和证实的过程,体验从"一般到特殊"的研究方法,感悟转化思想和数形结合思想。

4.在探究多边形内角和的过程中,积累解决问题的经验、体会数学学习的方法、提升几何直观与推理能力。

**二、预学与聚焦(自学略通阶段)**

| 序号 | 预学任务单 |
| --- | --- |
| 1 | 什么是多边形? |
| 2 | 对比书本上三角形和多边形的概念,除了线段的条数的变化,在多边形的概念中还多了什么表述?你能举出一个具体的例子来说明为什么要加上这个表述吗? |
| 3 | 书本上用了这样的添线方法来推出五边形的内角和,请列式计算五边形的内角和。 |
| 4 | 你有别的计算五边形内角和的方法吗?不同方法之间有关联吗?如果有请说明。 |
| 5 | 多边形内角和公式为$(n-2) \cdot 180°$,即 $n$ 边形的内角和与$(n-2)$个三角形内角和之和相等。请你说一说其中的原因。 |

问题1:什么是多边形?

91.89%的学生能通过预习书本,准确回答这个问题。这个问题的设计是希望学生对本课的核心内容有一个基本的掌握,有利于其对后续问题的思考。

学生:由平面内不在同一直线上的一些线段首尾顺次联结所组成的封闭图形叫作多边形。

问题2:对比书本上三角形和多边形的概念,除了线段的条数的变化,多边形的概念中还多了什么表述?你能举出一个具体的例子来说明为什么要加上这个表述吗?

学生A:同一平面内。(如图1)

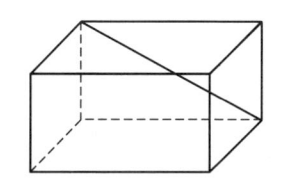

图1 问题2的学生A作答图

学生B:多边形的概念中还多了一个在平面内。例如手机支架,同一直线上的一些线段首尾顺次联结所组成的封闭图形不叫多边形。(如图2)

图2 问题2的学生B作答图

学生C:多了"平面内";如图中 $ABCDEFGH$ 不构成八边形。（如图3）

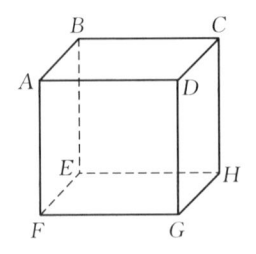

**图3　问题2的学生C作答图**

学生D:多了"在平面内"。例子:立体图形(不在平面内的多边形),如图4左;三角形只有三条线段组成,一定在平面内,如图4右。

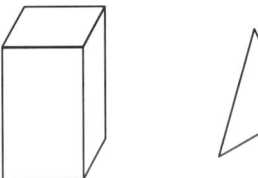

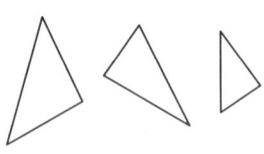

**图4　问题2的学生D作答图**

　　89.19%的学生通过预习书本,能够发现多边形的概念中多了"平面内"这一限制。通过此预学单的问题设置,进一步加深了学生对多边形概念的深度理解。但在答对的学生中,只有18.19%的学生举出了正确的反例。少部分没有给出反例,更多的举了一个立方体的例子(学生D),忽略了概念中要求的"线段首尾顺次联结"。这揭示了学生对于多边形概念的理解依然还是较为割裂的,对于"首尾顺次联结"的概念也有一定的理解偏差。这就预示着在接下来的教学过程中,教师仍要关注对多边形概念的具体解析,可以借助信息技术对概念进行形象的演示。

问题3:如图5,书本上用了这样的添线方法来推出五边形的内角和,请列式计算五边形的内角和。

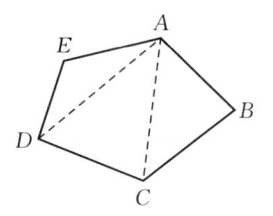

**图5 添线方法与五边形的内角和**

学生A和学生B的作答如图6、7。

学生A作答

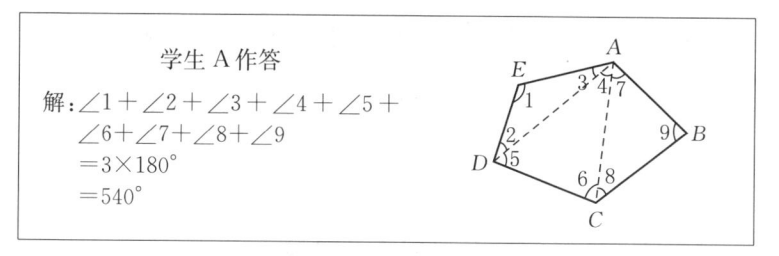

解:∠1+∠2+∠3+∠4+∠5+∠6+∠7+∠8+∠9
$=3\times180°$
$=540°$

**图6 问题3的学生A作答图**

学生B作答

解:$(5-2)\times180°$
$=3\times180°$
$=540°$。

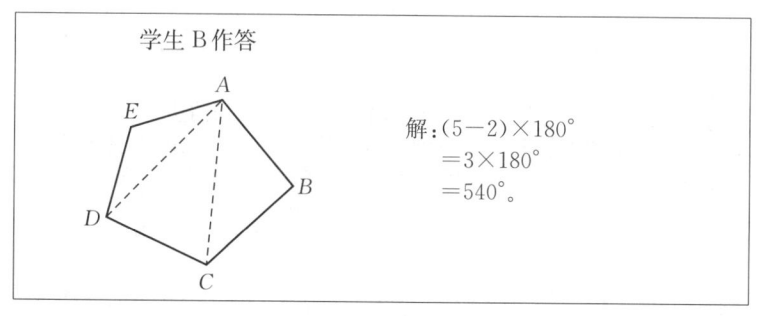

**图7 问题3的学生B作答**

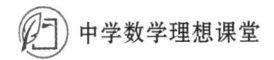

100%的学生能够获得正确的结论,但获得结果的方法有所不同。其中67.57%的学生是利用三角形内角和进行推导,32.43%的学生是直接利用了书本上的公式。在题目中已经明确表明需要推出五边形内角和的情况下,利用公式进行计算的行为揭示了仍有相当的学生更关注结果的准确性,却较少关注知识形成的过程。

因此,教师在本课的教学中,绝不能停留于让学生背诵公式、使用公式的层面上。更要关注知识形成的过程,强调演绎证明在数学结论推导中的重要作用,关注学生推理能力的培养。

问题4:你有别的计算五边形内角和的方法吗? 你知道不同方法之间有关联吗? 如果有请说明。

75.68%的学生能用三种不同的方法得到五边形内角和(图8),13.51%能用两种方法得到结果,10.81%只能用一种方法,或者找不到其他方法得到结果。

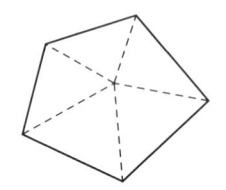

用的是三角形内角和;把5个三角形内角和加起来再减去中间的360°,即
$5 \times 180° - 360°$
$= 900° - 360°$
$= 540°$。

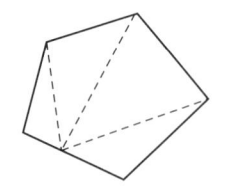

用三角形内角和;把4个三角形内角和加起来再减去边上的180°,即
$4 \times 180° - 180° = 540°$。

用四边形内角和,三角形内角和;把四边形内角和与三角形内角和相加,即
$180° + 360° = 540°$。

图8 问题4的学生作答之三种方法

在能用三种不同的方法得到五边形内角和的学生中,有 89.29%的学生找到了方法间的共同点,"都利用了三角形(四边形)内角和"。但只有唯一的 1 位学生阐述了不同方法之间的关联性,写得相当精彩,表达了不同方法之间的关联在于取点的位置不同(图 9)。

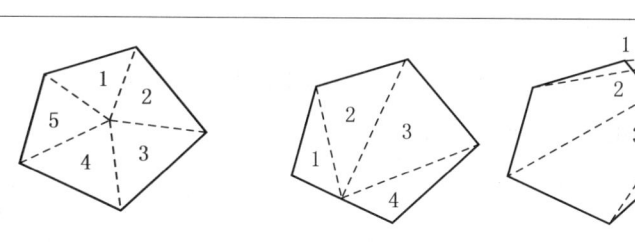

在图形内任取一点并与顶点相连,五个△内角和为 180°×5＝900°,再减去中间的周角,即 900°－360°＝540°。

第 3 问中是顶点连顶点从图形中分割△。第 4 问是图形内/上/外任取一点与各个顶点相连形成三角形,再减去多余的度数。

**图 9** 问题 4 的学生作答之"不同方法之间的关联性"

这也说明,学生还是有能力以多种不同的方法对多边形的内角和进行探究的,同时能够感悟其中蕴含的化归思想。但学生从动态眼光进行观察的能力较弱。这就需要教师通过合理的问题设计,引导学生关注不同方法之间的关联性,进而为 $n$ 边形内角和的推导提供思路,帮助学生了解多边形内角和公式的几何含义,这也是本课的教学重难点。

问题 5:多边形内角和公式为 $(n-2) \cdot 180°$,即 $n$ 边形的内角和与 $(n-2)$ 个三角形内角和之和相等。请你说一说其中的原因。

有 62.16% 的学生能表达得较为合理,指出是因为 $n$ 边形的内角和可以转化为了若干个三角形的内角和的问题。但这当中大部分学生的表述不严谨——因为 $n$ 边形内角和能切出 $(n-2)$ 个三角形,其没有关注到不同方法下转化出三角形的个数是不同的,没有对转化方法进行描述。

在表述较为合理的学生中,只有 34.78% 的学生对转化的方法和相应转化出的三角形个数进行了准确的描述:

∵ 由多边形一个顶点出发画出所有的对角线可以把 $n$ 边形分为 $(n-2)$ 个三角形,$n$ 边形内角和也被分为 $(n-2)$ 个三角形内角和;

又∵ 三角形内角和为 $180°$,

∴ $n$ 边形内角和为 $(n-2) \cdot 180°$。

其中有 5 位同学进一步分析了可以分成这么多个三角形的原因。

学生 A:$n$ 点中联结两条线(从一个顶点出发),只有 $(n-2)$ 个三角形(其余两点已经和该点联结),即为 $(n-2)$ 个三角形内角和。$n$ 边形内,形外或边上都会多出来度数,减去后内角和仍为 $(n-2) \cdot 180°$。

学生 B:$(n-2) \cdot 180° = n \times 180° - 360°$。$n$ 边形可以化成第 4 题中①(图 9 中的靠左图形)的样子,$n$ 边形有 $n$ 条边就画 $n$ 个三角形,再把所有三角形内角和相加,减去中间的角的和 $360°$,那么就得到了 $(n-2) \cdot 180°$。

通过分析可以看出,大部分学生对于公式的几何含义的理解仅仅流于表面,只有极少部分学生深入思考了获得结论的原因。因此,在教学过程中,教师应针对知识形成的过程进行重点设计,培养学生对数学概念不仅要"知其然",还要"知其所以然"。

### 三、探究与发现(大致粗通阶段)

1. 创设情境

在我们平时的生活中,多边形的形象无处不在,比如在足球、路牌、地砖上,都可以看到多边形的形象。说到地砖,生活中最常见到的四边形地砖是正方形、长方形的。现在找一个任意形状的四边形地砖,是否依然可以铺满整个地面,不留空隙呢?

2. 引导型问题链

(1) 在我们平时的生活中,我们最常见到的四边形地砖是什么形状的?

(2) 为什么我们会选择这种形状的图形做地砖呢?

(3) 如果找一个任意形状的四边形,我们可以用它铺满整个地面、不留空隙吗?这其中有哪些数学原理呢?

(4) 怎么证明四边形内角和是 $360°$?

(5) 我们知道了三角形的内角和是 $180°$,也知道了四边形的内角和是 $360°$,能不能提出一个值得进一步去研究的问题呢?

3. 课堂实录

师:在我们平时的生活中,多边形的形象无处不在,比如在足球、路牌、地砖上,都可以看到多边形的形象。说到地砖,老师问大家一个问题,在平时的生活中,我们最常见到的四边形地砖是什么形状的?

生A:有正方形、长方形、菱形。

师:那为什么我们会选择这种形状的四边形做地砖呢?

生B:美观,好看。它们可以把地面铺满。

师:非常好。正方形、长方形的地砖都可以做到铺满整个地面,并且不留空隙。那么现在老师提出一个问题,如果我找一个任意形状的四边形,我们可以用它铺满整个地面、不留空隙吗?

生C:可以。

生D:不可以。

师:其实也是可以的,来看课件(图10)。我们会发现,无论怎么改变这个四边形的形状,我们都可以做到铺满整个地面、不留空隙。那么,我们到底是怎么拼的呢? 我们将4块地砖抽象成4个全等的任意四边形,对它们进行旋转,随后进行拼接,就能将它们没有空隙地拼在一起(图11)。这其中的数学原理是什么呢?

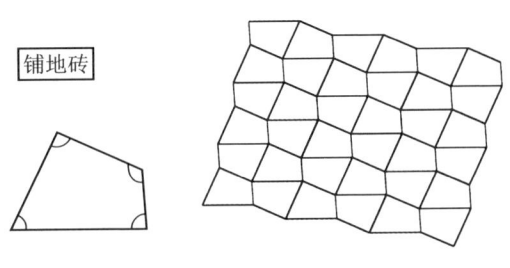

图10 四边形形状的改变(1)

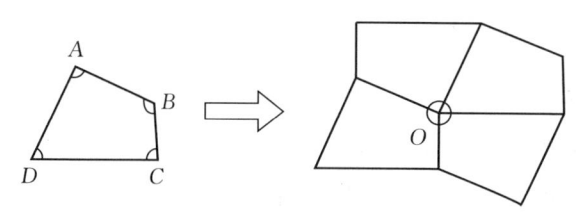

图 11 四边形形状的改变(2)

生 E:四边形内角和是 360°。

师:怎样进行证明?

生 F:联结 AC,把它变成两个三角形。然后一个三角形的内角和是 180°,两个三角形的内角和是 360°。

师:那么在刚才证明四边形内角和是 360°的过程中,用了哪些知识?

生 G:三角形内角和。

师:我们把一个四边形内角和的问题,转化为一个三角形内角和的问题。在数学中,这是一种非常重要的化归思想。现在,我们知道了三角形的内角和是 180°,也知道了四边形的内角和是 360°,你们能不能提出一个值得我们进一步去研究的问题呢?

生 H:五边形内角和,$n$ 边形内角和。

师:非常好。我们可以去研究五边形、六边形,直至是 $n$ 边形的内角和。我们不妨从五边形的内角和开始。接下来,老师把时间交给大家,请大家在学习单上尝试探究五边形内角和,尝试利用多种方法对五边形内角和进行研究,一会进行交流。

## 四、整合与互动(触类旁通阶段)

1. 创设情境

用不同的方法对五边形内角和进行探究。

2.引导型问题链

(1)我们选择其中的5种方法进行交流。如果我们想对这5种方法进行分组,可以怎么分呢?

(2)这两组中,你们喜欢哪一组?

(3)这些方法转化出的三角形的个数分别是多少?它们之间存在什么样的关系呢?

3.课堂实录

师:老师选了5种方法(如表1)。利用不同的方法,我们都能得到五边形的内角和。如果我们想对这5种方法进行分组,可以怎么分呢?

表1 对五边形内角和探究的五种方法

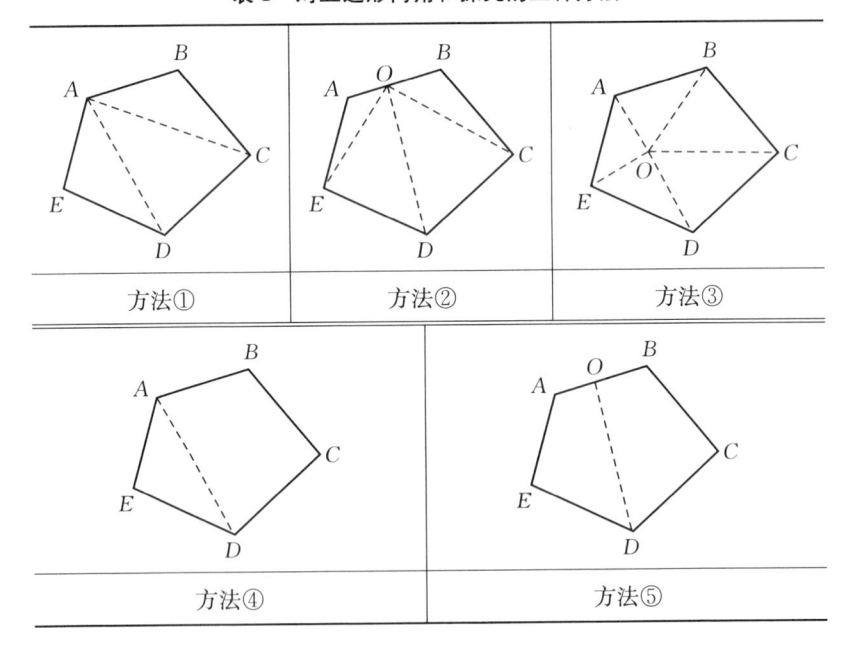

| 方法① | 方法② | 方法③ |
| --- | --- | --- |
| 方法④ | 方法⑤ | |

生 A：(分法一)我的分组是①④一组、②③⑤一组。第一组可以用直接相加的方法得到内角和，第二组需要减去多余的角才能得到内角和。

生 B：(分法二)我的分组是①②③一组、④⑤一组。第一组都转化为了三角形，第二组都转化为三角形或者是四边形。

师：(分法二)我们来看这一种分法，你们喜欢哪一组？

生 C：我喜欢④⑤这组，因为算起来简单。

师：老师也比较喜欢第二组的方法，计算起来比较简单。我还找了一些图，用这个方法来试了一试，会不会出现什么问题呢？(图12)

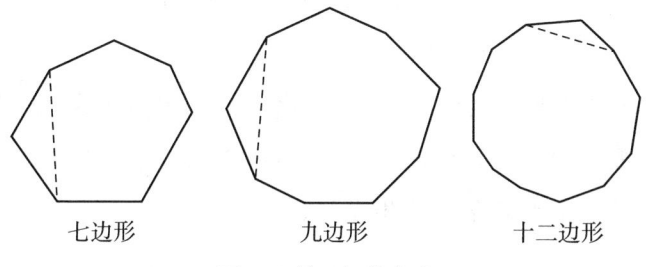

七边形　　　九边形　　　十二边形

图12　第二组的方法

生 D：会出现问题，没办法算了，因为我们不知道一些多边形的内角和。

师：在研究五边形内角和的过程中，我们已经有了四边形内角和的相关经验，而在这里，我们就需要知道每一个多边形的内角和。所以，这个方法虽然在五边形中非常好用，但是在后续的研究中，就会出现一些困难。刚才有一些老师没有选上来的方法,或多或少都存在这个问题。再来看第一组三种方法(①②③)。在这一组中,我们将五边形全部转化为了三角形,但我们发现三角形的个数是不一样的? 它们之间会不会存在什么关系呢? 让我们一起来研究一下。**谁来说一说这三种方法对应辅助线的几何表述?**

生 E:①联结 $AC$、$AD$;②在 $AB$ 边上任取一点 $O$,联结 $OC$、$OD$、$OE$;③在五边形内任取一点 $O$,联结 $OA$、$OB$、$OC$、$OD$、$OE$。

师:从他们的几何表述中,能不能发现方法之间的共同点和不同点?

生 F:分别在五边形的顶点、边和五边形内选取点 $O$,然后联结点 $O$ 和五边形的各个顶点。

师:请同学们在电子设备 Pad 上拖动点 $O$,并且在这个过程中观察三角形的个数,思考三角形的个数是如何变化的? 一会请大家上来交流。(学生作答如表2。)

表2  有关三角形个数的学生的动作与交流

| 序号 | 学生动作 | | 学生交流 |
|---|---|---|---|
| ① | (五边形 $ABCDE$,点 $O$ 在内部,连接 $O$ 到各顶点) | 在屏幕上拖动点 $O$,保持在五边形内运动。 | 当点 $O$ 在五边形内部时,点 $O$ 和五边形的每一条边长都会构成一个三角形。所以此时五边形被转化为5个三角形。 |

260

续表

| 序号 | 学生动作 | 学生交流 |
|---|---|---|
| ② | 在屏幕上拖动点 $O$，使其从五边形内移动到五边形的边上。 | 当点 $O$ 从五边形内移动到五边形边上时，一个三角形的高逐渐变为 0。所以，此时五边形转化为 4 个三角形。 |
| ③ | 在屏幕上拖动点 $O$，使其从五边形内（边上）移动到五边形的顶点上。 | 当点 $O$ 从五边形内移动到五边形顶点上时，两个三角形的高逐渐变为 0。所以，此时五边形转化为 3 个三角形。 |

师:非常好,那如果我们将 $O$ 拖动到五边形外,你们能试一试求五边形的内角和吗(图13)?

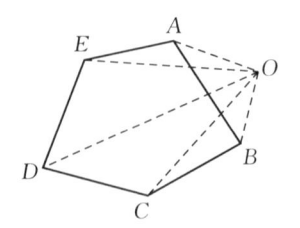

图13 $O$ 拖动到五边形外

生G:当点 $O$ 在五边形外时,也是分为了五个三角形,但有一个三角形在外面,所以需要减去它的内角和,即用四个三角形的内角和减去一个三角形的内角和。

**五、反馈与拓展(融会贯通阶段)**

1. 创设情境

类比对五边形内角和的探究,用不同的方法对 $n$ 边形内角和进行探究。

2. 应用型问题链

(1)将问题直接推广到 $n$ 边形。运用刚才的经验,能不能试着推导出 $n$ 边形的内角和公式?

(2)这几种方法推导出的 $n$ 边形内角和,它们相等吗?从今后计算简便的角度来看,哪一种最简单呢?

3. 课堂实录

师:现在我们将问题直接推广到 $n$ 边形。运用刚才的经验,我们能不能试着直接推导出 $n$ 边形的内角和公式呢?谁来说说看？（学生作答如表3。）

表3 有关 $n$ 边形的学生动作与交流

| 序号 | 学生动作 | 学生交流 |
| --- | --- | --- |
| ① | 在五边形内任取一点 $O$，将其与各个顶点相连。 | 点 $O$ 和 $n$ 边形的每条边长都构成了一个三角形；<br>$n$ 边形内角和被转化为 $n$ 个三角形的内角和再减去以 $O$ 为顶点的一个周角；<br>所以内角和为 $n\times 180°-360°$。 |
| ② | 在屏幕上拖动点 $O$，使其从形内移动到形边上。 | 点 $O$ 落在 $CD$ 上时少了一个三角形；<br>$n$ 边形内角和被转化为 $(n-1)$ 个三角形的内角和再减去以 $O$ 为顶点的一个平角；<br>所以内角和为 $(n-1)\times 180°-180°$。 |
| ③ | 在屏幕上拖动点 $O$，使其从形内移动到图形的任意一个顶点上。 | 点 $O$ 落在 $A$ 点上时少了两个三角形；<br>$n$ 边形内角和被转化为 $(n-2)$ 个三角形的内角和；<br>所以内角和为 $(n-2)\times 180°$。 |

续表

| 序号 | 学生动作 | 学生交流 |
|---|---|---|
| ④ | 在屏幕上拖动点 $O$，使其从形内移动到形外。 | 点 $O$ 落在五边形外时，有一个三角形跑到了 $n$ 边形外；<br>$n$ 边形的内角和被转化为 $(n-1)$ 个三角形的内角和再减去 $\triangle OCD$ 的内角和；<br>所以内角和为 $(n-1) \times 180° - 180°$。 |

师：我们来看一下这几种方法求出的内角和，它们相等吗？从今后计算简便的角度来看，哪一种最简单呢？

生：相等；$(n-2) \times 180°$ 最简单。

师：所以我们就将 $(n-2) \times 180°$ 作为多边形内角和的计算公式。

## 六、课后反思

在本课的教学中，采用的教学方式与常规教学有所不同，可以说是进行了一次教学尝试。在常规教学中"多边形内角和"一课往往遵循如图 14 所示的教学流程。

在这样的教学流程中，以下两个教学难点往往难以解决。第一，不同转化方法之间过于独立。在课堂中，教师会引导学生用多种方法对四边形的内角和进行推导，也会在其中选择几种对后续的多边形进行研究，但是对于不同方法之间的相互关联是较为忽视的。学生能够知道有多种方法，却不知道蕴含在其中的相互关系。

常规教学流程：

```
多边形的概念与元素
凹凸多边形的概念
        ↓
探究四边形内角和 → 转化思想
                多种转化方法的交流       同一顶点出发
                         ↓            对角线的条数
                 选取利用对角线          三角形的个数
                 进行分割的方法          四边形内角和
        ↓
探究五边形、六边形、
七边形……内角和
        ↓
   规律总结
```

| 多边形的边数 | 4 | 5 | 6 | 7 | …… | $n$ |
|---|---|---|---|---|---|---|
| 三角形的个数 |   |   |   |   |   |   |
| 多边形内角和 |   |   |   |   |   |   |

函数思想

多边形内角和定理

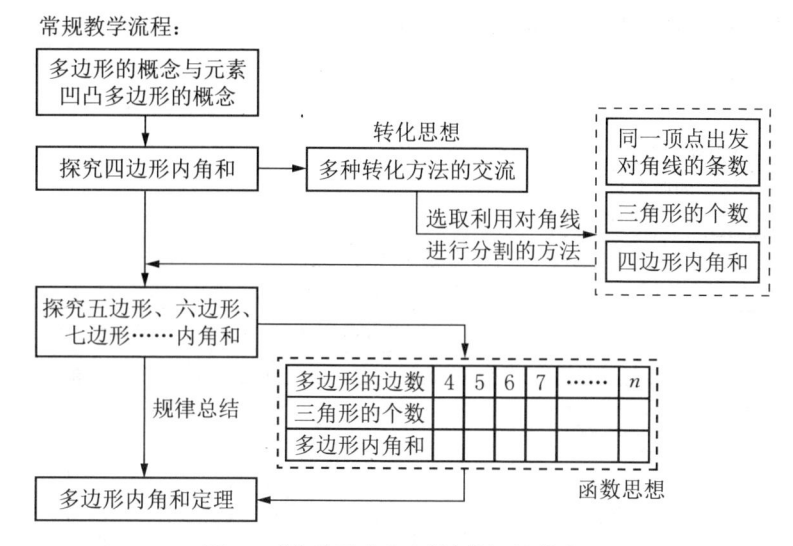

**图 14 "多边形内角和"的常规教学流程**

第二，多边形内角和定理的推导并不严格，遗忘率高。在课堂中对多边形内角和定理的推导其本质是采用数学的不完全归纳法。在初中阶段，虽常用这种方法能解决问题，但总感觉存有遗憾。另外，由于公式中的($n-2$)是在规律中归纳得出的结果，所以学生对于($n-2$)并没有直观地理解。因此，在初三对其进行复习时，发现公式的遗忘率较高。

正是出于这两点的考虑，才有了本堂课的相应的教学设计与尝试。在本课的教学设计中，就关注到了上述的两个问题，将较多的课堂时间花在了五边形内角和的多种探究方法上，不仅选取了其中的一些方法，借助动态几何探究其相互之间的关联，还用相对严格的方法确定三角形个数并理解其发生变化的原因，从而以合情推理的方式获得了多边形内角和定理。学生也能对公式中的$(n-2)$获得直观的理解(图15)。

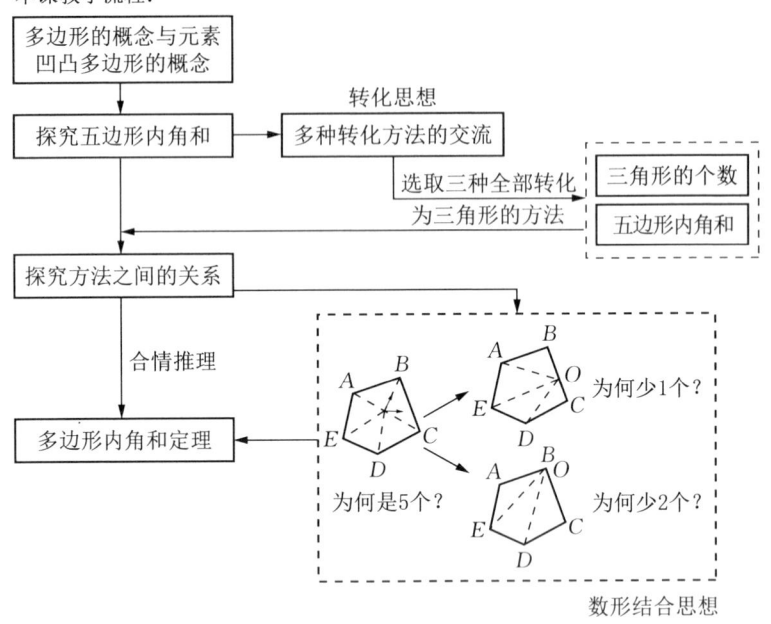

图 15 本课教学流程

在完成教学后,对于本次的教学尝试还是满意的,因为学生能通过这种方式理解多边形内角和定理,教学目标也基本达成。但由于课堂设计的侧重点不同,本课的设计与常规设计相比,既有得,亦有失,更多地应该考虑两者的兼容与共存。

得:①$(n-2)$的几何解释;②对多种转化方法更细致的交流;③融入更多的数形结合思想,如动态几何思想;④转化方法间的相互关联。

失:①对角线条数与 $n$ 之间的关系;②递归法的应用,对数学规律的抓取与归纳能力;③融入更多的函数思想(对角线条数、三角形个数、内角和随着 $n$ 的变化而变化);④更为明显的从特殊到一般的研究方式。

从中可以发现,常规设计更多的是以推导多边形内角和定理为教学重点,引导学生在推导 $n$ 边形内角和的过程中多次经历从特殊到一般的推导过程。而本设计的侧重点则着眼于以五边形为例,找出多边形与其转化出的三角形个数之间的关系。通过本次的教学尝试,令我们对本课的设计有了更深的理解。

## 第十节 函数的单调性[①]

### 一、教学背景

"函数的单调性"是《新课标》的必修内容。在之前,教材的内容先是幂和对数的运算,这是从静态的过程研究幂和对数;然后是幂函数、指数函数和对数函数的图像和性质,这是从动态的过程,即用变化的观点来研究幂和对数,从直观上让学生感受一下幂函数、指数函数和对数函数的图像和性质;最后是函数的一般定义,研究其基本性质,并用严格的数学语言刻画函数的性质,给出演绎证明。教材的编写体现了从直观到抽象、从特殊到一般的研究方法,这比较符合学生

---

① 本节的作者是复旦附中张建国老师。

的认知规律。

在本节课之前,学生已学习了函数的概念和幂函数、指数函数和对数函数的图像和性质,但学生对于这些函数的性质都是处于形象思维的阶段,只能用生活语言加以描述。"函数的单调性"是函数的第二个基本性质,是对学生前面通过观察得到的函数图像上升或下降的严格定义,是把生活语言转化为数学语言。这为后面研究一般的函数性质打下了基础,同时有利于发展学生的直观想象、数学抽象、逻辑推理等素养。

**二、预设与聚焦(自学略同阶段)**

| 序号 | 预学任务单 |
| --- | --- |
| 1 | 你能描述二次函数 $y=x^2$ 图像的变化规律吗? |
| 2 | 上面变化规律的正确性是毋庸置疑的,但需要给出证明才能让人信服,你认为证明的难点在哪里? |
| 3 | 图像"上升"或"下降"都是直观描述的语言,你能逐步用数学语言进行描述吗? |
| 4 | 函数值"增大"或"减小"是不断变化的过程,需要通过前后比较才能体现出来,如何实现前后比较? |
| 5 | 为什么要求 $x_1$ 与 $x_2$ 是任意的?特殊的两个 $x_1$ 与 $x_2$ 不行吗? |
| 6 | 根据函数单调性的定义,你能证明"函数 $f(x)=x^2$ 在$(0,+\infty)$上是严格增函数"吗? |

问题1:你能描述二次函数 $y=x^2$ 图像的变化规律吗?

学生:$y$ 轴左边,图像下降;$y$ 轴右边,图像上升。

92%的学生都能准确回答这个问题。因为,在初中,学生就通过直观观察得到了这些性质。但数学的学习不能只停留在直观观察上,还要由感性认识上升到理性认识,这是需要老师引导学生的地方。

问题2:上面变化规律的正确性是毋庸置疑的,但需要给出证明才能让人信服。你认为证明的难点在哪里?

学生:仅能"看出"其变化趋势,难以用数学语言表述。

97%的学生都不能回答出这个问题。因为他们觉得这个性质是显然的,不需要证明。学生的这种回答其实是很正常的,因为初中数学的学习以形象思维为主,他们也习惯了这种思维模式。但高中数学以抽象思维和演绎证明为主,因此学生是不适应的,这需要教师着重引导的。

问题3:图像"上升"或"下降"都是直观描述的语言,你能逐步用数学语言描述吗?

学生:$x$ 增加,$y$ 增加为上升;$x$ 减小,$y$ 减小为下降。

48%的学生能描述函数值随自变量的变化关系,但描述的还不准确。这是形象思维向抽象思维转化的第一步,需要教师课堂上逐步引导。

问题4:函数值"增大"或"减小"是不断变化的过程,需要通过前后比较才能体现出来。如何实现前后比较?

学生:设 $x_1 < x_2$、$x_1 x_2 > 0$,判断 $x_1^2 - x_2^2$ 大于/小于/等于 0;

∵ $x_1^2 - x_2^2 = (x_1 - x_2)(x_1 + x_2)$,

又∵ $x_1 - x_2 < 0$,$x_1 + x_2 > 0$,∴ $x_1^2 - x_2^2 < 0$,∴ 严格递增。

87%的学生回答不出这个问题。教师需要课堂上引导学生通过比较大小才能体现出"增大"或"减小",这也是函数单调性定义的关键。

问题 5:为什么要求 $x_1$ 与 $x_2$ 是任意的?特殊的两个 $x_1$ 与 $x_2$ 不行吗?

学生:因为要保证函数的单调性。在任意长度、任意区间内均要单调,所以需要取 $\forall x_1, x_2$。取特殊 $x_1$、$x_2$ 就是反例(图1),即此函数不为单调函数,但若取特殊 $x_1$、$x_2$,则变成了单调函数,矛盾。

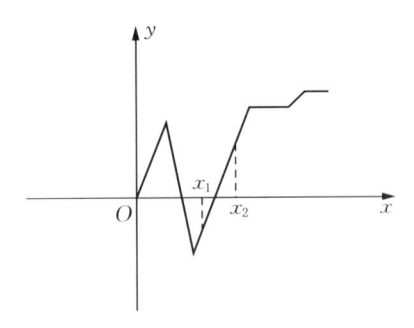

**图 1 函数单调性的判定**

近46%的学生回答出了这个问题。$x_1$ 与 $x_2$ 必须是定义域内任意的两个值,这是单调性定义中需要特别注意的地方。

问题 6:根据函数单调性的定义,你能证明"函数 $y=x^2$ 在 $(0,+\infty)$ 上是严格增函数"吗?

学生:∵ $\forall x_1, x_2 \in (0,+\infty), x_1 > x_2$,

∴ $f(x_1) - f(x_2) = x_1^2 - x_2^2 = (x_1 + x_2)(x_1 - x_2)$;

∵ $x_1+x_2>0$, $x_1-x_2>0$，∴ $f(x_1)-f(x_2)>0$，

∴ $f(x_1)>f(x_2)$，

∴ $f(x)=x^2$ 在 $(0,+\infty)$ 上严格增函数。

23%的学生能够利用单调性的定义给出演绎证明。这说明学生对函数单调性定义的理解还不深入，需要教师在课堂中多多引导，多设置思维平台，让学生顺利地从感性认识过渡到理性认识。

### 三、探究与发现(大致粗通阶段)

1. 创设情景

在初中，大家学习了二次函数 $f(x)=x^2$ 的图像和性质，它的图像(图2)有什么变化规律？

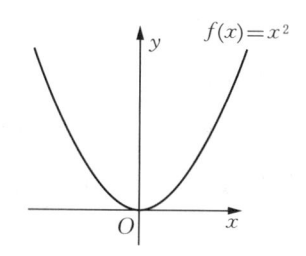

图2 二次函数 $f(x)=x^2$ 的图像

2. 引导型问题链

(1) 观察函数 $f(x)=x^2$ 的图像，分析一下图像有什么变化规律。

(2) 如何用数学语言严格刻画图像的"上升"和"下降"？

(3) 如何用数学语言描述函数 $f(x)=x^2$ 的图像的变化规律？

3. 课堂实录

师：前面我们学习了函数的第一个基本性质——奇偶性。函数

还有其他性质吗？现在，还是请同学们观察函数 $f(x)=x^2$ 的图像，分析一下图像有什么变化规律。

生：在 $y$ 轴右侧的部分图像上升，在 $y$ 轴左侧图像下降。

师：你从哪个方向开始观察图像的？

生：从左往右看。

师：对的。这里要强调观察的方向是从左往右看，请同学们描述得再详细一点。

生：从左往右看，在 $y$ 轴右侧的部分图像上升，在 $y$ 轴左侧图像下降。

师：什么叫图像上升？什么叫图像下降？

生：函数值增加叫图像上升；函数值减小叫图像下降。

师：是什么原因导致了函数的增加或减小？

生：自变量的变化导致了函数值的增加或减小。

师：在导致函数值增加或减小的过程中，自变量是如何变化的？

生：自变量增加。

师：我们知道，函数值和自变量的取值是唯一对应的。那么，在 $y$ 轴右侧，"自变量增加"和"函数值增加"有关联吗？

生：有关联，自变量增加导致了对应函数值的增加。

师：对的。应该用什么词语连接这两个"增加"呢？

生：在 $y$ 轴右侧，随着自变量的增加，函数值也增加；在 $y$ 轴左侧，随着自变量的增加，函数值减小。

师：很好。这样的描述比前面的描述更加准确了。进一步，请同学们思考:什么叫增加?什么叫减小?提示一下,增加或减小是要通过比较才能体现出来,还有高、矮、胖、瘦等这些量都是相对的,需要通过比较才能体现出来。因此要通过对自变量和因变量这两个量的前后比较才能说明增加或减小。请同学们再思考一下,现在有思路了吗?

生:在 $y$ 轴右侧,设 $x_1$,$x_2$ 是自变量的两个值,当 $x_1 < x_2$ 时,都有 $y_1 < y_2$。

师:这里的 $y_1$ 和 $y_2$ 分别是 $x_1$,$x_2$ 对应的函数值,并且 $x_1$,$x_2$ 是事先给定的,那么应该如何表达得更清楚呢?

生:在 $y$ 轴右侧,设 $x_1$,$x_2$ 是自变量的给定的两个值,当 $x_1 < x_2$ 时,有 $f(x_1) < f(x_2)$。

师:我们要描述的是 $y$ 轴右侧的全部图像都上升,即随着所有自变量的增加,函数值都增加。因此,请同学思考:这里的 $x_1$,$x_2$ 有什么要求?

生:$x_1$,$x_2$ 前面要加任意两个字。

师:很好。因为是在 $y$ 轴右侧,所以 $x_1$,$x_2$ 还应该有限制,如何限制?

生:$x_1 > 0$,$x_2 > 0$。

师:对的。把上面的信息综合在一起,如何表达呢?

生:在 $y$ 轴右侧,对任意给定的 $x_1$,$x_2 \in (0, +\infty)$,当 $x_1 < x_2$ 时,都有 $f(x_1) < f(x_2)$;在 $y$ 轴左侧,对任意给定的 $x_1$,$x_2 \in (0, +\infty)$,当 $x_1 < x_2$ 时,都有 $f(x_1) > f(x_2)$;

师:很好。我们给这种函数的性质起个名字,即严格递增和严格递减,合在一起叫函数的严格单调性。

师:请同学们把函数 $f(x)=x^2$ 的图像变化规律用前面总结出数学语言描述如下,并给出定义。

生:设任意给定的 $x_1$,$x_2\in(0,+\infty)$,当 $x_1<x_2$ 时,都有 $f(x_1)<f(x_2)$,我们称函数 $f(x)=x^2$ 在区间$(0,+\infty)$上是严格递增的,函数 $f(x)=x^2$ 是区间$(0,+\infty)$上的严格增函数;设任意给定的 $x_1$,$x_2\in(-\infty,0)$,当 $x_1<x_2$ 时,都有 $f(x_1)>f(x_2)$,我们称函数 $f(x)=x^2$ 在区间$(-\infty,0)$上是严格递减的,函数 $f(x)=x^2$ 是区间$(-\infty,0)$上的严格减函数。

师:进一步,其中的区间$(0,+\infty)$叫函数 $f(x)=x^2$ 的严格递增区间,$(-\infty,0)$叫函数 $f(x)=x^2$ 的严格递减区间;区间$(0,+\infty)$和区间$(-\infty,0)$叫函数 $f(x)=x^2$ 的严格单调区间。进一步,我们发现,函数 $f(x)=x^2$ 的严格递增区间和严格递减区间都是其定义域的子集。根据上面的例子,同学们能对一般的函数 $y=f(x)(x\in D)$ 给出严格递增和严格递减的定义吗?

生:已知函数 $y=f(x)(x\in D)$,区间 $I\subseteq D$

(1) 设任意给定的 $x_1$,$x_2\in I$,当 $x_1<x_2$ 时,都有 $f(x_1)<f(x_2)$,称函数 $f(x)$ 在区间 $I$ 上是严格递增的,函数 $f(x)$ 在区间 $I$ 上的是严格增函数;

(2) 设任意给定的 $x_1, x_2 \in I$,当 $x_1 < x_2$ 时,都有 $f(x_1) > f(x_2)$,称函数 $f(x)$ 在区间 $I$ 上是严格递减的,函数 $f(x)$ 在区间 $I$ 上的是严格减函数。

## 四、整合互动(触类旁通阶段)

1. 创设情境

请同学们思考一下,刚才我们是从 $x$ 轴的负半轴到正半轴观察二次函数 $f(x)=x^2$ 的变化规律,即是从左往右看的;那么如果从 $x$ 轴的正半轴到负半轴观察二次函数 $f(x)=x^2$ 的变化规律,即从右往左看,你能得到函数单调性的等价定义吗?

2. 探究性问题链

(1) 从右往左看,图像是如何变化的?

(2) 类比前面得到的定义,上述的变化规律如何用数学语言来描述?

(3) 单调性的等价定义是什么?

3. 课堂实录

师:请同学们进一步思考,上面的定义中都是假定给定的自变量 $x_1, x_2$ 都是增加的,即 $x_1 < x_2$,如同前面讲的都是从左往右看的图像,那么可以假定 $x_1 > x_2$ 吗? 即从右往左看的图像可以吗? 如果可以,上面的定义该如何变化?

生:可以的,定义如下。(1) 设任意给定的 $x_1, x_2 \in I$,当 $x_1 < x_2(x_1 > x_2)$ 时,都有 $f(x_1) < f(x_2)(f(x_1) > f(x_2))$,称函数 $f(x)$ 在区间 $I$ 上是严格递增的,函数 $f(x)$ 在区间 $I$ 上的

是严格增函数;(2)设任意给定的 $x_1$, $x_2 \in I$, 当 $x_1 < x_2(x_1 > x_2)$时, 都有 $f(x_1) > f(x_2)(f(x_1) < f(x_2))$, 称函数 $f(x)$ 在区间 $I$ 上是严格递减的, 函数 $f(x)$ 在区间 $I$ 上的是严格减函数。

师:很好。下面,我们再给出递增和递减的定义。(1)设任意给定的 $x_1$, $x_2 \in I$, 当 $x_1 < x_2(x_1 > x_2)$时, 都有 $f(x_1) \leqslant f(x_2)(f(x_1) \geqslant f(x_2))$, 称函数 $f(x)$ 在区间 $I$ 上是递增的, 函数 $f(x)$ 在区间 $I$ 上的是增函数;(2)设任意给定的 $x_1$, $x_2 \in I$, 当 $x_1 < x_2(x_1 > x_2)$时, 都有 $f(x_1) \geqslant f(x_2)(f(x_1) \leqslant f(x_2))$, 称函数 $f(x)$ 在区间 $I$ 上是递减的, 函数 $f(x)$ 是区间 $I$ 上的是减函数。

### 五、反馈与拓展(融会贯通阶段)

1. 创设情境

证明:函数 $f(x) = x^2$ 在 $(0, +\infty)$ 上是严格增函数。

2. 应用型问题链

(1) 什么是数学证明?

(2) 利用什么工具或方法完成本题的证明?

(3) 本题的证明步骤是什么?

(4) 证明完成后你还怀疑本题结论的正确性吗?

3. 课堂实录

师:什么是数学证明呢?

生:从某些公理、定理和定义出发,经过逐步推理得到结论的过程。

师：基本正确。证明就是从一些事实和命题出发，依据规则推出其他命题的过程。

师：对于本题而言，完成证明所依据的事实或命题是什么？

生：函数单调性的定义。

师：对的。证明的步骤是什么呢？能规范地表达出来吗？

生：对于任意 $x_1$，$x_2 \in (0, +\infty)$，且 $x_1 < x_2$，则 $f(x_1) - f(x_2) = x_1^2 - x_2^2 = (x_1 + x_2)(x_1 - x_2)$，由于 $x_1 + x_2 > 0$、$x_1 - x_2 < 0$，所以 $f(x_1) < f(x_2)$；

因此，函数 $f(x) = x^2$ 在 $(0, +\infty)$ 上是严格增函数。

师：很好。能总结出证明的步骤吗？

生：第一步，设任意 $x_1$，$x_2 \in D$，且 $x_1 < x_2$；第二步，比较 $f(x_1)$ 与 $f(x_2)$ 的大小；第三步，给出结论。

师：在第二步"比较 $f(x_1)$ 与 $f(x_2)$ 的大小"中，通常采用什么方法？

生：可以做差，有时候也可以作商。

师：很好。证明本题后，你还怀疑本题结论的正确性吗？

生：结论肯定正确。

师：为什么？

生：用定义给出了证明。

师："用定义给出了证明"，其实就是给出一般的演绎推理过程。

演绎推理是从一般性原理推导出特殊性结论的推理方法，这种方法从真实的前提出发,一定能推导出真实的结论。因此,给出一般的证明后,我们不应该再怀疑结论的正确性。

### 六、课后反思

函数的单调性是函数的基本性质之一,也是研究函数的基本工具之一。本节课是问题驱动下的课堂教学。问题驱动强调以问题为中心,把教学目标的实现转化为一个个问题的解决。问题驱动下的教学需要教师事先设计合理的问题情景,通过富有启发性的问题设计,把学生的兴趣点和注意力融入问题。在教师的引导下,学生通过思考和解决一个个问题而达到对概念和公式的理解和掌握,这对于发展学生的数学核心素养很有帮助。本节课就是在问题驱动下,培养学生的直观想象、数学抽象、数学推理和数学运算等核心素养的一次尝试。

通过本节课的教学,笔者深深地感受到课堂教学中问题设计的重要性。科学的问题设计能带领学生主动参与到课堂中来,能不断激发学生学习数学的兴趣,对培养学生的数学核心素养很有帮助。

## 第十一节　三角形一边的平行线性质定理[①]

### 一、教学背景

相似三角形是初中数学平面几何的一个重要内容,它是继全等

---

① 本节的作者是复旦二附校高洁老师。

三角形之后对图形关系的进一步一般化，同时为后续锐角三角比的研究奠定基础。由于相似三角形的研究中会运用到比例线段，因此教材在内容安排上，先讲"放缩与相似形"，再展开对比例线段、三角形一边的平行线的研究，然后，类比全等三角形，从"定义-判定-性质-应用"对相似三角形展开研究。

三角形一边的平行线性质定理位于沪教版《九年义务教育课本　数学　第一学期》的"相似三角形"一章，是三角形一边的平行线单元的起始课，承接了八年级的"三角形中位线"的内容。本节课从三角形中位线定理出发，后将条件一般化，引出了三角形一边的平行线性质定理。此定理将平行的位置关系转化为比例线段的数量关系，为后续对三角形一边的平行线的进一步研究奠定基础。

从知识层面来看，学生在学习本节课之前，在"图形与几何"部分中已经学过三角形的全等、平行四边形、三角形的中位线等内容，在"数与代数"部分中已经学习过比例的基本性质、等比性质、合比性质等内容。本节课的教学重点是三角形一边的平行线性质定理的导出和证明过程；教学难点是三角形一边的平行线性质定理的多种证明思路的挖掘与提炼。希望通过本节课的学习，引导学生进一步获得发现与提出问题、分析与解决问题的能力，让学生积累活动经验。

基于以上分析，设定学习目标如下：

1. 经历三角形一边的平行线性质定理的问题提出和推广的过

程,领略图形运动的观点,体验逆向思维及从特殊到一般的思考策略,发展几何直观和空间观念。

2. 经历三角形一边的平行线性质定理的问题解决的过程,体验类比、化归思想的运用,发展推理能力。

3. 掌握三角形一边的平行线性质定理,能运用定理进行简单的几何计算与证明。

为了达成以上目标,本节课以单元教学设计为背景,运用图形运动的观点,从特殊到一般,对三角形一边的平行线的性质展开研究,重点发展几何直观、空间观念和推理能力的核心素养。

**二、预学与聚焦(自学略通阶段)**

| 序号 | 预学任务单 |
| --- | --- |
| 1 | 本节课关于"三角形一边的平行线性质"的系列问题最初是怎样被提出的? |
| 2 | 三角形一边的平行线性质定理的研究经历了怎样的过程? |
| 3 | 如图,如果直线 $l$ 与边 $AB$、$AC$ 的反向延长线分别相交于点 $D$、$E$,且 $l \parallel BC$,那么 $\dfrac{AE}{EC}=\dfrac{AD}{DB}$ 成立吗?你还有除课本以外的证明方法吗? |
| 4 | "三角形一边的平行线性质定理"的内容是什么?可以归纳为几类基本图形?请结合图形,尝试用符号语言表达该定理。 |

问题1:本节课关于"三角形一边的平行线性质"的系列问题最初

是怎样被提出的?

课本的问题 1 是这样描述的:如图 1,如果 $\frac{AD}{DB}=1$,$DE \mathbin{/\mkern-6mu/} BC$,那么 $\frac{AE}{EC}$ 是否等于 1?

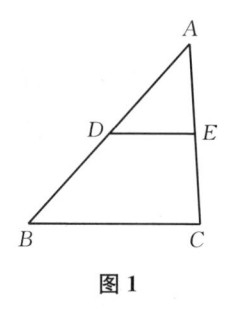

图 1

学生 A:尝试找到线段比与面积比之间的联系。

学生 B:从三角形中位线性质推理而得。

学生 C:由三角形中位线平行于一底,猜想一边中点所做平行于另一边的直线交第三边的点是不是中点。

学生 D:为了研究中位线定理的逆定理。

85％的学生不能把这个问题回答清楚。课本在提出该问题后,指出在上一节课的例题中,为了证明四条线段成比例,利用了线段比与面积比之间的联系,引出了可以考虑利用三角形的面积比尝试解决该问题。在以上 85％的同学中,占比最大的错是把解决问题的方法作为问题提出的背景;另外还有一些同学虽然提到了"三角形的中位线",但未能讲清楚该问题和"三角形中位线定理"之间的联系。只有 15% 的学生能描述出这个问题其实是从三角形中位线定理出发，交换了三角形中位线定理的一个条件和结论。

问题 2：三角形一边的平行线性质定理的研究经历了怎样的过程？

学生 A：如图 2，联结 $EB$、$DC$，$\dfrac{S_{\triangle EAD}}{S_{\triangle EDB}}=\dfrac{AD}{DB}=1$，$\dfrac{S_{\triangle EAD}}{S_{\triangle EDC}}=\dfrac{AE}{EC}$；

∵ $DE\parallel BC$，

∴ $\triangle EDC$ 与 $\triangle EDB$ 同底等高，

∴ $\dfrac{AE}{EC}=\dfrac{S_{\triangle EDA}}{S_{\triangle EDC}}=\dfrac{S_{\triangle EDA}}{S_{\triangle EDB}}=\dfrac{AD}{DB}=1$。

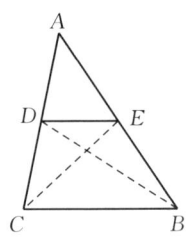

图 2　学生 A 作答图

学生 B：(如图 3)

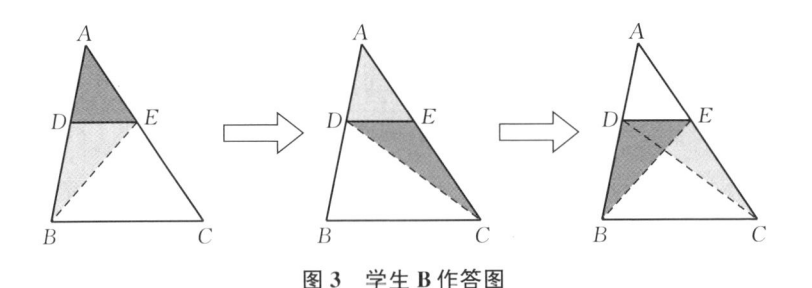

图 3　学生 B 作答图

学生 C：由特殊中位线到一般平行线。(如图 4)

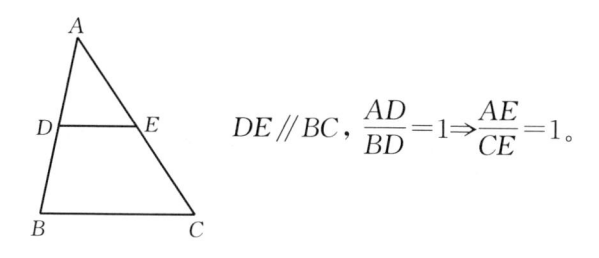

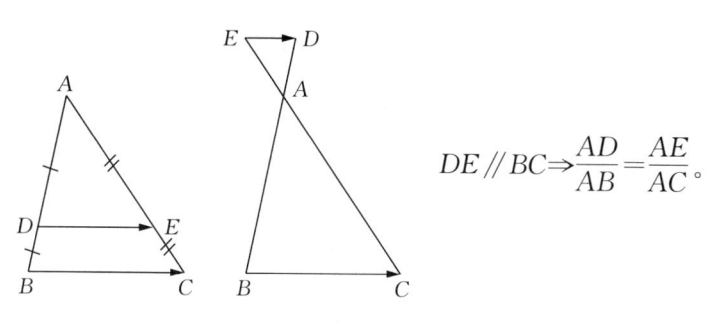

$DE \mathbin{/\mkern-6mu/} BC$，$\dfrac{AD}{BD}=1 \Rightarrow \dfrac{AE}{CE}=1$。

$DE \mathbin{/\mkern-6mu/} BC \Rightarrow \dfrac{AD}{AB}=\dfrac{AE}{AC}$。

**图 4　学生 C 作答图**

学生 D：从特殊到一般。（如图 5）

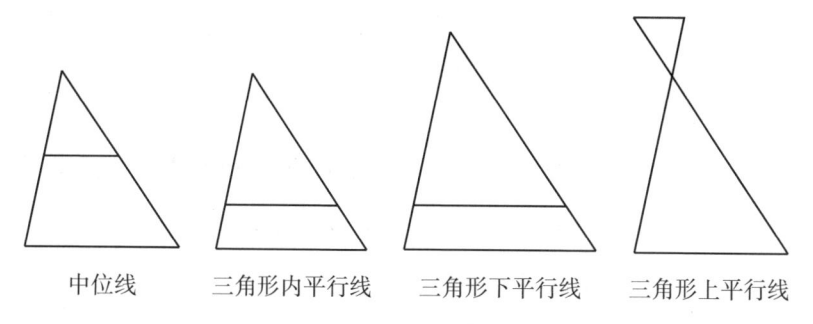

中位线　　　三角形内平行线　　　三角形下平行线　　　三角形上平行线

**图 5　学生 D 作答图**

有 10% 的同学没有作答思路；有 11% 的同学提到了"从特殊到一般"，但没有具体做出解释；有 49% 的同学预学后无法提炼出"研究

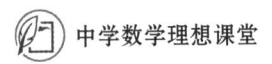

过程"。这其中,有一半左右的同学把对某个问题的"证明过程"当作整个的研究过程(如问题2的学生A和学生B)。有21%的同学能够提炼出部分研究过程,只有9%的同学能表述出完整的研究过程。(如问题2的学生C、D作答)

问题3:如图6,如果直线 $l$ 与边 $AB$、$AC$ 的反向延长线分别相交于点 $D$、$E$,且 $l /\!/ BC$,那么 $\dfrac{AE}{EC} = \dfrac{AD}{DB}$ 仍成立吗?你还有除课本以外的证明方法吗?

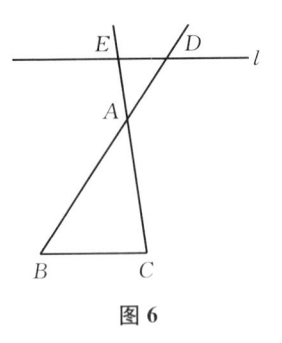

图6

学生作答:成立(方法一);

  过点 $B$ 作 $EC$ 的平行线,过点 $A$ 作 $DE$ 的平行线,两线交于 $A'$;

  ∵ $AA' /\!/ DE$,

  ∴ $\dfrac{A'E'}{BE'} = \dfrac{AD}{BD}$;

  ∵ $BE' = EC$,

  又∵ $A'E' = AE$,

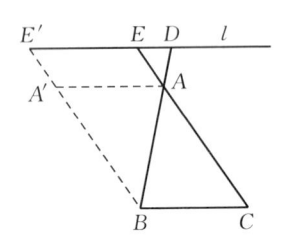

$$\therefore \frac{AE}{EC} = \frac{AD}{DB}。$$

学生作答:成立(方法二);

在 $AB$ 上取 $AP = AD$,在 $AC$ 上取 $AQ = AE$;

$\because$ 在 $\triangle APQ$ 与 $\triangle ADE$ 中,$AP = AD$、$\angle 2 = \angle 1$、$AQ = AE$,

$\therefore \triangle APQ \cong \triangle ADE$(S.A.S),

$\therefore \angle 4 = \angle 3$。

$\therefore l \parallel PQ$。

$\because l \parallel BC$,

$\therefore BC \parallel PQ$,

$\therefore \dfrac{AP}{BP} = \dfrac{AQ}{CQ}$,

$\therefore \dfrac{BP}{AP} = \dfrac{CQ}{AQ}$,

$\therefore \dfrac{BP + 2AP}{AP} = \dfrac{CQ + 2AQ}{AQ}$,

$\therefore \dfrac{BP + AP + AD}{AD} = \dfrac{CQ + AQ + AE}{AE}$,

$\therefore \dfrac{BD}{AD} = \dfrac{EC}{AE}$,

即 $\dfrac{AE}{EC} = \dfrac{AD}{DB}$。

学生作答:成立(方法三);联结 $BE$、$CD$,作 $EN \perp BD$,$DM$

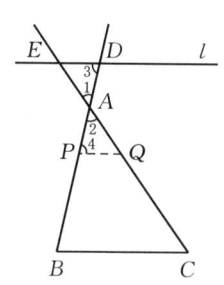

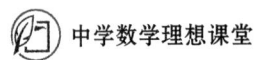

$\perp CE$；

$\because ED \mathbin{/\mkern-6mu/} BC$，

$\therefore S_{\triangle EDB} = S_{\triangle DEC}$；

$\because S_{\triangle AED} = \dfrac{AE \cdot DM}{2}$，$S_{\triangle CED} = \dfrac{CE \cdot DM}{2}$，

$\therefore \dfrac{S_{\triangle AED}}{S_{\triangle CED}} = \dfrac{\dfrac{AE \cdot DM}{2}}{\dfrac{CE \cdot DM}{2}} = \dfrac{AE}{CE}$；

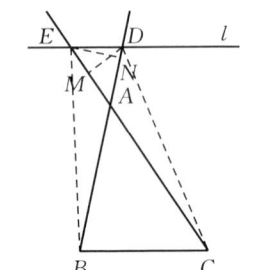

同理 $\dfrac{S_{\triangle AED}}{S_{\triangle BDE}} = \dfrac{AD}{BD}$；

$\because S_{\triangle CED} = S_{\triangle BDE}$，

$\therefore \dfrac{S_{\triangle AED}}{S_{\triangle CED}} = \dfrac{S_{\triangle AED}}{S_{\triangle BDE}}$，

$\therefore \dfrac{AE}{EC} = \dfrac{AD}{DB}$。

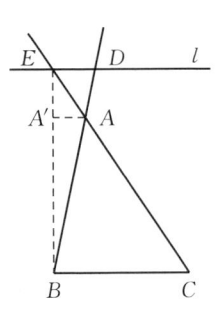

学生作答：成立（方法四）；联结 $BE$，过 $A$ 作 $AA' \mathbin{/\mkern-6mu/} BC$ 交 $BE$ 于 $A'$；

$\because l \mathbin{/\mkern-6mu/} BC$，

$\therefore AA' \mathbin{/\mkern-6mu/} l \mathbin{/\mkern-6mu/} BC$，

$\therefore \dfrac{EA'}{EB} = \dfrac{EA}{EC}$，$\dfrac{EA'}{EB} = \dfrac{DA}{DB}$，

$\therefore \dfrac{EA}{EC} = \dfrac{DA}{DB}$，

即 $\dfrac{AE}{EC} = \dfrac{AD}{DB}$。

有 34% 的同学没有想到课本以外的证明方法,其中有一部分看起来采取了不同的添加辅助线的方式,但本质与课本证明方法是一样的(如问题 3 学生作答的方法一)。有 45% 的同学想到另外的一种证明方法,21% 的同学想到两种及以上证明方法。在方法二、三、四中,采用人数最多的是方法二,其次是方法三,只有 3% 的同学用方法四完成了证明,还有个别同学尝试了方法四中的辅助线,但没有完成证明。这说明大部分学生能够通过"转化"和"类比"思想尝试解决问题。涉及两组基本图形的组合,如何通过寻找"中间量"等方法帮助学生实现目标,是课堂中需要关注的。

问题 4:"三角形一边的平行线性质定理"的内容是什么?可以归纳为几类基本图形?请结合图形,尝试用符号语言表达该定理。

学生 A:平行于三角形一边的直线截其他两边所在的直线,截得的对应线段成比例。

$$\frac{AM}{AB}=\frac{AN}{AC},\frac{BM}{AB}=\frac{CN}{AC}。$$

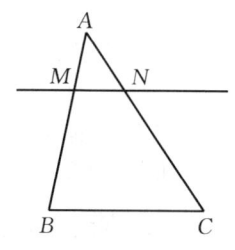

学生 B:平行于三角形一边的直线截其他两边所在的直线,截得

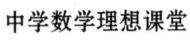

的对应线段成比例,有以下三类,即

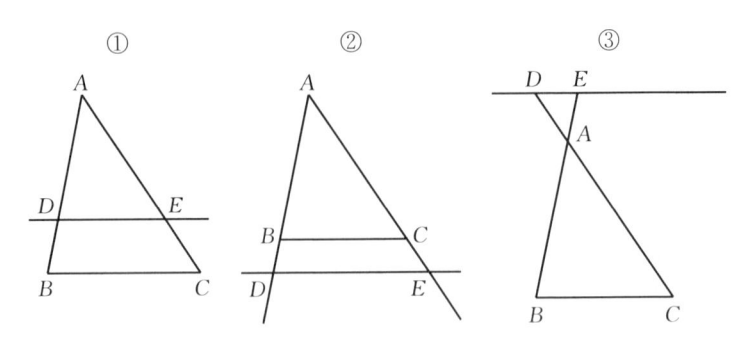

① $AD:BD=AE:CE$,

② $AD:BD=AE:CE$,

③ $AD:CD=AE:BE$。

学生 C:平行于三角形一边的直线截其他两边所在的直线,截得的对应线段成比例。可以归纳两类基本图形,即

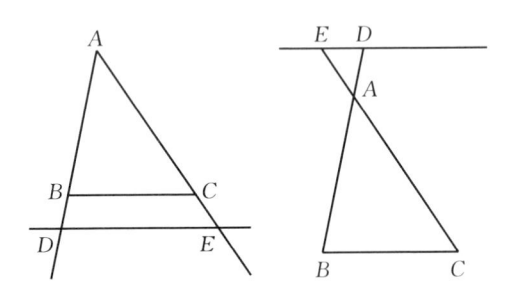

$\because BC\parallel DE$,$\therefore \dfrac{AD}{DB}=\dfrac{AE}{EC}$。

学生 D:平行于三角形一边的直线截其他两边所在的直线,截得的对应线段成比例。

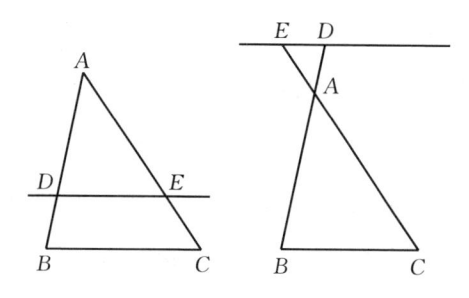

∵ $l \parallel BC$,

∴ $\dfrac{AD}{BD} = \dfrac{AE}{EC}$, $\dfrac{AD}{AB} = \dfrac{AE}{AC}$, $\dfrac{BD}{AB} = \dfrac{EC}{AC}$。

∵ $l \parallel BC$,

∴ $\dfrac{AD}{BD} = \dfrac{EA}{EC}$, $\dfrac{AD}{AB} = \dfrac{EA}{AC}$。

有9％的同学只画出了一类基本图形。在这部分同学中,有45％的同学的符号语言表达只写了结论,没有条件,或者结论的表达不够全面(如问题4学生A的作答)。有22％的同学将基本图形归纳为三类,没有意识到其中的两幅图形(①②)其本质上是同一类。(如问题4学生B的作答)这一问题可在课上讨论,并从证明过程中加以体会。有69％的同学能够将基本图形归纳为两类(如问题4学生C、D的作答),但能够将条件、结论及推广结论完整表述清楚的只占了其中的36％。

### 三、探究与发现(大致粗通阶段)

1. 创设情境

前面我们研究了三角形的中位线,知道了三角形的中位线平行于第三边,并且等于第三边的一半。在明确了三角形的中位线性质定理的基础上,还可以提出一些有待研究的问题。比如,古希腊数学家欧几里得在《几何原本》中并没有直接讨论中位线的性质,但该书的卷六给出了更一般的命题:"将三角形两腰分割成成比例的线段,则分点连线段平行于三角形的底边",而三角形中位线是这一问题的一个特殊情况。再比如,交换定理的一个条件与结论将得到另一个问题:过三角形一边的中点且平行于另一边的直线是否一定平分第三边? 我们就从这个问题开始,开始这节课的学习。

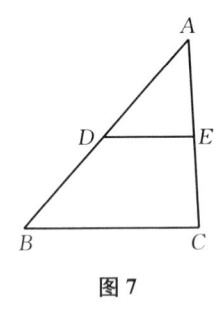

图 7

2. 引导型问题链

(1) 什么是三角形的中位线?三角形的中位线有什么性质?

(2) 在三角形中位线定理的基础上,还可以研究哪些问题?

(3) 如图 7,如果 $\frac{AD}{DB}=1$,$DE \mathbin{/\mkern-6mu/} BC$,那么 $\frac{AE}{EC}$ 是否等于 1?

3. 课堂实录

(1) 片段一

师:同学们,八年级我们学习了三角形的中位线。什么是三角形的中位线？三角形的中位线有什么性质？

生A：联结三角形两边中点的线段叫作三角形的中位线。我们学习过三角形的中位线定理，即三角形的中位线平行于第三边，并且其边长等于第三边的一半。

师：没错。在那节课的最后，大家还提出了一些可以继续研究的问题，还有同学有印象吗？

生B：我记得我当时提出的问题是研究三角形中位线定理的逆命题，即过三角形一边中点且平行于另一边的直线是否一定平分第三边？

生C：如果把两个中点改为三等分点、四等分点等，那这样联结而成的线段是否仍平行于第三边？

师：从特殊到一般、交换条件与结论，这都是我们常见的提出问题的角度。类似于同学C的想法，古希腊数学家欧几里得在几何原本中并没有直接讨论中位线的性质，但卷六给出了更一般的命题，即将三角形两腰分割成成比例的线段，则分点连线段平行于三角形的底边。而三角形中位线是这一问题的一个特殊情况。同学A其实是交换了定理的一个条件与结论，然后得到问题，即过三角形一边中点且平行于另一边的直线是否一定平分第三边？我们就从这个问题入手，开始今天的学习。

(2) 片段二

师：已经有同学有想法了。A同学，请你来说说看，你是怎么想到的?

生A:我看到这个问题的最终要求的是线段比。通过预习,我联想到上节课解决线段比问题的方法是将线段比转化为面积比,因此这里也想进行类似的尝试。

师:很好,那你怎么实现转化的?

生A:我是先看的$\dfrac{AD}{DB}$这组线段比,联结$BE$,得到$\triangle BDE$,它与$\triangle ADE$同高。因此,$\triangle ADE$ 与 $\triangle BDE$ 的面积比就等于对应底边$AD$与$DB$的线段比。再看$\dfrac{AE}{EC}$,联结$DC$,可得$\triangle ADE$ 与 $\triangle DEC$,这两个同高三角形的面积比等于它们分别相对应的底边$AE$与$EC$的线段比。

师:好的,各自转化以后呢?

生A:这个时候对比上面两个等式,要证明等式右边的线段比相等,只要证等式左边的面积比相等。而这两个面积比的分子是相同的,只需看分母是否相等。因为$DE$平行于$BC$,所以$\triangle EDB$ 与 $\triangle DEC$ 同底等高,因此它们的面积相等。

师:A同学条理清晰地为我们展示了线段比转化为面积比的验证方法。还有其他思考角度吗? B同学?

生B:我们已经知道了如果$DE$是中位线,那它一定平行于第三边。现在点$D$已经是中点了,所以我想如果取$AC$的中点$E'$,只要能证得点$E$与点$E'$重合就可以了。

师:是个不错的设想,那要怎么证明重合呢?

生B：取中点之后，$DE'$就是三角形的一条中位线。根据三角形的中位线定理可知 $DE' \, / \! / \, BC$，又因为 $DE \, / \! / \, BC$ 是已知条件，可以推出 $DE'$ 与 $DE$ 重合，也就可以得到点 $E'$ 与点 $E$ 重合。

师：你推出 $DE'$ 与 $DE$ 重合的依据是什么？

生B：过直线外一点有且只有一条直线与已知直线平行。

师：B同学的这种证明方法，我们在数学上称之为"同一法"，也是一个不错的想法。这样，我们就解决了最开始从三角形中位线定理出发，逆向思维提出的这样一个命题是真命题。

### 四、整合与互动（触类旁通阶段）

1. 创设情境

在刚才的基础上，自然联想到"特殊"还能否进一步推广到"一般"。对于这个推广，从什么角度进行分类？推广后结论是否仍然成立？

2. 探究型问题链

（1）如图8将直线 $l$ 保持与 $BC$ 平行而进行移动，$l$ 与边 $AB$、$AC$ 分别相交于点 $D$、$E$，那么 $\dfrac{AE}{EC} = \dfrac{AD}{DB}$ 成立吗？为什么？

（2）根据证明所得的结论，利用比例的性质，还可以得到哪些比例线段？

（3）如图9，如果直线 $l$ 与边 $AB$、$AC$ 的延长线分别相交于点 $D$、$E$，且 $l \, / \! / \, BC$，那么 $\dfrac{AE}{EC} = \dfrac{AD}{DB}$ 成立吗？

（4）如图10，如果直线 $l$ 与边 $AB$、$AC$ 的反向延长线分别相交

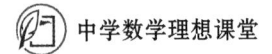

于点 $D$、$E$，且 $l \parallel BC$，那么 $\dfrac{AE}{EC} = \dfrac{AD}{DB}$ 成立吗？

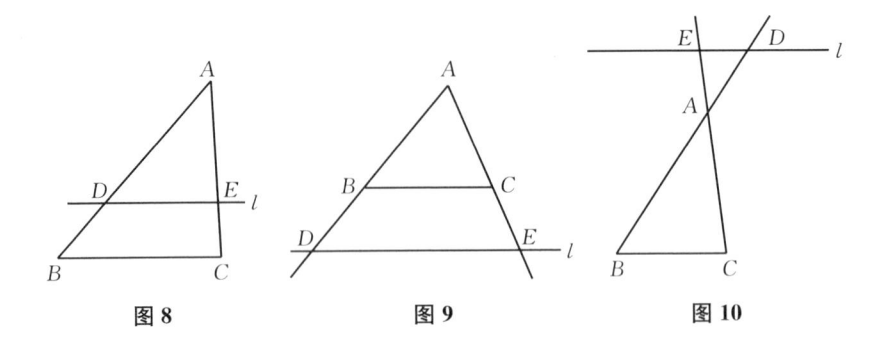

图 8

图 9

图 10

(5) 上述这些方法之间有什么区别和联系？我们能解决这个问题的关键是什么？

3. 课堂实录

师：对于问题(3)，大家认为成立吗？为什么？C 同学？

生 C：成立的，它其实和问题(1)是一样的。

师：为什么？

生 C：这幅图其实就是问题(1)的图，$\dfrac{AE}{EC} = \dfrac{AD}{DB}$ 其实只需要用一下我们刚才问题(1)的推广结论。

师：C 同学发现，从图形的结构来看，问题(1)和问题(3)是一致的，而我们刚才利用比例的性质对问题(1)结论的推广，直接可以得出问题(3)成立。对于问题(4)，我看到大家刚才分小组讨论得很热烈，谁先来分享一下你们的探究经过？第一小组？

第一小组：我们的证明过程和课本思路类似。因为图形的基本形状变了,所以我们尝试平移 EC,把这个图转化了一下。

师:具体怎么添加辅助线呢?

第一小组:过点 D 作直线 AC 的平行线 $l'$,交直线 BC 的延长线于点 $C'$,再过点 A 作 BC 的平行线,交直线 $l'$ 于点 $A'$。这样的话,$AE=DA'$、$EC=DC'$(如图 11)。这样,结论中的 $\dfrac{AE}{EC}$ 就等于为 $\dfrac{DA'}{DC'}$,问题就转化为验证 $\dfrac{DA'}{DC'}$ 与 $\dfrac{DA}{DB}$ 是否相等。根据问题(1)中的图形可得结论成立。

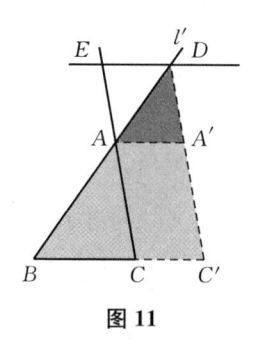

图 11

师:对刚才第一小组的这段推理有提出疑问的同学吗?

生 D:在证 $AE=DA'$ 时需要用到 $AA'/\!/ED$,而这组平行不能默认,需要利用平行的传递性先给出证明。

师:没错,这位同学思维很严谨。其他小组还有别的思路可以分享吗?

生 E:我们小组是分别在 AB、AC 上截取 $AD'=AD$、$AE'=AE$,联结 $D'E'$。这样可以证得 △AED 与 △$AD'E'$ 全等,

像刚才提到的问题一样,这里仍要证一下 $D'E' \parallel BC$,就可以把它转化为问题(1)了。(如图 12)

师:我看到 F 同学的预学单用的是图 13 的添线方式,但当时没能做出来,能跟我们分享一下你的想法吗?

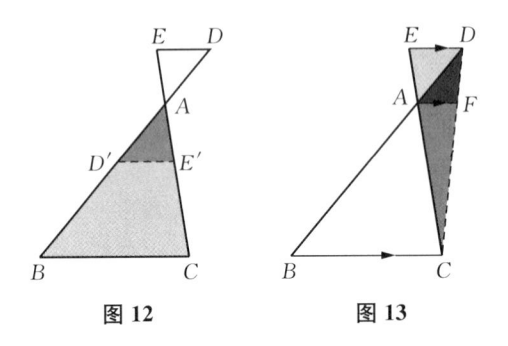

**图 12**　**图 13**

生 F:我当时也是想用问题(4)中的图形,所以联结了 $DC$,过点 $A$ 作 $BC$ 的平行线 $AF$,交 $DC$ 于点 $F$。但当时只发现了 $AF \parallel BC$ 这一组图,所以没进行下去。

师:那经过小组讨论之后,有什么进展吗?

生 F:有的。其实,刚才在听前两组分享的时候我们已经发现,根据平行的传递性,可以得出 $AF \parallel ED$,所以这幅图中其实隐含了两组问题(4)中的图形,由 $AF \parallel ED$ 可得 $\dfrac{EA}{EC} = \dfrac{DF}{DC}$,由 $AF \parallel BC$ 可得 $\dfrac{DA}{DB} = \dfrac{DF}{DC}$,所以结论成立。

师:通过这种构造方式,我们可以借助于一组中间比实现转化。还有其他方法吗?

生 G:联结 $EB$ 和 $DC$(如图 14)。

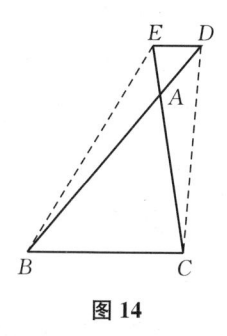

图 14

师:为什么想到这样联结?

生 G:问题(1)我们是用面积比解决的,这里想尝试一下将线段比转化为面积比。

师:刚刚大家分享了多种证明思路,都很不错。接下来请思考,这些方法之间有什么区别和联系?我们能解决这个问题的关键是什么?

生 H:我觉得前面三种做法是一类。因为这三种方法都是将这幅新的图形通过添加辅助线转化为问题(1)中的图形。

师:很好,这位同学抓住了前面三种做法的本质,这些做法都运用了转化的数学思想。那这三种做法在实现转化的方式上有什么区别吗?大家可以交流一下。

生 I:第一种是从平移的角度添加辅助线;第二种是旋转的角度;第三种是通过联结构造了两个问题(1)中的基本图形,寻找中间比进行过渡。

师:那第四种方法和前面三种有什么区别?

生I:前面三种方法是利用了问题(1)的结果,而第四种方法其实是类比了问题(1)的证明方法。

师:大家讲得都很好。我们解决一个新的问题,一方面可以尝试把它转化为已经解决的问题,另一方面也可以类比原来解决问题的方法。

### 五、反馈与拓展(融会贯通阶段)

1. 创设情境

通过上述讨论,我们由三角形中位线定理的逆命题引发思考,先从特殊的位置入手研究,又借助图形的运动进行了推广,发现结论始终成立。能否用文字语言把这一系列的问题统一归纳一下?

2. 应用型问题链

(1)"三角形一边的平行线性质定理"的内容是什么?

(2)可以归纳为几类基本图形?

(3)请结合图形,尝试用符号语言表达该定理。

(4)在今天的探索过程中,并没有涉及截线 $DE$ 与 $\triangle ABC$ 的第三边 $BC$ 的比,$DE$ 比 $BC$ 的值和今天研究的比例线段有关系吗?

3. 课堂实录

师:这节课,我们由中位线定理的逆命题引发思考,先从特殊的位置入手研究,又借助图形的运动进行了推广,发现结论始终成立。你能不能用文字语言把这一系列的问题统一归纳一下?

生A:平行于三角形一边的直线截其他两边、其他两边的延长线或其他两边的反向延长线,截得的对应线段成比例。

师:能再提炼一下,把这三种情况统一描述吗?

生 B:可以统一为"截其他两边所在的直线"。

师:很好,这个同学用了一个词把这几幅图统一了起来,这个词是"直线"。平行于三角形一边的直线截其他两边所在的直线,截得的对应线段成比例,我们把它称作"三角形一边的平行线性质定理"。结合研究过程,该定理可以归纳为几类基本图形?

生 C:我觉得根据我们的研究过程,可以归纳为三类,也就是刚才那位同学说的,"平行于三角形一边的直线截其他两边、其他两边的延长线或其他两边的反向延长线,截得的对应线段成比例"。

生 D:我觉得从基本图形的角度来看,只需要归纳为两类就可以了,因为图 8 和图 9 其实是一样的。

师:确实是这样的,我们利用比例线段的性质对探究型问题链的问题(2)的结论进行过推广以后,图 8 和图 9 确实可以统一为同一种情形。下面,请大家结合这两类图形,尝试利用符号语言对定理进行表达。在今天的探索过程中,并没有涉及截线 $DE$ 与 $\triangle ABC$ 的第三边 $BC$ 的比,$DE$ 比 $BC$ 的值和今天研究的比例线段有关系吗?请大家课下思考,我们将在下节课进一步探索。

## 六、课后反思

从预学情况来看,学生基本能够看懂课本内容,但对提出问题的角度、研究问题的路径、基本图形的归纳等的预学效果并不是特别理想。因此,本课采取以学生为主体、教师为主导的课堂教学策略,围绕几个核心问题,利用图形运动的观点从特殊推广到一般,按照"复习引入,问题提出;性质探索,问题解决;例题讲解,性质运用;归纳小结,提出问题;作业布置,巩固提升"等五个环节展开教学,让学生经历问题生成、结论发现、推理论证、归纳总结、定理应用的全过程。在问题生成的过程中,让学生感受三角形一边的平行线性质定理的问题的提出和推广的过程,领略图形运动的观点、体验逆向思维及从特殊到一般的思考策略,发展几何直观和空间观念;在结论发现和推理论证的过程中,让学生体验类比、化归思想的运用,发展推理能力。

从具体操作来看,探究型问题链的问题(4)是本课的难点。由于基本图形的形式发生了变化,如何将未知问题转化为已知问题,以及发现各方法间的区别和联系,是部分学生可能面临的困难。对这部分内容的处理以小组交流的方式,给学生充分思考和讨论的时间,然后小组派代表交流做法。做法交流完之后,设计了一个反思和提炼的环节,让学生尝试对这些做法进行归类。最终发现,这些方法,一类是以已有的知识结构为起点,通过添加辅助线,把新问题转化为已证得的问题(如预学任务单中问题3的方法一、二、三);另一类是以已有的方法结构为起点,类比已有的证明方法,将线段比转化为面积比(如预学任务单中问题3的方法四)。整个过程体现了解决问题常用的化归和类比思想。

最后,以问题的形式进行归纳小结。学生通过本节课的学习,能够说出本节课的研究路径,并且能点出本节课所运用到的一些关键的思想方法。以作业的形式呈现截线与第三边比的思考题，为下节课三角形一边的平行线性质定理的推论研究埋下伏笔，体现单元架构的教学设计。

## 第十二节　事件的概率[①]

### 一、教学背景

"概率初步"是沪教版《数学八年级下册》第二十三章的内容。在学生以往学习的数学中，主要是研究确定性问题，而本章主要研究随机事件发生的规律，但只是初步的、体验性的研究。在沪教版《九年义务教育课本　六年级　第二学期》中，包含研究事件发生可能性的相关内容，但其是作为分数应用的内容，并没有深入地揭示概率的本质。而在本单元中，教材从生活实例和数学常识中引出确定事件与随机事件，对可能性的大小进行了定性的描述与定量的计算。

"事件的概率"为本单元第三节第一课时的内容。本课时为单元中唯一涉及非等可能事件概率的定量问题，更有利于让学生摆脱以往学习经历带来的负迁移、跳出公式的视角，从而揭示概率的本质。本课时还包含了参与性较强的学生活动，涉及了一些统计处理的数学方法，更利于让学生从数学活动经验中体会知识的获得，体验在偶然中探索必然的数学学习经历。

---

[①] 本节的作者是上海音乐学院实验学校的阎厚毅老师。

通过本课时对概率这一概念的生动诠释,培养学生初步的概率意识,也为单元中后续概率的简单计算和之后高中阶段的概率学习打下基础。由于课时内容与数学中的大数定律相关,作为社会科学的基石定律,其探究过程与结果都为数学学科的育人提供了较好的内容载体。

基于以上,设定以下教学目标:

1. 知道概率的含义,会用符号表示一个事件的概率;知道不可能事件和必然事件的概率以及随机事件的概率的取值范围。

2. 经历随机试验的活动过程,通过对试验数据的分析获取结论,提升数据观念;理解随机事件发生的频率,知道频率与概率之间的区别和联系;会根据大数次试验所得的频率估计事件的概率。

3. 在参与随机试验的活动中,增强科学精神和团队合作精神。

## 二、预学与聚焦(自学略通阶段)

| 序号 | 预学任务单 |
| --- | --- |
| 1 | 什么是概率? |
| 2 | 为什么要提出概率的概念? |
| 3 | 书本第 127 页提到:"一个随机事件发生的可能性大小,一般是通过观察在相同条件下进行的大数次试验,统计试验结果,从中找到规律,从而对事件的概率作出估计。"在下文的试验中,利用大数次试验估计了在红桃、梅花、方块三张牌中"恰好抽到红桃"的概率是 $\frac{1}{3}$。在我们能用计算的方式获得这个结果的情况下,为何还要提用大数次试验去估计随机事件发生的可能性大小呢? |
| 4 | 在一副没有大小王的扑克牌中任意抽一张牌,小明尝试了 40 次,其中摸到方块牌的有 12 次。问:在这副扑克牌中任意抽一张牌,恰好抽到方块牌的概率是多少? |

| 序号 | 预学任务单 |
|---|---|
| 5 | 同学之间正在做一个猜硬币的游戏,抛 10 次硬币,猜测每一次抛出的硬币是正面还是反面,猜对多的同学获胜(正反面出现概率均为 0.5)。旁观的你也准备参与,但只猜其中的一次。<br>请你谈一谈对以下两个策略的理解。<br>策略 A:在获取一次抛出硬币的结果后马上参与游戏,猜下一次为另一面;<br>策略 B:记录其抛硬币的结果,等哪一面向上的次数到达 5 次,马上参与游戏,猜下一次为另一面。 |

问题 1:什么是概率?

学生 A:概率是用来表示某事件发生的可能性大小的数。

学生 B:概率就是利用 0—1 之间的数来刻画事件发生的可能性的大小,是表示事件发生可能性的数。

95.24%的学生能通过预习书本,准确地回答了这个问题,能很好地把握关键字"数"。部分学生能根据其预习的情况对这个"数"进行了更为详细的概括。学生有对此核心概念的基本认知,对于接下来具体的学习过程是很有利的。

问题 2:为什么要提出概率的概念?

学生 A:因为我们知道这些事件发生的可能性有大有小,其大小的不同可以用词语来描述,但总感到不够确切。如果用数字来表示事件发生的可能性,那么利用数字的大小来描述事件发生的可能性大小,就十分明了,所以提出概率的概念。

学生 B:日常生活需要。在社会生活中充满机会,也隐伏着风险。如何把握机会，应对风险，更需要概率。

学生 C：概率揭示了随机事件发生的规律，而这种规律是通过大量的随机试验去发现的，与确定性事件的规律不一样。

学生 D：来表示某事件发生的可能性大小。

64.29%的学生能通过预习书本，准确地发现学习概率的意义是使得可能性的大小更加确切、明了，了解为什么学。（如问题 2 学生 A 的作答）7.14%的学生尝试用自己的话叙述，但没有了解本质。（如问题 2 学生 B 的作答）其阐述的是"可能性"的概念形成的意义，并没有深入到思考对其进行"量化"的意义所在。28.57%的学生没有理解这个问题，仅仅从书本上随意摘录了一段进行作答，或是错误地用概率的概念进行作答。（如问题 2 学生 C、D 的作答）这就预示着在接下来的教学过程中，教师要通过合理的情境与问题的设置，进一步体现概率的作用，让学生理解学习概率的必要性。

问题 3：书本第 127 页提到，"一个随机事件发生的可能性大小，一般是通过观察在相同条件下进行的大数次试验，统计试验结果，从中找到规律，从而对事件的概率作出估计"。在下文的试验中，利用大数次试验估计了在红桃、梅花、方块等三张牌中"恰好抽到红桃"的概率是 $\frac{1}{3}$。在我们能用计算的方式获得这个结果的情况下，为何还要用大数次试验去估计随机事件发生的可能性大小呢？

学生 A：枚举列数，多次实验，得出普遍规律。通过随机试验发现其中规律。概率揭示了随机事件发生的规律。

学生 B：使实验结果具有普遍性。

学生 C：任意一次试验的可能结果只有三种，即抽到红桃、梅花或方块。三种结果出现的机会均等，且一次试验中不会同时出现两种结果，结果是有限个。等可能性实验可以证明计算的结果。

学生 D：用来证实计算结果以确定计算无失误。

学生 E：事件的概率是一个确定的常数。而频率是不确定的，与试验次数的多少有关，用频率估计概率得到的只是近似值。为了得到概率的可靠的估计值，试验的次数要足够大。

对于此问题，基本没有学生能准确地描述答案：利用公式计算概率只适用于随机事件中特殊的等可能事件，并不是获得随机事件概率的通用方法。但19.05%的学生还是能意识到进行大数次试验是获得事件普遍规律的一种方法（如问题3学生A、B的作答）。有11.9%的学生认为进行大数次试验是为了验证公式的计算结果，这暴露了一种常见的错误认知，揭示了其对概率的认知是错误地建立在公式的基础上的。（如问题3学生C、D的作答）有57.14%的学生因为没有理解题意，摘录了书本的内容进行作答，说明学生对于为何要进行试验是不理解的，其摘录的答案都是针对"大数次"进行的解释（如问题 3 学生 E 作答）。

这也说明，教师要关注以往的学习经验对本课学习造成的负迁移。在教学过程中，要引导学生关注随机事件中的非等可能事件、跳出公式视角、关注概率的本质，要强调从通性通法的角度解决问题的思想，并能通过合理的教学引导，解释试验次数要趋于"大数次"的合理性。

问题 4：在一副没有大小王的扑克牌中任意抽一张牌，小明尝试了 40 次，其中摸到方块牌的有 12 次。问：在这副扑克牌中任意抽一张牌，恰好抽到方块牌的概率是多少？

学生 A：$P(抽到方块)=\frac{13}{52}=\frac{1}{4}$。

学生 B：$P=\frac{12}{40}=30\%$。

有 69.05% 的学生能正确地作答，但部分有涂改的痕迹[见附录四（十一）之图 8]。这说明学生在解答的过程中，意识到有其他不同于概率的量的存在（频率）。有 26.19% 的学生错误地使用频率作答（如问题 4 学生 B 的作答），这说明学生其实对于频率和概率的概念还是混淆的。因此，在之后的教学过程中，教师要关注对概率与频率这两个概念的辨析，引导学生了解两个概念之间的关系与区别。这也是在教学过程中需要重点解决的问题。

问题 5：同学之间正在做一个猜硬币的游戏，抛 10 次硬币，猜测每一次抛出的硬币是正面还是反面，猜对多的同学获胜（正反面出现概率均为 0.5）。旁观的你也准备参与，但只猜其中的一次。请你谈一谈对以下两个策略的理解。策略 A 是在获取一次抛出硬币的结果后马上参与游戏,猜下一次为另一面。策略 B 是记录其抛硬币的结果,等哪一面向上的次数到达 5 次,马上参与游戏,猜下一次为另一面。

学生 A:选策略 A 和 B 都一样。因为抛硬币无论哪一面朝上的概率都是 50%,所以策略 A 在抛一次后猜下一次是另一面是有可能的。策略 B 在向上次数达 5 次后的下一次也不一定是另一面。

学生 B:都不选择,正反面出现概率均为 0.5。在抛硬币的次数较少的情况下,正反面出现的次数不相同是非常有可能的。策略 A 不一定,抛硬币并不一定是一正一反,这么均匀;策略 B 也不一定,在抛硬币的次数较少的情况下,不一定正反面出现的次数都一样,刚好 5 次。所以无论如何,概率都是 0.5。

学生 C:选策略 B。抛硬币的试验是等可能试验,共有 2 个等可能结果,在每一次的抛硬币试验中,事件掷得正面或反面概率相同。$P(A)=1\times 0.5=0.5$,抛十次硬币,掷出正面的概率为 5 次、反面也为 5 次。所以当一面向上次数达到 5 次时,猜下一次为另一面更有可能获胜。

学生 D:选策略 B。因为正反面出现概率均为 0.5,10 次中 5 次已是同一面,那么下一次有很大机会猜对另一面。

只有 11.9% 的学生正确地做对了这个问题,认为两个策略完全一致(如问题 5 学生 A、B 的作答)。剩下的 88.1% 的学生都在两个策略中选了一个(如问题 5 学生 C、D 的作答)。从答案中可以看出，学生从生活经验中获取的对概率的直观认知是错误的。错误的本质来源于学生默认在 2 次或 10 次试验中，"频率"会等于或接近 0.5。这说明在教学中，教师需要思考如何让学生意识到自身对概率的错误认知，从而引发认知冲突，进而引发学生对概率本质的思考与探究。这是在教学过程中需要重点解决的问题。

### 三、探究与发现(大致粗通阶段)

1. 创设情境

(1) 当 $m$ 是正整数时，$2m$ 是偶数。

(2) 明天可能会下雨。

(3) 抛一枚骰子，点数为 6 的一面向上。

(4) 抛一枚均匀的硬币，正面向上。

(5) 抛一枚图钉，针尖向上。

(6) 翻一下日历，恰好翻到 2 月 31 日。

2. 引导型问题链

(1) 指出下列事件中，哪些是必然事件？哪些是不可能事件？哪些是随机事件？

(2) 将这 6 个事件发生的可能性分别表示为 $P_1 \sim P_6$，能按其发生的可能性，从低到高排序吗？

(3) 大家的排序结果都有所不同，但不同的结果中有没有相同的地方？

(4) 这 6 个事件中,哪几个事件发生的可能性大小是可以确定的?

(5) 抛图钉会有几种可能的结果?不同结果出现的可能性相等吗?

(6) 抛一枚均匀的硬币,正面向上的概率是 0.5。这是否说明每抛两次硬币,一定有一次正面向上呢?

(7) 若是我们做了一个抛均匀硬币的试验,抛了 5 次,5 次都是正面向上,是否说明此时正面向上的概率是 1?

(8) 该如何得到随机事件的概率?

(9) 随机事件的概率又有什么现实意义?

3. 课堂实录

片段一

师:大家的排序都有所不同,但观察一下,结果中有没有相同的地方?

生:$P_1$ 和 $P_6$ 一定分别是最大和最小的。

师:大家都认为 $P_1$ 最大,$P_6$ 最小,就是剩下的四个有些分不清。那么,老师问大家,在这四个当中,有没有你们绝对分得清的?

生:抛硬币和抛骰子这两个一定分得清。

师:为什么?

生:因为硬币有两面,骰子有六面,发生的可能性分别是 $\frac{1}{2}$ 和 $\frac{1}{6}$。

师：那现在这 6 个事件中，我们可以确切地知道 4 个事件可能性的大小。那么你们能不能也用数字来描述事件 1 和事件 6 发生的可能性呢？

生：$P_1=1$ 和 $P_6=0$。

师：非常好。我们发现之所以可以确切知道 4 个事件可能性的大小，这是因为其可能性的大小都可以被量化为一个数。像这样能够表示事件发生可能性大小的数，我们就称它为"概率"。

片段二

师：事件 5 的概率又该如何确定呢？抛图钉会有几种可能的结果？

生：两种，针尖向上和针尖向下。

师：不同结果出现的可能性相等吗？可以认为针尖向上的概率是 0.5 吗？

生：这两种情况发生的可能性不相同，所以概率不是 0.5。

师：所以利用公式只能求一些很特殊的随机事件的概率，并不是确定随机事件概率的一般方法。对于概率，我们还有很多问题没有解决。以大家最熟悉的抛硬币试验为例，我们知道利用概率 0.5，可以和其他事件的概率比大小，帮助我们比较两个事件可能性的大小。是否说明每抛两次硬币，一定有一次正面向上呢？

生：不是。

师：若是我们做了一个抛均匀硬币的试验，抛了 5 次，5 次都是正面向上，是否说明此时正面向上的概率是 1？所以这个 1 不是概率,在统计学中,我们称它为频率,它表示某种结果出现的频繁程度。这个1我们是怎样得到的?

生:用正面向上的5次去除以总共抛的5次。

师:在数学中这个次数我们称它为频数,频率可以通过频数和总次数的比值来计算。所以今天的课上,关于概率,我们就有两个问题要解决:该如何得到随机事件的概率?随机事件的概率又有什么现实意义?

### 四、整合与互动(触类旁通阶段)

1. 创设情境

(1) 抛图钉活动:抛图钉5次,记录过程中针尖向上的频数,并计算频率。

(2) 抛图钉活动:抛图钉20次,记录过程中针尖向上的频数,并计算频率。

2. 引导型问题链

(1) 对比两次试验的结果,你有什么发现吗?

(2) 你觉得造成这种结果的主要因素是什么?你有什么猜想?

(3) 根据图像,你能否发现针尖向上的频率随试验次数发生变化的相关规律?

(4) 在其他班级,做完全相同的试验,在次数足够多的情况下,频率会不会也在这个稳定值附近浮动?

(5) 没有做试验,这个稳定值是否依然客观存在?

(6) 你觉得这个稳定值是由什么确定的?

(7) 我们是怎么发现这个稳定值的?

3. 课堂实录

师:老师将每组抛图钉的结果记录下来,生成对应的图像(图1),在这个图像中,横轴表示不同的小组,纵轴表示针尖向上的频率。我们可以发现这些频率有相同的,也有不同的。综合各个组的数据,你们觉得各组频率波动的范围大不大?

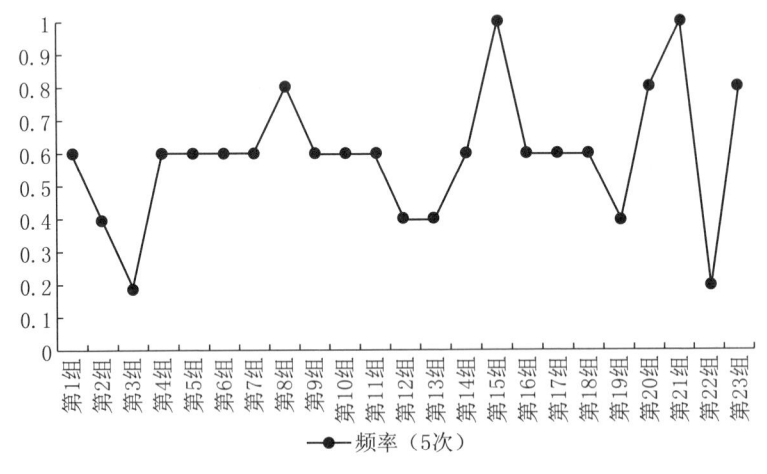

**图1 抛图钉的对应图像(1)**

生:大。

师:这种大幅度的波动也充分体现了结果的随机性。我们再来做一次试验,这次我们总共抛20次图钉。

师:我们同样将结果记录,生成对应的图像(图2)。我们同样发现频率的波动很大。现在我们将两幅图像放在一起,你能发现什么?

生：第二幅图里的幅度不一样了，变小了。

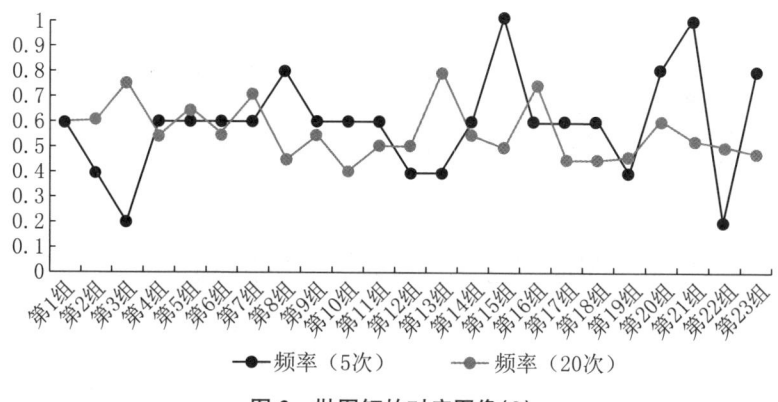

图2　抛图钉的对应图像(2)

师：你们觉得是什么因素导致它的幅度变小了？你们有什么猜想？

生：是试验的次数导致的。如果试验的次数变得更多一点，它的幅度可能会变得更加小。

师：由于时间的限制，我们不妨假设每组的图钉都完全相同，将各个小组的数据累加起来，获得更多次数下试验的相关数据。我们生成的图像(图3)，和刚才的图像不一样，这一次横轴表示了抛图钉的次数，纵轴表示了针尖向上的频率。根据图像，你能否发现针尖向上的频率随试验次数发生变化的相关规律。

生：这个频率是会随着试验次数变的，但是次数很多次以后，它的波动变得很平缓。

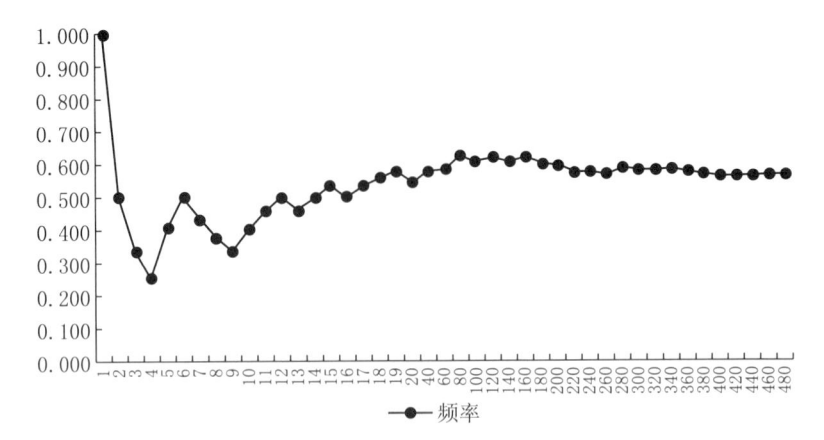

图 3 抛图钉的对应图像(3)

师：现在请大家来思考这样几个问题。在其他班级，做完全相同的试验，在次数足够多的情况下，频率会不会也在这个稳定值附近浮动？

生：会。

师：没有做试验，这个稳定值是否依然客观存在？

生：会客观存在。

师：你觉得这个稳定值是由什么确定的？

生：是这个图钉。

师：对，更严谨地说是与图钉、当前试验环境和投掷规则有关。这些都是事件本身的客观属性决定。我们是怎么发现这个稳定值的？

生：做试验发现的，做了很多次试验后才能发现的。

师：所以这个稳定值其实就是事件的概率。它只由事件的客观属性所决定,所以是一个确定的常数,而我们可以通过进行大数次下的试验去发现它。所以,我们可以把某事件在大数次试验中发生的频率,作为这个事件的概率的估计值。

## 五、反馈与拓展(融会贯通阶段)

1. 创设情境

如图4,在一个面积为4的正方形内随机取点。如果取的点足够多,则点落在正方形内切圆内的频率会稳定在多少?(结果保留 $\pi$)

2. 应用型问题链

(1) 如果取的点足够多,则点落在正方形内切圆内的频率会稳定在多少?(结果保留 $\pi$)

(2) 能不能用这个方法反过来估算圆的面积呢?

3. 课堂实录

师:我们不妨来看一看这个试验,并且变化它的试验总次数。我们首先发现,随着次数的变化,频率也随之变化。现在我们将次数取得多一些,发现此时的频率已经非常接近于概率3(图4)。

总点数=546  圆内点数=430.00

$\dfrac{\pi}{4}=0.79$  点落在圆内的频率=0.7875

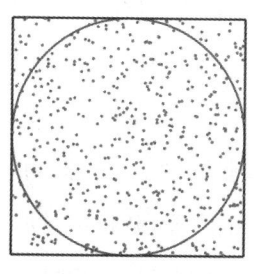

圆面积=3.1502

**图4 有关正方形内切圆内频率的示意图**

师：既然我们已经知道在大数次试验下这个频率会近似的等于概率，而概率又是由圆的面积和正方形的面积的比值获得的。所以数学家又有一个非常巧妙的想法，能不能用这个方法反过来估算圆的面积呢？

生：可以的，就是用很多次取点后，点落在圆内的频率去乘以正方形的面积，从而获得圆面积的近似值。

师：我们可以进一步地想一想，在这个例子中，我们看到的是一个规则图形，即圆。如果是一个不规则的图形，我们也可以用这个方法，借助计算机来估算它的面积。这也是知识在实际中的一种应用。

### 六、课后反思

"事件的概率"这一课时，首次从定量的角度定义了"概率"，为学生今后对数学概率的学习打下了最为重要的理论基础。值得注意的是，学生在六年级时其实已经和概率有了初步的接触，当时用"可能性的大小"这一措辞来代替"概率"一词，但其学习背景是对分数的应用。这使得学生虽然对概率有了初步的了解，但其认知较浅，对概率的理解也仅仅停留在利用公式获得的某种结果。

为此，在进行本课设计时，没有选用教材设计的抽牌试验，而是选择了非等可能试验——抛图钉，因为对非等可能试验结果的探究更易揭示概率的本质：随机中的必然性。

在设计课堂问题链时，也追求问题的自然生成，从对可能性的大小进行排序这个问题出发引出后续的问题（图5），注重发现问题、提出问题、分析问题、解决问题的完整过程。设计了两次次数不同的抛图钉试验,让学生通过图像的对比,体会试验次数对试验结果的影响,引出大数次实验的合理性。在试验最后,当频率的稳定值被发现后,通过引出历史上统计学家的抛硬币试验,以及利用学生较为熟悉的抛硬币的情境,让学生进一步体会概率的本质意义。

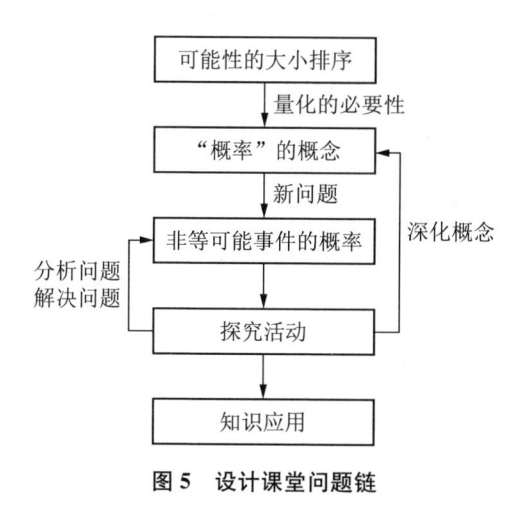

**图 5 设计课堂问题链**

在信息技术与课堂教学融合方面,由于本课时涉及大量的数据处理、图像生成和随机取样,可以说完全不能脱离信息技术的帮助。课堂设计中,利用 Excel 的统计图表功能,将学生的试验数据图像化,帮助学生直观地进行观察并对结果进行归纳。利用几何画板的迭代功能,制作了蒙特卡罗法计算圆面积的课件,体现了知识的实际应用,进一步借助计算机,让学生体会大数次试验下结果的稳定性。

## 第十三节　事件的关系和运算[①]

### 一、教学背景

本节课是沪教版《普通高中教科书　数学　必修第三册(2020)》第12章"概率初步"之第2节"古典概率"中的第3课时。与旧教材相比,本节课是在单元整体设计的基础上新增的内容。本节课之前,学生学习了随机现象、样本空间与事件、等可能性与概率,并初步运用了集合的语言表示样本空间与事件;本节课之后的教材内容是可加性、频率与概率、随机事件的独立性。本节课类比集合的关系和运算,指出事件之间也是有关系的,事件是可以运算的,为后续研究古典概率模型的概率可加性做了铺垫。因此,本节课起到了承上启下的作用。通过事件的关系和运算,引导学生学会运用简单事件表示较复杂事件,为后面求较复杂事件的概率以及继续推导概率的一些重要性质打下了基础,也为之后学习概率论中将概率定义为样本空间上的函数埋下伏笔。

在本节课之前,学生已经学习了随机现象、样本空间与事件、等可能性与概率等概念,掌握了样本空间、事件(随机事件)以及古典概率模型中的概率公式等,初步体会了用集合作为工具描述这些概念时的科学性和严谨性。本节课将类比集合的关系和运算,抽象出事

---

[①] 本节的作者是复旦附中张建国老师。

件的关系和运算的一般性描述,思维的跳跃性很大,抽象程度提高。因此,需要设计适当的学习活动,借助具体事例,让学生通过思考、小组讨论进行探究,并进一步抽象出一般的事件关系和运算。

基于以上,设定以下学习目标:

1. 通过观察事件运算的具体例子发现并提出问题,并用集合的语言予以表达,能够利用归纳和类比的方法解决问题,发展逻辑推理素养;

2. 从具体实例中理解事件的关系和运算的含义,能够抽象出事件的包含关系的含义,以及事件至少有一个发生、同时发生、互斥和对立的含义,发展数学抽象等素养;

3. 能够利用事件的关系和运算解决一些实际问题,培养数学应用的意识。

通过达成这些目标,一方面学生能有用集合的语言描述事件的关系并进行运算,体会复杂的事件可以用简单的事件表示;另一方面,学生也能初步体会概率的公理化体系的严谨性,发展数学抽象和逻辑推理等素养。

**二、预学与聚焦(自学略通阶段)**

| 序号 | 预学任务单 |
| --- | --- |
| 1 | 前面学习了随机现象、样本空间与事件、等可能性与概率,这些概念都是用什么语言工具来表述的? |
| 2 | 类比集合的关系和运算,你认为事件的关系和运算应该有哪些? |
| 3 | 在问题2的基础上,你能自己描述事件的关系和运算的含义吗? |
| 4 | 你认为学习事件的关系和运算的目的是什么? |

问题1:前面学习了随机现象、样本空间与事件、等可能性与概
率,这些概念都是用什么语言工具表述的?

学生:集合。

83%的学生都能回答出是用集合的语言来描述这些概念的,其他学生的回答都是具体的描述,没有上升到"集合"的高度。这说明在学习前面概念的过程中,有小部分学生对"集合"作为工具,描述这些概念时的严谨性和科学性没有深刻体会,这节课还要继续强化。

问题2:类比集合的关系和运算,你认为事件的关系和运算应该
有哪些?

学生:$A \cap B = \varnothing$,互斥事件;

$A \cap B = \varnothing$,$A \cup B = $全集,对立事件;

$P(A \cap B) = P(A) \times P(B)$,独立;

$P(A \cup B) = P(A) + P(B) - P(A \cap B)$。

52%的学生能够回答这个问题,其他学生回答不全面或没有任何回答。这说明从集合的关系和运算到事件的关系和运算,思考的跨度比较大,学生自己很难理解,这就需要在本节课的教学中教师多设计学生活动,多设立解决问题的"脚手架",引导学生类比集合的关系和运算,得出事件的关系和运算。

问题3:在问题2的基础上,你能自己描述事件的关系和运算的
含义吗?

学生:同时发生;

有其一发生；

不发生。

仅仅12%的学生能够回答这个问题,其他学生的回答不全面或不会回答。由此可以得到,学生的类比推理能力还是很欠缺的。事实上,本节课看似内容比较少,但从集合的关系和运算过渡到事件的关系和运算,特别是由自然语言转化为集合语言再转化为概率语言,思维的跨度还是比较大的,需要教师多设计活动,引导学生思考和交流,使学生在充分理解的基础上进行表达。

问题4:你认为学习事件的关系和运算的目的是什么?

学生:更好地知道事件间的关系。

没有学生能够回答出这个问题。这也给我们的课堂教学提出了更高的要求:不能仅仅停留在学生会运用公式概念解决问题,还要引导学生从单元整体教学的高度体会学习这些内容的必要性,体会前后知识的整体性,从而使学生能把前后内容有机地结合在一起看问题,让学生有"居高临下"的成就感。

### 三、探究与发现(大致粗通阶段)

1. 创设情境

掷两颗骰子,分别观察正面朝上的两个点数(数字1至6)。请同学们提出一些事件,探究这些事件之间的关系。

2. 引导型问题链

(1) 根据上面所提出的事件,你能利用集合的关系和运算探究它们的关系吗?

(2) 类比集合的关系和运算,你认为事件都有哪些关系和运算?

(3) 类比集合的关系,事件之间有关系吗?如何描述?

**3. 课堂实录**

师:前面我们学习了随机现象、样本空间与事件、等可能性与概率,根据前面我们所学习过的知识和方法,请同学们看下面的引例。掷两颗骰子,分别观察正面朝上的两个点数(数字1至6)。请同学们提出一些事件,探究这些事件之间的关系。同学们都提出了哪些事件?请各小组派代表交流一下。

学生 A:事件 $A$——一个点数是5,另一个点数是6。

学生 B:事件 $B$——一个点数是奇数,一个点数是偶数。

学生 C:事件 $C$——两个点数都是偶数。

学生 D:事件 $D$——两个点数之和是3的倍数。

师:很好。我也提出一个事件 $E$——两个点数至少有一个是偶数。请同学们根据上面提出的事件,类比集合的关系和运算,你能探究这些事件中有哪些关系吗?

学生 E:把事件 $B$、事件 $C$ 和事件 $E$ 对应的集合分别记作集合 $B$、$C$、$E$,那么上述事件的关系表示为 $E=B\cup C$。

师:很好。请同学们进一步探究表示式 $E=B\cup C$ 的含义,能进一步得到什么结论?

学生 F:事件 $B$ 发生或事件 $C$ 发生,事件 $E$ 就发生。

师:很好。这说明相对于事件 $B$ 和事件 $C$,事件 $E$ 是较复杂的事件，我们可以把较复杂的事件分解为简单事件的运算，或者反过来说，可以用较简单的事件表示较复杂的事件。这为我们后续研究较复杂的事件带来了便捷。受此启发，今天我们就全面类比集合的关系和运算，研究一下事件的关系和运算。因此，今天我们学习的主题就是"事件的关系和运算"。同学们首先类比了集合的哪个运算？如何描述对应的事件的运算？

学生 G：根据前面的讨论，我们小组首先类比了集合的并集运算，得到对应的事件的运算是两个事件 $A$ 与 $B$ 中的基本事件至少有一个事件发生就能得到事件对应的集合是 $A \cup B$。

师：还有其他描述吗？

学生 H：两个事件 $A$ 与 $B$ 中的基本事件至少有一个事件发生，事件 $A$ 与 $B$ 就至少有一个发生，对应的集合是 $A \cup B$。

师：很好。我们严格地写出来就是，记样本空间为 $\Omega$，事件 $A$ 对应于集合 $A$，事件 $B$ 对应于集合 $B$。"两个事件 $A$ 与 $B$ 中至少有一个发生"，这本身也是一个事件，是指在两个事件所包含的基本事件中至少有一个发生，对应的集合是 $A \cup B$，如图 1 所示。进一步，如果三个事件 $A$、$B$、$C$ 中至少一个事件发生，其对应的子集是 $A \cup B \cup C$。请同学们继续类比集合的关系和运算，你还能得到事件的哪些关系和运算？

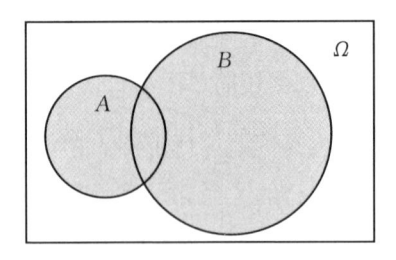

图 1　$A \cup B$ 的示意图

生：我们小组类比了集合的交集运算，得到的对应的事件运算是两个事件 $A$ 与 $B$ 相同的基本事件有一个发生，则事件 $A$ 与 $B$ 同时发生，对应的集合是 $A \cap B$。

师：很好。很明显，和第一次相比，同学们这次描述事件的运算要准确多了。我们严格地写出来就是"两个事件 $A$ 与 $B$ 同时发生"，这本身也是一个事件，是指两个事件的某个共同的基本事件发生，对应的子集是 $A \cap B$，如图 2 所示。进一步，如果三个事件 $A$、$B$、$C$ 同时发生，对应的子集是 $A \cap B \cap C$。集合还有哪些运算？请同学们继续类比。

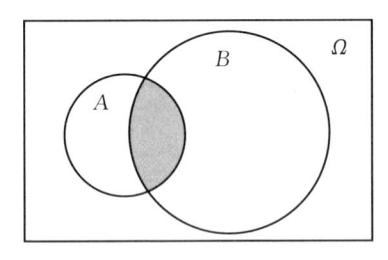

图 2　$A \cap B$ 的示意图

生：我们小组类比集合的补集运算得到的对应事件的运算是不

在事件 $A$ 中但又在样本空间 $\Omega$ 中的基本事件构成另一个事件,对应的集合是 $\bar{A}$,则事件 $A$ 和事件 $\bar{A}$ 只能发生其中一个。

师:很好。显然,和前面两次相比,同学们更准确地描述了事件的第三个运算。我们严格地写出来就是"事件 $A$ 发生的否定是事件 $A$ 不发生",它也是一个事件,称为事件 $A$ 的对立事件,简称为"非 $A$",对应的子集是不属于 $A$ 的基本事件的全体,从而是 $A$ 在样本空间 $\Omega$ 中的补集 $\bar{A}$,如图 3 所示。上面我们类比了集合的三种运算,给出了事件的对应的运算的含义。我们知道某些集合之间是有关系的,同学们能类比集合的关系,描述事件的关系吗?

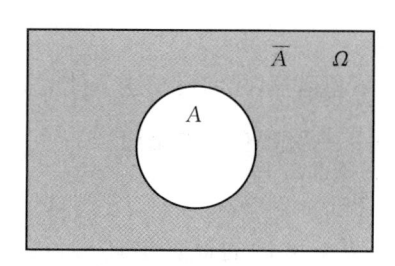

**图3** "事件 $A$ 发生的否定是事件 $A$ 不发生"的示意图

学生:事件 $A$ 中的基本事件都在事件 $B$ 中,则事件 $A$ 和事件 $B$ 对应的集合满足 $A \subseteq B$。

师:进一步,如果事件 $A$ 中的基本事件都在事件 $B$ 中,那么事件 $A$ 发生,事件 $B$ 发生吗?

生:事件 $A$ 发生时,事件 $B$ 必然发生。

师:因此,类比集合的关系,我们得到事件的关系是"某些事件之间是有关系的",如果 $A$ 的基本事件都在 $B$ 中,那么 $A$ 发生则 $B$ 必然发生(或者说 $B$ 不发生,那么 $A$ 也不发生)。此时,称 $B$ 包含 $A$ 或者 $A$ 包含于 $B$,记作 $A \subseteq B$,如图 4 所示。

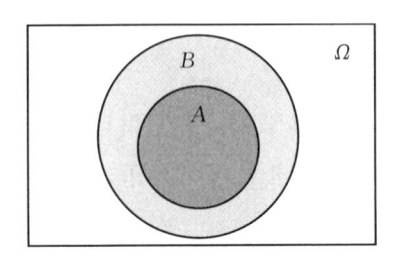

图 4 $A \subseteq B$ 的示意图

### 四、整合互动(触类旁通阶段)

1. 创设情境

类比集合的关系和运算,我们会描述事件的关系和运算了,事实上,在此基础上还可以探究出更多的结论。

2. 探究性问题链

(1) 能用前面两个事件的运算描述事件的第三个运算的性质吗?

(2) 如果事件 $A$ 和事件 $B$ 对应的集合满足 $A \cap B = \varnothing$,那么事件 $A$ 和事件 $B$ 是对立事件吗?

(3) 事件 $A \cup B$ 和事件 $A \cap B$ 的对立事件如何表示?

3. 课堂实录

师:前面我们学习了事件的两个运算,"两个事件 $A$ 与 $B$ 至少有一个事件发生"与"两个事件 $A$ 与 $B$ 同时发生",同学们能用事件的这两个运算描述事件的第三个运算的性质吗?

生:$A\cap\bar{A}=\varnothing$,$A\cup\bar{A}=\Omega$。

师:请同学们解读上面两个集合运算表达式的含义,你能发现对应的事件 $A$ 和事件 $\bar{A}$ 有什么关系吗?

生:由于 $A\cap\bar{A}=\varnothing$,而 $\varnothing$ 是不可能事件,所以事件 $A$ 和事件 $\bar{A}$ 不可能同时发生;由于 $A\cup\bar{A}=\Omega$,而 $\Omega$ 是必然事件,所以事件 $A$ 和事件 $\bar{A}$ 必然有一个发生。综上,事件 $A$ 与其对立事件 $\bar{A}$ 有且仅有一个发生。

师:很好。这就是事件和其对立事件的关系。如果事件 $A$ 和事件 $B$ 对应的集合满足 $A\cap B=\varnothing$,请同学们思考并回答,"事件 $A$ 和事件 $B$ 是对立事件吗"?

生:不是。因为事件 $A$ 和事件 $B$ 还有可能都不发生,这不满足对立事件的定义。

师:对的。我们把这种事件称为互斥事件,具体描述是如果事件 $A$ 和事件 $B$ 没有共同的基本事件,即对应的两个子集的交集是空集($A\cap B=\varnothing$),则称事件 $A$ 和事件 $B$ 不可能同时发生,或者说互斥,如图 5 所示。进一步,如果是三个事件 $A$、$B$、$C$ 满足"$A\cap B=\varnothing$,$A\cap C=\varnothing$,$B\cap C=\varnothing$",则称事件 $A$、$B$、$C$ 为两两互斥。$A\cup B$ 和 $A\cap B$ 的对立事件如何表示?

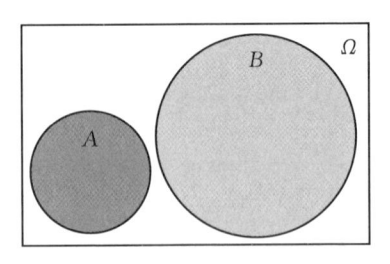

图 5 $A \cap B = \varnothing$ 的示意图

生：$\overline{A \cup B} = \bar{A} \cap \bar{B}$，$\overline{A \cap B} = \bar{A} \cup \bar{B}$。进一步，有 $\overline{A \cup B \cup C} = \bar{A} \cap \bar{B} \cap \bar{C}$，$\overline{A \cap B \cap C} = \bar{A} \cup \bar{B} \cup \bar{C}$。

## 五、反馈与拓展（融会贯通阶段）

1. 创设情境

掷两颗骰子，观察掷得的点数。设事件 $A$：至少一个点数是偶数；设事件 $B$：点数之和是偶数。求：(1) $A \cup B$；(2) $A \cap B$。

2. 应用型问题链

(1) 你会用几种方法解决这个问题？

(2) 两种方法哪个更简单？

(3) 你在解决这个问题的过程中得到什么启示？

3. 课堂实录

师：同学们认真思考一下，本题可以用几种方法解决？

生：方法一是分别写出 $A$ 和 $B$ 中所包含的基本事件，然后根据集合的运算求得样本空间 $\Omega = \{(i, j) | i = 1, 2, \cdots, 6; j = 1, 2, \cdots, 6\}$，其中 $i$，$j$ 分别是掷第一颗与第二颗骰子所得的点数。

$A=\{(1,2),(1,4),(1,6),(2,1),(2,2),(2,3),(2,4),(2,5),(2,6),(3,2),(3,4),(3,6),(4,1),(4,2),(4,3),(4,4),(4,5),(4,6),(5,2),(5,4),(5,6),(6,1),(6,2),(6,3),(6,4),(6,5),(6,6)\}$；

$B=\{(1,1),(1,3),(1,5),(2,2),(2,4),(2,6),(3,1),(3,3),(3,5),(4,2),(4,4),(4,6),(5,1),(5,3),(5,5),(6,2),(6,4),(6,6)\}$；

则(1) $A\cup B=\Omega$，

(2) $A\cap B=\{(2,2),(2,4),(2,6),(4,2),(4,4),(4,6),(6,2),(6,4),(6,6)\}$。

师：还有什么方法吗？

生：方法二是利用事件的运算，把事件 $A$ 和事件 $B$ 转化为简单事件的运算后求证。记事件 $A_0$：两个数都是偶数；记事件 $A_1$：一个数是奇数，一个数是偶数；记事件 $A_2$：两个数都是奇数。

因为 $A=A_0\cup A_1$，$B=A_0\cup A_2$，且事件 $A_0$、$A_1$、$A_2$ 为两两互斥，

所以(1) $A\cup B=(A_0\cup A_1)\cup(A_0\cup A_2)=\Omega$

(2) $A\cap B=A_0=\{(i,j)\mid 1\leqslant i\leqslant 6, 1\leqslant j\leqslant 6, i,j$ 都是偶数$\}$

师：请同学们思考一下，哪个方法更简单？

生：方法二简单。

师：为什么？

生：方法二是把较复杂的事件转化为简单的事件的运算，即用简单事件表示较复杂事件。

**六、课后反思**

本节课的授课内容源于教材，但又不拘泥于教材，实现了对教材内容的再加工和再创造。另外，本节课通过小组讨论积极引导学生自主探究、发现问题、解决问题，实现了以学生为主体的教学。本节课需要进一步完善的地方是把问题的探究完全交给学生，其实可以从本节课开始的"掷两个骰子"的游戏中，引导学生提出更多的事件，然后引导学生分别类比集合的关系和运算得到事件的关系和运算。但本节课对于两种语言的转化能力要求很高，学生还不是很熟练，还需要进一步巩固。

## 第十四节　圆的面积[①]

**一、教学背景**

"圆的面积"位于沪教版《九年义务教育课本　数学　六年级第一学期》之"圆和扇形"一章。本章主要内容包括圆的周长、弧长、圆的面积和扇形面积。在小学，学生已经掌握了一些简单图形的周长和面积，比如长方形、三角形和平行四边形，但这些都是直线图形。圆作为曲线图形，它的面积如何推导是本节的重点。而对六年级的

---

[①] 本节的作者是复旦二附校高洁老师。

学生而言,"极限思想"的理解是本节课的难点,应留给学生充分思考和提出疑问的时间,并设有留白。

在探究圆的面积公式的过程中,通过将圆等分成无穷多个扇形再拼接成矩形,初步接触以直代曲、转化、无限逼近思想,积累活动经验。人类对圆面积的探索经历了数千年。借鉴古代数学家对圆面积的探索历程,并选择性地进行教学重构,可以揭示数学史在生活实践中的应用价值,让学生品味古今中外的多元数学文化,感受数学研究中锲而不舍、不畏艰难、勇于创新的精神,并从中汲取精神力量、增强文化自信。

基于以上分析,设定学习目标如下:

1. 经历观察、想象、操作、推理计算的过程,探索圆面积的推导方式,掌握圆的面积公式,体会化曲为直、无限逼近的思想方法;

2. 通过对圆面积不同推导方式的探索与对比,发展空间观念与推理能力,体会化归思想;

3. 简单了解数学家对圆面积的探索历程,体会古人解决未知问题的毅力和智慧,感受数学的人文价值。

**二、预学与聚焦(自学略通阶段)**

| 序号 | 预学任务单 |
| --- | --- |
| 1 | 什么是圆的面积?圆的面积公式是什么? |
| 2 | 要研究圆的面积,你遇到最大的困难是什么? |
| 3 | 简述课本对圆面积的推导过程。 |
| 4 | 对此推导过程,你有什么疑问吗? |
| 5 | 通过课前查阅资料,你对圆面积的推导还有哪些了解? |

问题1:什么是圆的面积？圆的面积公式是什么？

学生:① 圆所占平面的大小叫作圆的面积；

② 圆的面积公式是 $S=\pi r^2$。

95%的学生都能通过预学,回答出什么是圆的面积及圆的面积公式。

问题2:要研究圆的面积,你遇到最大的困难是什么？

学生A:圆是曲线型图形,所以无法用以前的方法求面积。

学生B:圆是一个曲线图形,无法像直线图形一样求面积。

学生C:如何把新的问题转化为学过的知识。

学生D:如何把圆的面积转化为我们所熟知的图形的面积。

21%的学生填写了"无"。在剩余79%的学生中,虽然在语言的表述上有区别,但大部分同学的困难都是如何求曲线型图形的面积、如何把圆面积转化为已学图形,这也是这节课需要重点解决的问题。

问题3:简述课本对圆面积的推导过程。

学生A:我们可以把整个圆分割成若干个相等的扇形并拼接为一个近似平行四边形的图形,长为 $\pi r$,宽为 $r$,如图1。

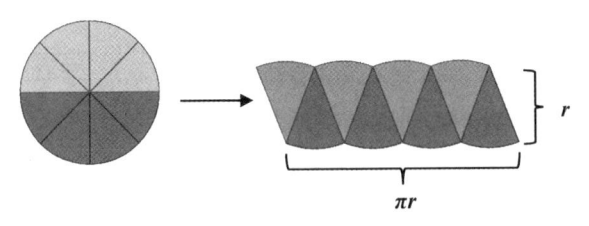

图1 问题3的学生A作答图

学生B:把圆等分成若干份,然后试拼出一个长方形,发现把圆分的份数越多,拼成的图形就越接近于一个长方形,而它的面积也越接近圆的面积,由此可得 $S_{圆}=\pi r^2$。

学生 C:把圆等分成若干份,并按图中方法拼起来,等分份数越多,拼成的图形就越趋近于一个平行四边形,如图 2。

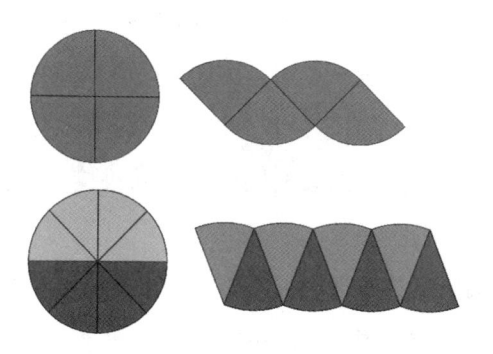

**图 2　问题 3 的学生 C 作答图**

学生 D:圆的份数越多,越接近长方形,如图 3。

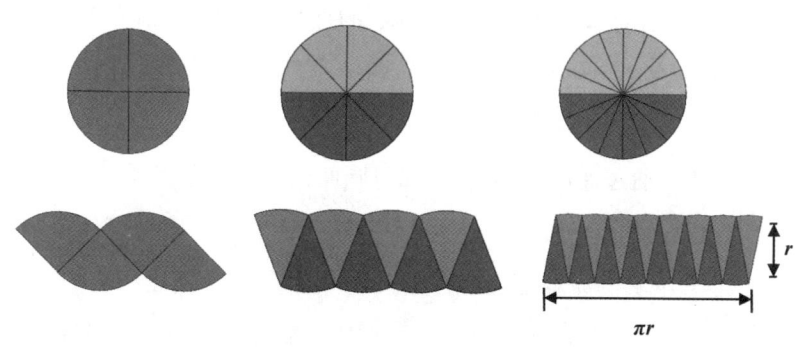

**图 3　问题 3 的学生 D 作答图**

9%的学生只用了类似"拆分图形"的简单描述,或只有简单的图形没有文字说明。剩余91%的学生都对推导过程进行了文字或图形的描述。这其中,有 42% 的学生没有提及"等分份数越来越多",只用某一种分割方法得出结论,如学生 A;剩余 58% 的学生都有类似"随着等分份数越来越多,拼成的图形越来越接近长方形"的描述,如学生 B、C、D。

问题 4:对此推导过程,你有什么疑问吗?

学生 A:切割后的圆毕竟边是圆的,这样拼的图形只是近似长方形,并不是真正的长方形,这样计算不是会有误差吗?

学生 B:当把圆分为无数相同的扇形并拼接会完全变为一个长方形吗?

学生 C:圆通过裁剪可以拼成一个真正的长方形吗?

学生 D:能否求出圆面积的精确值?

53% 的学生表示没有疑问,剩余 47% 的学生几乎提出了同样的困惑,"最终用长方形面积公式推导出的圆面积是不是精确值? 会不会有误差?"这与六年级学生对"极限"的理解相吻合。如何结合六年级学生的认知水平,设计适当的问题链帮助其表达与感悟"无限逼近"的思想,是本节课需要突破的教学难点。

问题 5:通过课前查阅资料,你对圆面积的推导还有哪些了解?

学生 A:我还查阅到了"割圆术",这是古代数学家智慧的象征。它的原理是把圆看作一个多边形,并分割出相应的三角形,来计算圆的大概面积。随着多边形的边越来越多,而圆的面积就会越来越精确,这也运用了"无限接近"的概念,且与我们课本上的方法相似。

学生 B:我了解到除了上面的推导以外的另一种推导。简述就是把圆从一条半径拉开,拉成一个无限接近于三角形的图形。这种方法与上面的推导在根本上十分相似,利用了"无限接近"的方法。

学生C:我了解了另一种圆面积的推导过程,这种方法是将圆的面积转化为三角形的积,如图4。

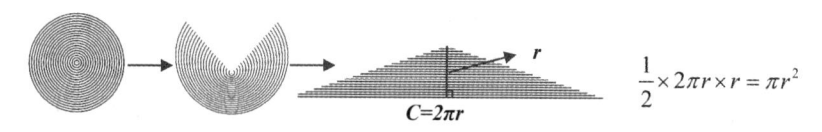

$$\frac{1}{2} \times 2\pi r \times r = \pi r^2$$

图4 问题5的学生C作答图

学生D:在近代史上,人们去用微积分进行推导,而我们学的是"割圆法"。

虽然只有不到半数的同学作答了此题,但从这道题学生的作答情况来看,学生通过课前查阅资料,对"割圆术"、"不可分量法"甚至"微积分"的方法都有所了解。在教学中,可以以此为基础,在本课的最后设计适当的教学环节,帮助实现教学目标三,了解圆面积的探索历程,感受数学的人文价值。

### 三、探究与发现(大致粗通阶段)

1. 创设情境

周末,老师点了一个12英寸的比萨外卖(直径约为30厘米),但不久后接到餐厅工作人员的电话,说12英寸的比萨刚好卖完了,问能否换成两个8英寸的比萨(直径约为20厘米)。请问是否划算?

2. 引导型问题链

(1) 什么是圆的面积?你知道圆的面积公式吗?

(2) 小学已经学习过哪些图形的面积？它们的面积如何表示？又是如何推导的？

(3) 以上这些图形面积的推导有什么共同之处？蕴含了怎样的数学思想？

(4) 要研究圆的面积，你觉得遇到最大的困难是什么？

(5) 对"曲线型"问题的研究，你有什么经验？

(6) 操作：如何推导圆面积？

(7) 对"将圆等分成若干份，再重新拼接"的做法：你觉得分割出的每一块的图形是什么形状？拼接后的图形又是什么形状？随着等分份数的不断增加，对每一部分和拼成的图形来说，带来了什么变化？

3. 课堂实录

片段一

师：周末老师点了一个比萨外卖，当时点的是12英寸的，但是下单不久后接到了工作人员的电话，说12英寸的比萨刚好卖完了，只剩8英寸的了，问能不能调换两个8英寸的给我。老师想知道这个换法是否划算，需要我们具备什么数学知识？

生A：圆的面积。

师：我们已经知道，圆的面积表示的是圆所占平面的大小。我们班有多少同学已经知道圆的面积公式的？

生齐答：$S = \pi r^2$。

师：看来绝大多数同学都已经知道圆的面积公式，这节课我们重点要研究这个公式是怎么来的,这其中又蕴含了哪些数学思想呢?在此之前,我们先一起回想一下在小学阶段我们已经有过哪些关于图形面积的学习经验?

生B:小学学习过长方形、平行四边形、三角形、梯形的面积。

师:它们的面积分别如何表示?

生:回答略。

师:当时对平行四边形、三角形、梯形的面积,我们是怎么推导的?

生C:平行四边形的话,我们假设有把剪刀,我们用这把剪刀把它沿着高这条线剪开,得到一个三角形和一个直角梯形,我们把这个三角形拼到直角梯形的另一边,就可以得到一个矩形。这个矩形的长就是这个平行四边形的底,宽就是平行四边形的高。对于三角形,我们就只要把两个三角形补成一个平行四边形,然后进行计算就可以了。同样的,还可以把两个梯形补成平行四边形,然后只要根据平行四边形的面积就可以推导三角形和梯形的面积。

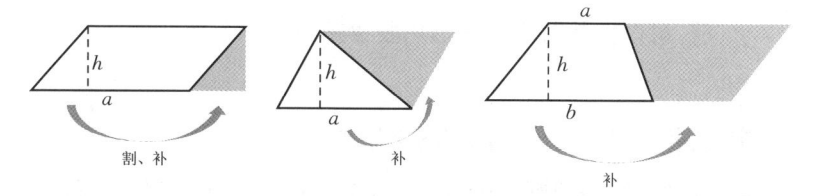

图5 四边形、三角形、梯形的面积的推导

师:很好,哪位同学能提炼一下以上三个方法的共同之处?用到了什么思想?

生 D：它们都是将不知道的面积转化为已经学过的图形，然后推得的面积公式。

师：好的。正如这位同学所说，以上三个方法都是通过割补的方法，将新的图形转化为已学图形，从而解决问题。那对于今天要研究的圆的面积，你觉得遇到的最大的困难是什么？

生 E：圆是一个曲线图形，没办法像直线图形一样求面积。

生 F：因为圆的每一个地方都是"弧形"的，所以我们没有办法把它转化为已经学习过的图形。

师：没错，原来的这些图形都是直线型图形，而圆是曲线型图形。那对曲线型问题的研究，我们有过什么经验吗？

生 G：圆的周长。

师：对圆周长的研究，用到的重要的思想方法是什么？

生 H：化曲为直。

师：带着这些经验，我们今天一起尝试推导圆的面积。接下来，让我们先以小组为单位，请大家拿起手中的圆片，想一想、试一试，怎么研究圆的面积呢？如果需要对手中的圆进行裁剪，可以把裁剪后的图形用胶棒贴在黑色卡纸上。

片段二

师：请各小组上台分享你们的操作成果。

第一小组：我们把圆等分成八份，然后重新拼在一起，拼好的图形看起来像一个平行四边形，但是边上还是很"弯"。（如图6）

第二小组：我们和第一小组的方法类似，但我们是把圆16等分后重新拼接的。（如图6）

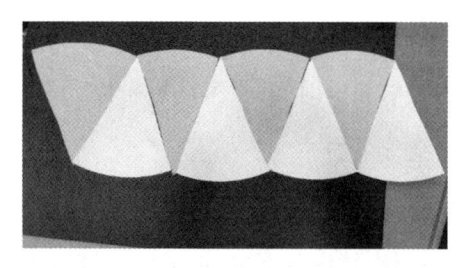

第一小组

第二小组

**图6 片段二的学生操作示意图**

师:这两组同学的操作,分割出的每一块的图形是什么？拼接后的图形又是什么？

生A:每一块像一个三角形,但它有一条"边"是"弯"的,拼接后的图形像一个平行四边形。

师:第二组同学比第一组分得更细了,这对每一部分和拼成的图形来说,带来了什么变化？

生B:每一小块的"边"更"直"了,更像一个三角形,拼成的图形更像平行四边形。

师:确实如此。但还有个困难,就是拼成的这个类似平行四边形的图形,我们仍没有办法求面积。我们课堂的时间有限,如果给大家足够多的时间,大家还想做什么事情?

生C:想继续细分下去。

师:我们将感受一下计算机带来的便利。在展示之前,我们先展开想象,如果继续细分下去,你觉得会带来什么变化?

生D:分割成的近似小三角形的"边"会越来越"直",拼成的图形会越来越接近平行四边形。

师:我们利用计算机软件更改等分份数,请看图7。在不断增加等分份数的过程中,观察一下和刚才的想象一致吗?

生E:发现最后拼成的图形越来越接近一个长方形了。

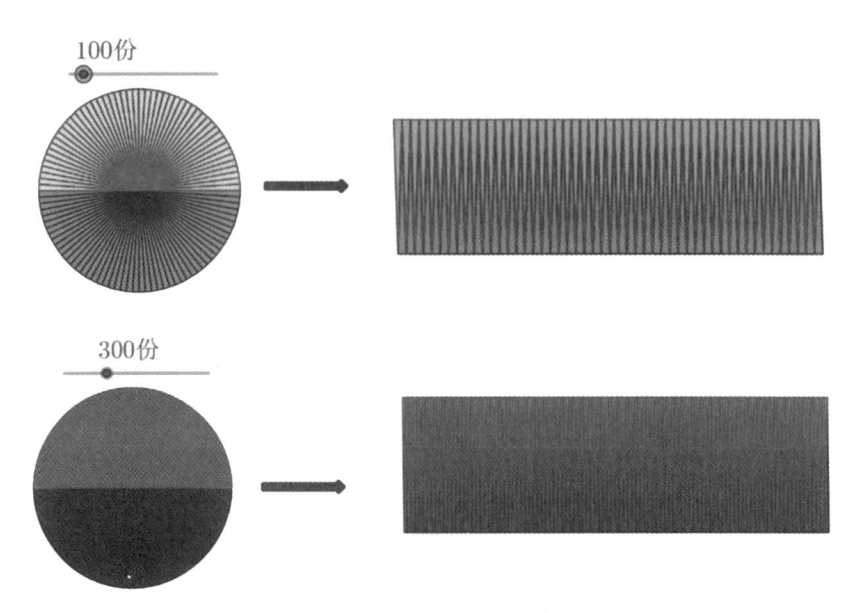

图7 计算机软件更改的等分份数

## 四、整合与互动(触类旁通阶段)

1. 创设情境

请以小组为单位,探索推导圆面积公式的方法。如需对手中的圆进行裁剪,请将裁剪后的图形用胶棒贴在黑色卡纸上。

2. 探究型问题链

思路1:"将圆等分成若干份,再重新拼接"。

① 观察与想象

a. 观察:随着圆的等分数量不断增加,什么在发生变化?哪些数量是保持不变的?

b. 想象:将分割继续下去,会导致怎样的结果?

② 推理与计算

a. 转化后的长方形的长和宽与圆有什么关联?

b. 圆的面积如何推导?

思路2:"割圆术"

① 观察与想象

a. 观察:随着圆内接正多边形的边数 $n$ 的增大,会产生什么变化?

b. 想象:继续下去会导致怎样的结果?

② 推理与计算

a. 圆内接正 $n$ 边形的面积怎么表示?

b. 圆的面积如何推导?

3. 对比与小结

以上两种推导圆面积的方法有什么区别和联系?

4. 课堂实录

片段一

师：根据刚才的操作，请大家思考，随着圆等分数量的不断增加，什么在变化？哪些数量关系是保持不变的？

生A：等分的份数在变化，拼成图形的形状在变化。

师：如何变化？

生B：越来越接近长方形。

师：不变的是什么？

生C：组成这个图形的面积不变，它始终是圆的面积。

师：如果将分割继续下去会导致怎样的结果？

生D：这个图形会无限接近长方形。

生E：我想到我们之前学过的一个内容，就是$0.\dot{9}=1$。所以，如果无限分割下去，这个图形会不会变成长方形？

师：这个同学能够联想到$0.\dot{9}=1$真的太棒了！如果将等分份数无限增加，所拼成图形的极限状态就是长方形。这样我们就可以用长方形的面积表达圆的面积。接下来，如果让我们推导圆的面积，关键问题是，这个长方形的面积有办法表达吗？请大家继续思考。在这个变化过程中，除了面积，还有其他不变的量吗？请大家继续思考。

生F：我感觉这个拼成的近似长方形的"长"和"宽"也没有发生变化。

师：我们姑且把这个称之为它的"边长"吧。既然如此，现在你能推导圆的面积公式了吗?

生 G:长方形的长是圆周长的一半,宽是圆的半径,所以圆的面积是 $\pi r \cdot r = \pi r^2$。

师:我们对"将圆等分成若干份,再重新拼接"的方法作一个小结。谁来试试看帮大家把过程以填空的形式梳理一下?(如图 8)

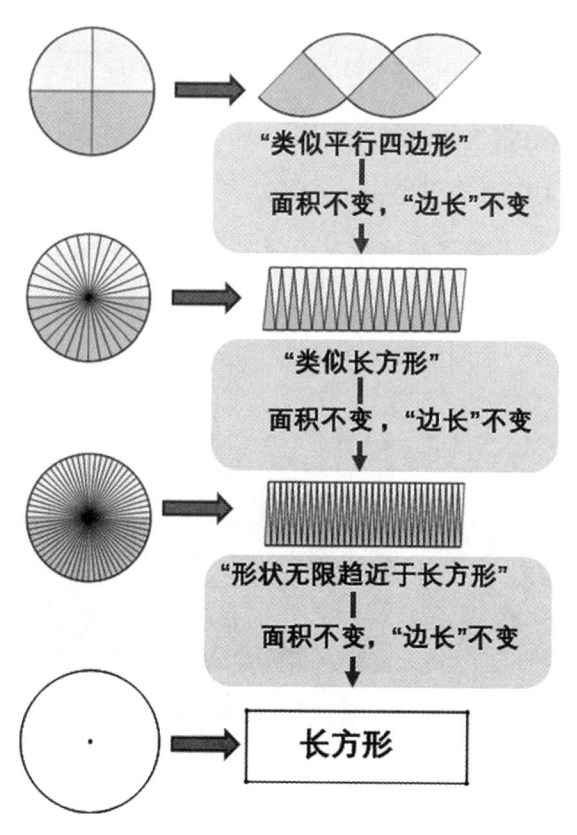

图 8 "将圆等分成若干份,再重新拼接"的方法小结

生H:首先随着圆等分数量的增加,拼接成的图形越来越接近一个长方形。在上述过程中,拼成图形的"边长"和面积保持不变。当圆不断等分,拼接成图形的极限状态是一个长方形。这个长方形的宽等于圆的半径,长等于圆周长的一半。

师:这其实就实现了"以直代曲"。至此,我们成功将圆的面积转化为了已学图形的面积,转化后的长方形,面积公式已知,长宽数据可求。

片段二

师:老师在巡视的时候发现第三小组的同学在操作过程中有不同的想法,请派代表上台分享。

第三小组:我先将圆连续对折两次,剪了一刀,展开成一个四边形;又将圆连续对折三次再剪,展开成一个八边形。

(如图9)

图9 片段二的学生小组操作图

师:能不能用这个四边形或者这个八边形的面积来代表圆的面积?

生 A：现在还不能，剪掉的部分太多，误差太大。但如果无限对折下去，应该就可以代表了。

师：很好，你的这个想法源自哪里？

生 B：上节课介绍的祖冲之的"割圆术"。

师：那如果像这位同学所说，继续下去，圆内接正多边形的边数的增大会带来什么变化？

生：随着边数的逐渐增大，圆内接正多边形的面积会越来越接近圆的面积。

师：当 $n$ 无限增大，圆内接正 $n$ 边形面积的极限就是圆的面积，同样可以实现"以直代曲"，如图 10。现在问题就转化为，圆内接正 $n$ 边形的面积我们也没有学习过，怎么计算？请大家小组交流一下。

图 10 "以直代曲"的示意图

生 C：因为三角形面积公式已经有了，我们打算先求一个三角形的面积，再乘以 $n$。

师：很好的想法，如果我们把正 $n$ 边形中小三角形的底记作 $a_n$，高记作 $h_n$，那么

$$S_{正n边形} = \left(\frac{1}{2}a_n \cdot h_n\right) \cdot n = \frac{1}{2}(a_n \cdot n) \cdot h_n = \frac{1}{2}C_{正n边形} \cdot h_n$$

。随着正多边形的边数 $n$ 不断增加,小三角形的高、正 $n$ 边形的周长、正 $n$ 边形的面积的变化情况是怎样的?

生D:随着正多边形的边数 $n$ 不断增加,小三角形的高越来越接近圆的半径,正 $n$ 边形的周长越来越接近圆的周长,正 $n$ 边形的面积越来越接近圆的面积。

师:不断增加边数 $n$,这个 $n$ 边形面积的极限就是圆的面积。在这种极限状态下,我们把这个面积公式中的正 $n$ 边形的周长用圆的周长替代,三角形的高用圆的半径替代,就得到了圆的面积公式 $S_圆 = \frac{1}{2}C_圆 \cdot r = \pi r^2$。我们阶段性小结一下,请大家思考,以上两种推导圆面积的方法有什么区别和联系?

生E:区别在于一个是将圆分成若干份,再重新拼接;另一个是将圆转化为内接正多边形的面积进行直接计算。

生F:我觉得区别是他们一个是将圆不断地等分,一个是将多边形的边数不断增加;而联系是都把圆的面积转化为直线型图形的面积。

师:不错,这个不断等分的过程其实蕴含了数学中的"极限的思想"。当然,在转化的过程中,两种方法都实现了"以直代曲"。

## 五、反馈与拓展(融会贯通阶段)

1. 创设情境

人类对圆面积的探索历史跨越数千年。接下来,让我们穿越时空,与数学家对话,了解一下历史上圆的面积的探索历程。

2. 应用型问题链

(1) 历史上对圆面积的探索历程是怎样的?

(2) 今天这节课的学习与历史上哪些方法相吻合?

(3) 介绍"不可分量法"。

(4) 对今天的学习还有哪些困惑?

3. 课堂实录

(1) 片段一

师:其实人类对圆面积的探索历史跨越数千年。接下来,让我们穿越时空,与数学家对话,了解一下历史上圆的面积的探索历程。(图11)关于三千多年前的《莱茵德纸草书》,我们在介绍埃及分数的时候已经提到过,它用图示的正方形去除四个小三角形后得到近似代表圆的面积,并得到了圆面积的这样一个近似计算公式。到了公元前3世纪,阿基米德采用了穷竭法,然后是公元3世纪中期刘徽提出了割圆术,还有公元5世纪末被提出的祖暅原理。在没有计算机的时代,刘徽凭借自己的毅力和坚持,把圆割成了3072边形。到了十七世纪,"不可分量法"被提出,然后是"等积变形法",直到19世纪的微积分和极限思想。我们今天这节课的足迹和哪些相吻合?

生A:应该是"割圆术"和"平行四边形法"。

师:没错。在我们这节课没有接触到的方法中,阿基米德的"穷竭法"其证明过程相对复杂。因此,后人探索并发明了一些

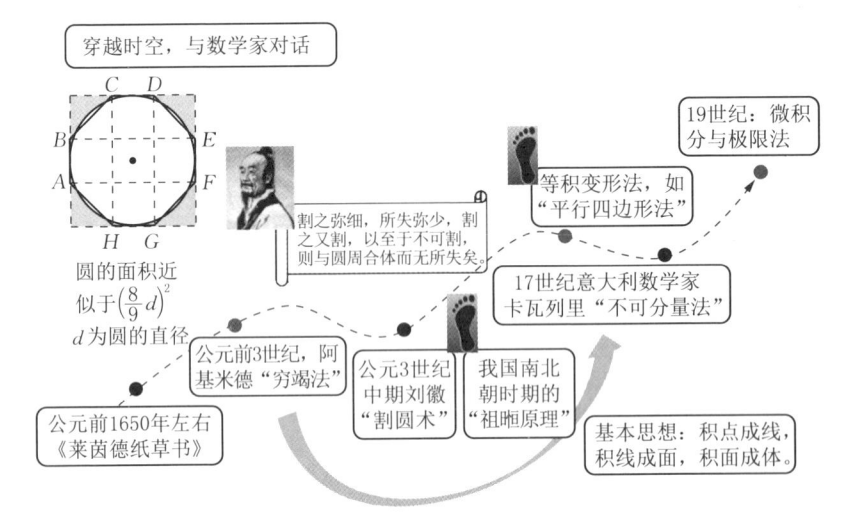

图 11 与数学家对话的示意图

能够直观看出的方法，其中最著名的就是"不可分量法"。课前预学单的最后一题，希望大家通过查阅资料，多去了解一些圆面积的推导方法。老师看到我们班有两位同学分别用文字和图形表达了这个"不可分量法"。它的基本思想是积点成线，积线成面，积面成体。圆可以看成是由无数同心圆积线成面而组成的。在这个想法下，如何化曲为直呢？根据圆的周长的经验，我们可以把这些同心圆全都"拉直"，老师借助计算机软件跟大家简单展示一下。比如，我们可以先将20个同心圆拉直展开，这是什么图形？（图12、13）

生 B:给我们一种梯形的感觉。

师:能说它是梯形吗？为什么？

生 C:不能，因为线段之间是存在空隙的，左右两侧也不构成边。

师：根据今天的学习经验，你觉得该如何继续处理？

生 D：增加同心圆的数量，让它变密。

师：好，我们继续增加同心圆的数量，有什么变化？

生 E：线段之间的空隙在缩小，两侧看起来更有边的感觉，但目前还能看到边缘有些锯齿状。

师：接下来展开想象，如果我们继续不断增加同心圆的数量，会导致什么结果？

生 F：这个图形的极限状态应该是一个三角形。

师：这个三角形面积可求吗？

生 G：三角形的底边长为圆的周长，高是圆的半径，因此面积是半周长乘以高。

师：以上就是"不可分量法"大致的想法，我国的祖暅原理和这个想法类似。

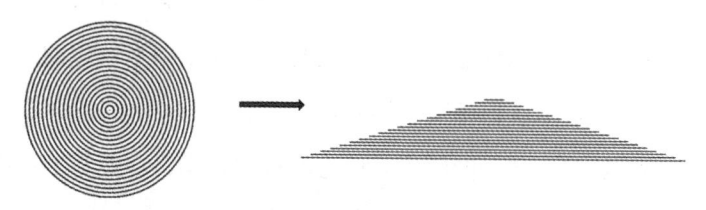

图 12　20 个同心圆拉直展开的示意图

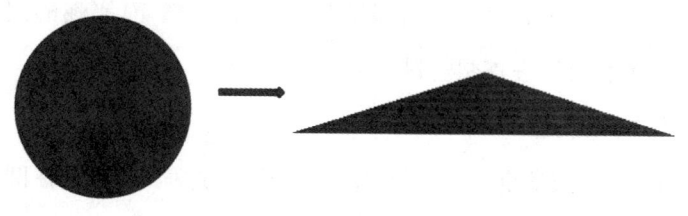

图 13

片段二

师：我们这节课的学习已经接近尾声了，对这节课的内容，你还有什么疑问或者感慨吗？

生A：今天我们求圆面积，都是"无限趋近"。那我想知道，能求出圆面积的精确结果吗？

师：这个问题提得很好，这可能是我们大部分同学心中的疑问。我们今天提到了一个较为陌生的词——"极限思想"。请一位同学为我们朗读一下刘徽的这段话。

生B："割之弥细，所失弥少，割之又割，以至于不可割，则与圆周合体而无所失矣。"

师：这其实就蕴含了极限的思想。极限的思想其实可以帮助我们实现从有限到无限的跨越。刚才这位同学的问题，就是我们从有限到无限的跨越，感觉上好像还差了那么一步。当然，极限的思想还可以帮助我们从直线型图形认识曲线型图形、从近似认识精确、从量变认识质变。极限的概念也是未来微积分、严格的微积分理论的思想基础。虽然目前我们没有办法完全理解，但是我们可以把它作为一个问题提出来。未来高中和大学我们都将继续学习，当然，有兴趣的同学课下就可以去查阅资料。

## 六、课后反思

本节课的教学重点是圆面积公式的探究过程，难点是在圆面积的探究过程中对"无限逼近"思想的表达与感悟。从引入环节的学生表现来看，大部分同学已经知道圆的面积公式，并能表达出在小学学过的方法，即在推导三角形、平行四边形及梯形面积时通过割补进行转化。对于本节课圆面积的推导，也能预见到困难在于圆与以往学习的图形不同，是"曲线型"图形。如何实现"曲线型"面积的推导是本节课的难点所在。

在活动环节，学生以小组为单位，探索推导圆面积的方法。比较多的小组运用了课本上的"将圆等分成若干份，再重新拼接"的方法；也有小组联想到刘徽的"割圆术"，利用圆形纸片裁剪出圆的内接正方形、正八边形，并表示可以继续增加边数，使裁剪后的多边形越来越像圆。在这系列的活动过程中，学生对"极限"的理解是本节课的难点。在处理方式上，采取了先操作交流、然后以问题串的形式引导学生观察与想象，再利用计算机软件展示"不断细分"的过程，最后通过推理计算得出圆的面积。

在"将圆等分成若干份，再重新拼接"的方法中，让学生思考在等分份数不断增加的过程中什么在变化？哪些数量关系是保持不变的？目的是避免让学生产生"因为像，所以是"的误区。如果将系列"准长方形"看作无穷序列，所有"准长方形"的"长""宽"均保持不变，推测极限状态下，长方形长、宽的极限仍满足同样的表达。学生在想象当圆无限等分，重新拼接后的图形形状时，自然联想到了 $0.\dot{9}=1$，这其实是对"极限"思想的一次回溯，是精彩的课堂生成。在"割圆术"的方法中，先引导学生表示出正 $n$ 边形的面积，然后观察、想象：当边数不断增加，小三角形的高、正 $n$ 边形的周长、面积的变化情况。

从而用极限状态下的面积推得圆的面积。

最后,通过呈现具有三千多年历史的圆面积探索历程,让学生"穿越时空",与数学家展开"对话"。本节课的足迹与"割圆术""平行四边形法"相呼应。在本课未涉及的方法中,借助计算机演示,简单向学生介绍了"不可分量法"。本节课由于容量较大,这块内容也可以考虑适当留白,设计为周作业,布置学生课下通过查找资料并且以小组为单位制作小报,将"重走数学家之路"进一步延伸。

## 第十五节　三角形的有关概念[①]

### 一、教学背景

这节课是沪教版《九年义务教育课本　数学(七年级第二学期)》第十四章的第一节内容。三角形是平面几何里最简单的直线型封闭图形,三角形的知识是进一步探究、学习其他图形性质的基础,而且从哪几个角度来研究三角形也可以类比成为研究别的几何图形的方法。本章的学习正处在从实验几何向论证几何的过渡期,许多内容的呈现以实验归纳为主,也有通过说理来导出的,或是把实验归纳与推理论证结合起来阐述。这节课的学习,既是对已有知识起到巩固的作用,也是为即将学习的全等三角形、等腰三角形、直角三角形等知识和从实验几何过渡到论证几何做一个铺垫。

本节课的教学重点是掌握三条线段要组成三角形所须满足的条

---

[①] 本节的作者是上海民办兰生中学张宇清老师。

件以及三角形的三边关系。对于这一章的学习,我们在教授过程中仍要注意多实验、多画图,培养学生在遇到问题时,能够在脑中构建不同的图形。在初三年级,我们时常会觉得一些孩子在解答几何题时力不从心,要么是根据题意画不出相应的图形去分析,要么是在复杂的图形中抽象不出基本的几何图形从而找到突破口。这些能力的积累是从实验几何开始的,所以多画图、多实验是不可忽视的。对于三角形的定义我不想一带而过。学习定义,解读定义中的关键字词,是培养学生如何准确地用数学语言描述问题,以及其良好审题习惯的一次契机。通过不断提问的方式,引导学生去思考定义中每个关键词的作用。基于以上,我们将学习目标设定为:

1. 知道并了解三角形的定义,学会解读定义中的关键字词;

2. 体会"操作实验-归纳总结"的数学研究过程,掌握三条线段要构成三角形所须满足的条件;

3. 通过说理得出并掌握三角形的三边关系;

4. 灵活应用所学的三角形的边的关系,层层深入,探索新的结论以及特殊三角形边的特点。

二、预学与聚焦(自学略通阶段)

| 序号 | 预学任务单 |
| --- | --- |
| 1 | 请你找到三例生活中的三角形。 |
| 2 | 请你用自己的语言来描述三角形是一个怎样的图形。 |
| 3 | 我们现在有四条线段,长度分别为 4 cm、6 cm、8 cm 和 12 cm,这些线段可以组成多少个不同的三角形?请分别画出来。 |

续表

| 序号 | 预学任务单 |
| --- | --- |
| 4 | 三条线段要满足怎样的条件才能构成一个三角形呢? |
| 5 | 反之,若我们已经有了一个三角形 ABC,那么它的三边有怎样的关系? 为什么? |
| 6 | 除了三角形的三边关系,那么对于三角形,你还会研究它的什么要素呢? |

问题 1:请你找到生活中的三角形并举三例。

学生:三角旗、红领巾、三角尺。

这个问题每位同学都能够回答。在生活中寻找三角形的形象,95%的同学会想到三角尺、红领巾,80%的同学会想到房屋的尖顶,43%的同学会想到警示标志。通过这个问题可以让学生体会到生活中处处都有几何图形,同学们的互相交流也开拓了大家的视野。

问题 2:请你用自己的语言来描述三角形是一个怎样的图形。

学生:一个由三条线段连接组成的图形。

数学中的三角形如何定义? 85%的同学会将三角形定义为:一个由三条线段组成的图形;10%的同学会说:有三个顶点以及三条边的图形;3%的同学会用到封闭二字。根据学生的描述,可以设计相应的反例,让学生修正自己的描述语言,注意到关键词的重要性,也可以让学生体会到数学定义中文字的严谨性与简洁性。

问题 3:我们现在有四条线段,长度分别为 4 cm、6 cm、8 cm 和 12 cm,这些线段可以组成多少个不同的三角形? 请分别画出来。

有 80%的同学能够想到将 4 条线段进行组合,得到四组:(4,6,8)、(4,6,12)、(6,8,12)、(4,8,12);有 54%的同学有这个意识,即任意两线段之和要大于第三条线段,从而锁定其中的两组;只有30%的同学能够画出三角形,而能够想到用交轨法的学生是凤毛麟角。(如图1)所以在教学设计时,应从具体到抽象,给同学们一个直观的感受,用实物教具演示,当线段的长满足什么条件时,才能交出三角形,这样能够更好地启发学生如何去画,从而通过自己的作图去发现三角形。

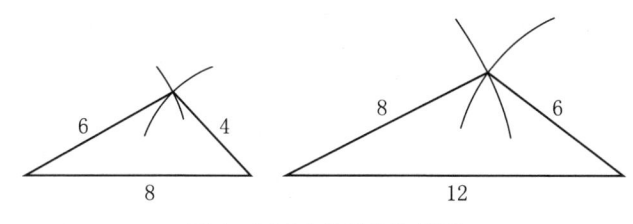

图1 问题2的学生作答图

问题4:三条线段要满足怎样的条件才能构成一个三角形?

学生A的回答:任意两边之和大于第三边。

学生B的回答:两边之和大于第三边。

这个问题25%同学的回答是"两边之和大于第三边"。学生知道这句话,但缺少了"任意"两字;32%的同学有"任意"两字,但还没构成三角形又哪来三角形的边呢?其实是对充分性和必要性有所混淆。另外,在设计的时候是希望学生能够从第3个问题画图去感受并得出结论。由于第3题的画图存在困难,再加之学生对这句话虽不清楚缘由,但都知道,所以只有45%的同学有达到预期的效果。如何启发学生能够从作图中思考并得出结论?这个问题告诉我对课堂效果的达成还需要进一步设计。

问题 5:反之,若我们已经有了一个三角形 ABC,那么它的三边有怎样的关系? 为什么?

关于问题 5 的回答,90%的同学会回答两边之和大于第三边,仍然没有"任意"两字。当然这个问题很容易举个反例来解决。有学生会认为问题 5 和问题 4 是一样的,为什么要重复问一次? 关于充分性和必要性,虽然上课时不会出现这样的字眼,但在教学中希望学生能够有所体会。至于问题中的"为什么",很遗憾,只有两个学生回答得出。这也提示我在教学设计中,对于这一点要引导学生用已学的知识来解释。

问题 6:除了三角形的三边关系,那么对于三角形,你还会研究它的什么要素呢?

这个问题是希望提示学生,我们在研究一个图形的时候,可以从哪几方面着手,以及以后在学习别的图形的时候,也可以从这些角度出发去做。学生会想到的是三角形的内角、外角、高、面积、周长等。在后续的教学过程中,我们会注重让学生知道一般从什么角度研究,为什么主要是这些角度等等。

**三、探究与发现(大致粗通阶段)**

1. 问题引入

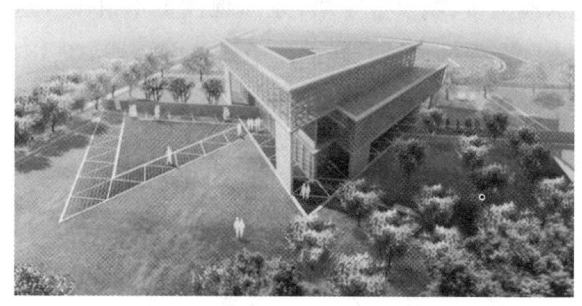

以上的图片分别为港珠澳大桥、金字塔、三角形场馆。三角形是一种基本的几何图形,从埃及的金字塔到现代场馆的屋顶,从大型建筑到微小的分子结构,在现实世界中,处处有三角形的形象。

2. 引导型问题链

(1) 我们如何给三角形下个定义?

(2) "由三条线段组成的图形可以叫作三角形"吗?为什么?

(3) "由不在同一直线上的三条线段组成的图形"可以是三角形吗?为什么?

(4) 若给定三条线段,我们如何用定义去判断它们能否构成三角形?(三条线段可以运动)

(5) 我们有以下三组线段,你能否从具体(实物展示)到抽象,用尺规作图来判断每组的三条线段是否可以组成三角形。

（6）由此你得到怎样的结论？

（7）反观之，若我们已经有了一个三角形 ABC，那我是否能够得到任意两边之和大于第三边这个结论？为什么？能不能用学习过的知识来解释？

3. 教学实录

师：港珠澳大桥、埃及金字塔、亚洲现代美术馆……这些建筑中都有三角形的形象。我们从中抽象出数学上所说的三角形，如下图，我们如何给三角形下个定义？"由三条线段组成的图形可以叫作三角形"吗？为什么？

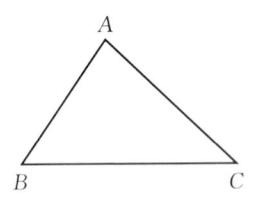

生 A：不可以，我可以举出以下反例（如图 2），应该是"由三条线段首尾顺次联结所组成的图形叫作三角形"。

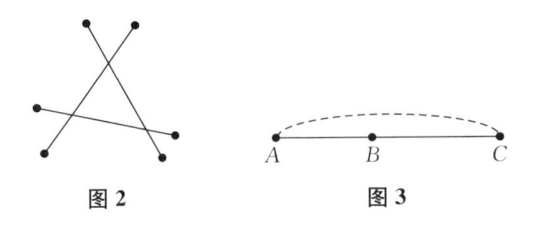

图 2　　图 3

师：我根据你的描述可以画出以下图形（如图 3），三条线段 AB、BC、CA 做到了首尾顺次相连了，但这并不是三角形。怎么办?

生B:不在同一直线上的三条线段首尾顺次联结所组成的图形叫作三角形。

师:很好。三角形的定义,即不在同一直线上的三条线段首尾顺次联结所组成的图形叫作三角形。我们今天要讲的正是沪教版《九年义务教育课本　数学(七年级第二学期)》第十四章第一节中的三角形的有关概念(1)。

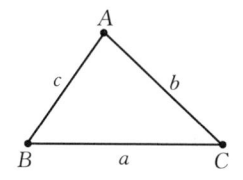

三角形的边——组成三角形的三条线段 $AB$、$BC$、$CA$,也可用 $a$,$b$,$c$ 表示;

三角形的顶点——点 $A$、点 $B$、点 $C$;

三角形的内角——相邻两边所组成的角 $\angle A$、$\angle B$、$\angle C$;

三角形的记法——顶点为 $ABC$ 的三角形记作 $\triangle ABC$。

师:我们回顾定义,如果给定三条线段(三条线段可以运动),如何用定义去判断这三条线段能否构成三角形?接下来,我们将用实物道具进行演示。我们有以下三组线段,你能否从具体(实物)到抽象,用尺规作图来判断每组的三条线段是否可以组成三角形。

(1) 2 cm, 3 cm, 6 cm;

(2) 2 cm, 6 cm, 4 cm;

(3) 3 cm, 4 cm, 6 cm;

表 1  学生在屏幕上的作图

| 组 合 | 图 形 | 结 论 |
| --- | --- | --- |
| 2 cm, 3 cm, 6 cm | | 交不到,做不到首尾顺次联结,不可以。 |
| 2 cm, 6 cm, 4 cm | | 做不到,不在同一直线上,不可以。 |
| 3 cm, 4 cm, 6 cm | | 满足定义,可以。 |

师:由此你得到怎样的结论?

生C:两条线段的和大于第三条线段,则可组成三角形。

师:那么第一组线段中 2+6>3 呢?

生D:任意两条线段的和大于第三条线段,那么这三条线段可以组成三角形。

师:三条线段中任意两条线段之和大于第三条线段,那么这三条线段为边可以构成一个三角形,否则将不能构成三角形。如果我给定的例子中,三条线段的大小关系已知,那么我们满足什么要求就可以了呢?

生 E:如果两条较短的线段的和大于第三条最长的线段,那么这三条线段可以构成一个三角形。

师:很好,在三条线段中,如果两条较短的线段的和大于第三条最长的线段,那么这三条线段可以构成一个三角形,否则不能构成三角形。在我们得到结论之前,我们新学一个几何图形,首先要有的是定义,用定义去判断;而当我们有了结论之后,我们也可用结论来判断。反观之,若我们已经有了一个三角形 ABC,那我是否能够得到任意两边之和大于第三边这个结论?为什么?能不能用学习过的知识来解释?

生 F:我们可以用两点之间线段最短来解释。

师:的确,如图,线段 $a$ 是点 $B$ 到点 $C$ 的线段,线段 $c$、$b$ 是点 $B$ 到点 $C$ 的折线段,因为两点之间线段最短,所以 $b+c>a$。那么在其他方向上,我们是否可以类比得到结论?

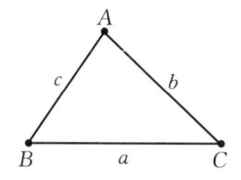

生 G:因为两点之间线段最短,所以还有 $b+a>c$,$c+a>b$。

师:我们已经了解了三角形的三边关系,即三角形任意两边的和大于第三边。而且,我们现在已经清楚了:怎样的三条线段

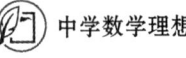

可以组成三角形;给定三角形,其三边具有怎样的关系。

## 四、整合与互动(触类旁通阶段)

1. 问题引入

例1:$\triangle ABC$ 的三边长分别为 3.5、$k$、8,求 $k$ 的取值范围。

解:$\begin{cases} 3.5+k>8 \\ 8+k>3.5 \quad (1) \\ 8+3.5>k \end{cases}$

$\Rightarrow \begin{cases} k>8-3.5 \\ k>3.5-8 \quad (2) \Rightarrow 8-3.5<k<8+3.5(*), \\ k<8+3.5 \end{cases}$

即 $4.5<k<11.5$。

2. 探究型问题链

(1) 通过观察,例1中"解(1)"式代表的是三角形任意两边大于第三边。有没有哪位同学能够告诉我们"解(*)"式所代表的含义?

(2) 例1中"解(1)"式的成立可以得到"解(*)"式的成立,那么由"解(*)"式的成立是否也能够得到"解(1)"式的成立?

(3) 对于一个 $\triangle ABC$,设其边长为 $a$、$b$、$c$,我们是否得出类似的结论呢?

3. 教学实录

师:如例1,$\triangle ABC$ 的三边长分别为 3.5、$k$、8,求 $k$ 的取值范围。

生A:因为三角形任意两边之和大于第三边,所以我得到三个不

$$\text{等式}\begin{cases}3.5+k>8\\8+k>3.5\\8+3.5>k\end{cases}\Rightarrow\begin{cases}k>4.5\\k>-4.5\\k<11.5\end{cases}\Rightarrow 4.5<k<11.5。$$

师:完全正确,那么我们把他的步骤展现如下, $\begin{cases}3.5+k>8\\8+k>3.5\\8+3.5>k\end{cases}$ (1)

$$\Rightarrow\begin{cases}k>8-3.5\\k>3.5-8\\k<8+3.5\end{cases}(2)\Rightarrow 8-3.5<k<8+3.5(*)$$

通过观察,"解(1)"式代表的是三角形任意两边大于第三边。有没有哪位同学能够告诉我们"解(*)"式所代表的含义?

生 B:"解(*)"式是指三角形任意一边小于另两边之和,又大于另两边之差的绝对值。

师:正确。由"解(1)"式的成立可以推得"解(2)"式的成立,继而得到"解(*)"式的成立;反过来,由"解(*)"式的成立是否也能够得到"解(2)"式的成立,最终得到"解(1)"式的成立?

生 C:可以。$8-3.5<k<8+3.5(*)$的右边可得"解(2)"式中第 3 式的成立,左边可得"解(2)"式中第 1、2 式的成立,所以"解(*)"式可推"解(2)"式,"解(2)"式根据不等式性质可推得"解(1)"式的成立。

师:那么对于一个△ABC,设其边长为 $a$、$b$、$c$,我们是否得出类似的结论呢?

生D：我将三个不等式看成关于 $a$ 的一元一次不等式组，可得算式 A：

$$\begin{cases} b+c>a \\ c+a>b \\ a+b>c \end{cases} \quad (1)$$

$$\Leftrightarrow \begin{cases} a<b+c \\ a>b-c \\ a>c-b \end{cases} \quad (2) \Leftrightarrow |b-c|<a<b+c \; (\ast)。$$

师：这说明对于一个三角形而言，三边又要满足什么关系？可否用文字语言叙述。

生E：三角形一边小于另两边之和，大于另两边之差的绝对值。

师：实际上，由算式 A(1) 可推算式 A(∗)；又可由算式 A(∗) 算式 A 推 (1)，两者等价。我们还可以得到其"副产品"（算式 B）：

$$\begin{cases} b+c>a \\ a+c>b \\ b+a>c \end{cases} \Leftrightarrow \begin{cases} a>b-c \\ a>c-b \\ b>a-c \\ b>c-a \\ c>a-b \\ c>b-a \end{cases}$$

即三角形任意两边之差小于第三边。

师：那么，我们是否可以用这些结论来解决例1？

生F：三角形一边小于另两边之和，大于另两边之差的绝对值，即 $8-3.5<k<8+3.5$，从而得到结果。

## 五、反馈与拓展(融会贯通阶段)

1. 创设情境

例 2:若一个等腰三角形的周长为 12,底边长的取值范围是多少?

2. 应用型问题链

(1) 这个周长为 12 的等腰三角形,腰长的取值范围是多少?

(2) 若已知等腰三角形的周长为 $l$,那么底边长与腰长的取值范围是多少?

3. 教学实录

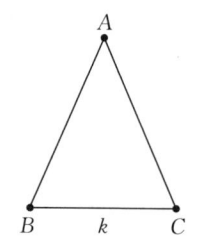

师:若一个等腰三角形的周长为 12,底边长的取值范围是多少?

生 A:设底边为 $k$,则腰长为 $\frac{12-k}{2}$,根据三角形任意两边之和大于第三边可知,

$$\begin{cases} \dfrac{12-k}{2}+k>\dfrac{12-k}{2} \\ \dfrac{12-k}{2}+k>\dfrac{12-k}{2}(与上一个不等式重复), \\ \dfrac{12-k}{2}+\dfrac{12-k}{2}>k \end{cases}$$

从而得到 0＜k＜6。

生 B：设底边为 k，根据三角形一边小于另两边之和，大于另两边之差的绝对值，可知：0＜k＜12－k，从而得到 0＜k＜6。

生 C：我从极端情况考虑，如下图，当点 A 在线段上时，k＝12－k，k＝6；当点 B、C 重合时 k＝0。所以 0＜k＜6。

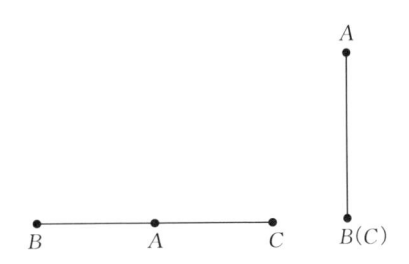

师：实际上，这三个方法都可化归为 0＜k＜12－k，三者是一致的。那么这个周长为 12 的等腰三角形，腰长的取值范围是多少？

生 D：设腰长为 x，则底边长为 12－2x。根据三角形一边小于另两边之和，大于另两边之差的绝对值，可知：$x-x＜12-2x＜x+x$，即 0＜12－2x＜2x，得 3＜x＜6。

师：若已知等腰三角形的周长为 l，那么底边长与腰长的取值范围是多少？

生 E：如上题，设底边长为 y，则 0＜y＜l－y，得 $0＜y＜\dfrac{l}{2}$。

生 F：设腰长为 x，则底边长为 l－2x，则 0＜l－2x＜2x，得 $\dfrac{l}{4}＜$

$x < \frac{l}{2}$。

师：由此我们可以得到一般化的结论，等腰三角形的底边大于 0 且小于周长的一半，腰大于 $\frac{1}{4}$ 的周长而又小于 $\frac{1}{2}$ 的周长。

## 六、课后小结

1. 基于单元的教学设计

本节课是以"实验—归纳—说理"这条明线来展开教学，并且结合班级学生的认知基础，加强了说理过程的分析与阐述，使得本课的重点内容"掌握三条线段构成三角形所需满足的条件、三角形的三边关系"落实到课堂教学中。

2. 基于学情的教材解读

本节课对三角形的充要条件进行隐性的研究，这是基于学生认知基础上进行的调整，也是对教材分析后的一次大胆的尝试。从实际教学来看，利用实验—说理、几何直观—式的恒等变化相结合的方式降低了思维的难度，较好地让学生体会到了其中的逻辑关联；在此基础上，利用三角形的三边关系去研究特殊的等腰三角形的三边特征，进一步地深化了知识的理解和应用。

3. 思想方法的贯穿

本节课的三个重要环节都是将数学的思想方法隐含其中，利用问题链的设计，巧妙地构成了本课的一条暗线，即在研究三角形的定义时：从实际情景中抽象出数学图形，继而一般化地研究什么是三角形，并且辅以举反例的手段，解读了定义中的关键词语；体现了从特殊到一般、数与形相结合的数学思想。在研究等腰三角形的三边关系时,也包含了从特殊到一般的思想方法。数学思想方法的贯穿使得本课的教学目标、重难点得到了落实。

## 第十六节 探究活动:将一个分数拆为几个不同的单位分数之和[①]

### 一、教学背景

单位分数的内容是沪教版《九年义务教育课本 数学(六年级第二学期)》第二章的探究活动。在本课之前,学生已然学习了分数的意义与性质以及分数的运算。单位分数也被称为埃及分数,是三千多年前埃及人的一种书写分数的方法。埃及人很擅长将一个分数拆分为几个单位分数的和,这主要是当时生活所需,为了用最简洁的方式完成分割或分配。不仅如此,单位分数还与古埃及神话中太阳神荷鲁斯之眼(The Eye of Horus)有着密切的联系。神话会激发学生的兴趣与探索的欲望。本节课的重点是探究将一个分数拆为两个单位分数之和的方法,再用化归的思想,类比得出拆为多个分数之和的方法。为了让学生了解单位分数在实际中的意义,明确学习的目的,我们设定以下学习目标:

1. 了解古埃及关于单位分数的一些历史,知道单位分数的拆分

---

① 本节的作者是上海民办兰生中学张宇清老师。

在实际中的意义。

2. 通过观察和分析,归纳将一个分数拆为两个单位分数之和的方法,并学会使用这个方法将一个分数拆为两个单位分数之和。

3. 经历探究几个具体分数的拆分过程,提高观察、思考、表达的能力,初步感悟分类讨论和转化的数学思想。

**二、预学与聚焦(自学略通阶段)**

| 序号 | 预学任务单 |
| --- | --- |
| 1 | 请你查找单位分数的概念以及相关历史资料。 |
| 2 | 请将 $\dfrac{3}{4}$ 拆分成两个不同的单位分数之和。 |
| 3 | 将 $\dfrac{1}{8}$ 拆成两个不同的单位分数之和,你认为有几种拆法? |
| 4 | 请将 $\dfrac{1}{8}$ 拆成三个不同的单位分数之和。 |

问题1:请你查找单位分数的概念以及相关历史资料。

学生A:(1) 分马问题,即老人弥留之际,将家中 11 匹马分给 3 个儿子,老大得 $\dfrac{1}{2}$,老二得 $\dfrac{1}{4}$,老三得 $\dfrac{1}{6}$。他们发现不能杀马,所以向邻居借了一匹马。三人分完后,多一匹,于是还给了邻居。($\dfrac{11}{12}=\dfrac{1}{2}+\dfrac{1}{4}+\dfrac{1}{6}$,$\dfrac{n}{n+1}=\dfrac{1}{x}+\dfrac{1}{y}+\dfrac{1}{z}$)

(2) "荷鲁斯之眼",来自鹰神荷鲁斯。

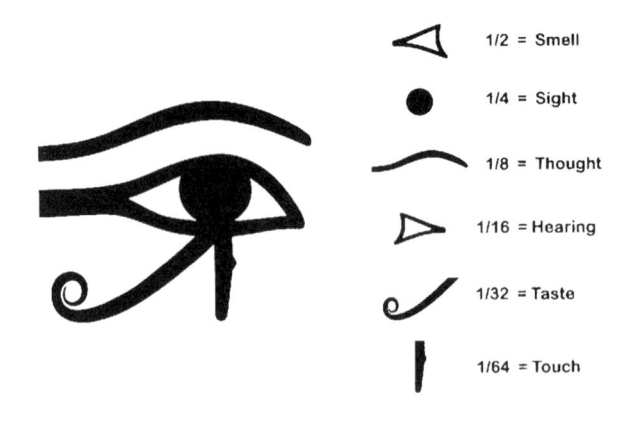

```
◁   1/2 = Smell
●   1/4 = Sight
⌒   1/8 = Thought
▷   1/16 = Hearing
⌢   1/32 = Taste
|   1/64 = Touch
```

$$\frac{1}{2}+\frac{1}{4}+\frac{1}{8}+\frac{1}{16}+\frac{1}{32}+\frac{1}{64}=\frac{63}{64}(不完美)。$$

学生B：早在公元前1500多年，古埃及人就创造并使用了分数，他们将分数符号称之为"荷鲁斯之眼"。荷鲁斯是古埃及著名的神话人物，他是奥西里斯与伊西斯之子，传说，他的父亲奥西里斯被赛特神所杀。他长大后，在一次与杀父仇人赛特神的搏斗中，不幸被夺去了左眼并被分割成了碎片。但是他的眼睛非同寻常，左眼代表月亮，右眼代表太阳。因此在左眼被夺走后，月亮神孔斯帮助他打败赛特神，并将左眼夺回。后来，荷鲁斯把这只失而复得的眼睛献给了父亲，保护父亲在黑暗的冥界中不受伤害。在古埃及人创造了分数后，他们将荷鲁斯之眼定义为"1"，并将其拆解成6个部分，每部分代表一个分数，分别为：眼右侧部分表示$\frac{1}{2}$，代表气味；瞳孔表示$\frac{1}{4}$,

代表对光的视觉与感觉;眉毛表示$\frac{1}{8}$,代表思想;眼左侧表示$\frac{1}{16}$,代表听觉;弯曲的曲线表示$\frac{1}{32}$,代表味觉;用一根接触地面的脚表示$\frac{1}{64}$,代表触觉。$\frac{1}{2}+\frac{1}{4}+\frac{1}{8}+\frac{1}{16}+\frac{1}{32}+\frac{1}{64}=\frac{63}{64}$,近似1。

83%的同学查阅的内容为荷鲁斯之眼,15%的学生查阅的是与单位分数有关的一些古老的数学问题,2%查阅了单位分数的各种图形。同学们对于埃及分数的表示方式、背后的神话故事等等,充满了兴趣,并且在查阅的过程中,体会到了埃及人单位分数拆分的一些方式以及拆分分数在生活中的意义,为单位分数拆分的探究做了很好的铺垫。另外,荷鲁斯之眼为什么没有拼成完整的1,那最后的$\frac{1}{64}$又代表了什么,也引发了孩子们的探索欲。

问题2:请将$\frac{3}{4}$拆分成两个不同的单位分数之和。

学生:$\frac{3}{4}=\frac{1}{4}+\frac{2}{4}=\frac{1}{4}+\frac{1}{2}$。

这个问题对学生来讲并不困难,正确率达到了95%。只需将分子拆为1+2,并且拆法唯一。学生体会到如果一个分数的分子能拆分为分母的两个不同因数之和,则这个分数可以直接拆分为两个不同的单位分数的和。

问题 3：将 $\frac{1}{8}$ 拆成两个不同的单位分数之和，你认为有几种拆法？

学生：$\frac{1}{8} = \frac{1}{24} + \frac{1}{12}$，$\frac{1}{8} = \frac{1}{32} + \frac{1}{10}$。

能够将 $\frac{1}{8}$ 拆分出来的学生有 62%，能够拆全的学生只有 2% 左右。这说明有相当部分的同学有了扩分的意识，也意识到扩分的方式不止一种，但是能够拆全的同学很少。那么在课堂上，我们可以有的放矢，通过问题链的设计启发学生思考。

问题 4：请将 $\frac{1}{8}$ 拆成三个不同的单位分数之和。

学生：$\frac{1}{8} = \frac{1+2+4}{8 \times (1+2+4)} = \frac{1}{56} + \frac{1}{28} + \frac{1}{14}$。

这个问题能够回答的同学占 20%，而其中大部分同学的做法仍为扩分，只有少部分同学采用的是化归为拆两个的方法完成，在教学过程中渗透化归思想也是教学目标之一。

**三、探究与发现（大致粗通阶段）**

1. 创设情境

图 1　埃及人书写分数的方法

三千多年前，埃及人发明了一种书写分数的方法（如图 1），这些分数的分子为1,它们被称为单位分数,也称为埃及分数。而对于分子不为1的分数,埃及人将它们转化为分子为1的分数之和。例如:现在有7个面包,要平均分给8个人,那么每个人得到多少面包呢?我们的做法是每个人拿到的是$(7÷8=)\frac{7}{8}$个面包。而古埃及人的做法,如图2,先取4个面包,每个面包平均分成2份,共8等份;再取2个面包,每个面包平均分成4份,共8等份;再取1个面包,平均分成8份。

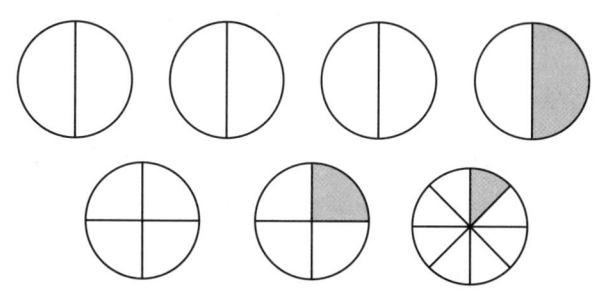

**图2 埃及人分面包的方法**

这样的话,每个人拿到是$\frac{1}{2}$个面包、$\frac{1}{4}$个面包和$\frac{1}{8}$个面包。于是,有$\frac{7}{8}=\frac{1}{2}+\frac{1}{4}+\frac{1}{8}$。他们用最少的刀数完成了这一分配任务,所以拆分成单位分数是他们当时生活中所必需的。那么如何将一个分数拆为几个不同的单位分数之和?这是我们今天要一起探究的问题。

2. 引导型问题链

(1) 对于$\frac{7}{8}=\frac{1}{2}+\frac{1}{4}+\frac{1}{8}$,我们能不能通过拆分分子7来得到

这三个分数的和?

(2) 如何将 $\frac{3}{8}$、$\frac{7}{12}$ 分别拆分成两个不同的单位分数之和?

(3) $\frac{7}{12}$ 的分子可以拆成"2+5"吗？为什么？

(4) 通过将这两个分数拆为两个不同的单位分数之和,你发现了什么规律吗?

(5) 如何将 $\frac{19}{70}$ 拆分成两个不同的单位分数之和?

3. 教学实录

师：三千多年前,埃及人发明了一种书写分数的方法,这些分数的分子为1,它们被称为单位分数,也称为埃及分数。而对于分子不为1的分数,埃及人将它们转化为分子为1的分数之和。比如：现在有7个面包,要平均分给8个人,那么每个人得到多少面包呢？

生A：每个人拿到的是 $(7 \div 8 =) \frac{7}{8}$ 个面包。

师：那么埃及人三千多年前是怎么做的呢？他们先取4个面包,每个面包平均分成2份,共8等份;再取2个面包,每个面包平均分成4份,共8等份;再取1个面包,平均分成8份。这样的话,每个人拿到是 $\frac{1}{2}$ 个面包、$\frac{1}{4}$ 个面包和 $\frac{1}{8}$ 个面包。于是,有 $\frac{7}{8} = \frac{1}{2} + \frac{1}{4} + \frac{1}{8}$。所以单位分数是被埃及人最早用来分配东西的,其用途非常实际。那么从等式上来看,我能不能通过拆分分子 7 来得到这三个分数的和?

生 B:$7=1+2+4$,$\frac{7}{8}=\frac{1+2+4}{8}=\frac{1}{2}+\frac{1}{4}+\frac{1}{8}$。

师:那么如何将一个分数拆为几个不同的单位分数之和?这是我们今天要一起探究的问题。如何将 $\frac{3}{8}$、$\frac{7}{12}$ 分别拆分成两个不同的单位分数之和?

生 C:$\frac{3}{8}$ 可以拆分为 $\frac{1}{8}+\frac{1}{4}$。

师:好的,第二个呢?

生 D:$\frac{7}{12}$ 可以拆分为 $\frac{1}{3}+\frac{1}{4}$。

师:你是怎么得到的?

生 D:$\frac{7}{12}=\frac{3+4}{12}=\frac{1}{4}+\frac{1}{3}$。

师:还有不同的拆法吗?

生 F:$\frac{7}{12}$ 可以拆分为 $\frac{7}{12}=\frac{1+6}{12}=\frac{1}{12}+\frac{1}{2}$。

师:$\frac{7}{12}$ 的分子可以拆成 2+5 吗?为什么?

生 G:不能,因为 5 不是 12 的因数,无法化为单位分数。

师:通过将这两个分数拆为两个不同的单位分数之和,你发现了什么规律吗?

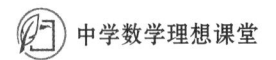

生H:要想分成两个单位分数,那么分子要拆成分母的因数。

师:很好。如果一个分数的分子能拆分为分母的两个不同因数之和,则这个分数可以直接拆分为两个不同的单位分数的和。

师:请将分数$\frac{19}{70}$分拆为两个不同的单位分数之和。

生I:我将19拆成14+5,那么$\frac{19}{70}=\frac{14+5}{70}=\frac{1}{5}+\frac{1}{14}$。

师:你是怎么想到将19拆成14+5的呢?

生J:我找出了70的因数:1、2、5、7、10、14、35、70,然后19就等于其中两个因数5和14的和。

师:好,正如之前所总结的,分子拆分为分母的两个不同因数的和,则可将分数拆分为两个不同单位分数之和。

## 四、整合与互动(触类旁通阶段)

1. 问题引入

接下来我们来看一个单位分数的拆分:请将分数$\frac{1}{6}$拆为两个单位分数之和。

2. 探究型问题链

(1) 你拆成了什么?你怎么想到的?还有什么拆法?

(2) $\frac{1}{6}=\frac{1\times3}{6\times3}=\frac{1+2}{6\times3}=\frac{1}{18}+\frac{1}{9}$,$\frac{1}{6}=\frac{1\times6}{6\times6}=\frac{2+4}{6\times6}=\frac{1}{18}+\frac{1}{9}$观察式子,分子扩大后拆成的两个数满足什么条件可以避免重复?

(3) 在式子 $\frac{1}{6}=\frac{1\times 5}{6\times 5}=\frac{2+3}{6\times 5}=\frac{1}{15}+\frac{1}{10}$ 中,5 拆成了 2+3,为什么不拆成 1+4? 2、3 分别与分母中的哪个数字约分?

(4) 再观察别的式子,分子扩大后拆成的两个数满足什么条件可拆为两个单位分数之和且不重复?

(5) 你可否总结一下,我们怎么将 $\frac{1}{6}$ 拆为两个单位分数之和?

(6) 你可否归纳将单位分数拆分为两个单位分数之和的一般步骤?

(7) 我们还有什么方法可以将 $\frac{1}{6}$ 拆为两个单位分数之和?

3. 教学实录

师:接下来,我们来看一个单位分数的拆分。请将分数 $\frac{1}{6}$ 拆为两个单位分数之和。你拆成了什么?你怎么想到的?

生 A: $\frac{1}{6}=\frac{1\times 3}{6\times 3}=\frac{1+2}{6\times 3}=\frac{1}{18}+\frac{1}{9}$,分子 1 不能再拆,我是在分子和分母上同时乘以一个数,然后拆分。

师:还有没有不同的拆分形式?

生 B:题目没说要不同的单位分数,因此也可以 $\frac{1}{6}=\frac{1\times 2}{6\times 2}=\frac{1+1}{6\times 2}=\frac{1}{12}+\frac{1}{12}$。

师:还有吗?

生 C、D、E、F：

$\frac{1}{6} = \frac{1 \times 4}{6 \times 4} = \frac{1+3}{6 \times 4} = \frac{1}{24} + \frac{1}{8}$，

$\frac{1}{6} = \frac{1 \times 5}{6 \times 5} = \frac{2+3}{6 \times 5} = \frac{1}{15} + \frac{1}{10}$，

$\frac{1}{6} = \frac{1 \times 6}{6 \times 6} = \frac{2+4}{6 \times 6} = \frac{1}{18} + \frac{1}{9}$，

$\frac{1}{6} = \frac{1 \times 7}{6 \times 7} = \frac{1+6}{6 \times 7} = \frac{1}{42} + \frac{1}{7}$，

师：$\frac{1}{6} = \frac{1 \times 3}{6 \times 3} = \frac{1+2}{6 \times 3} = \frac{1}{18} + \frac{1}{9}$ 与 $\frac{1}{6} = \frac{1 \times 6}{6 \times 6} = \frac{2+4}{6 \times 6} = \frac{1}{18} + \frac{1}{9}$，观察这两个式子，如何可以避免重复？

生 G：$\frac{2+4}{6 \times 6}$ 上下约去 2，就和 $\frac{1+2}{6 \times 3}$ 一样了，所以拆成的两个数互素可以避免重复。

师：$\frac{1}{6} = \frac{1 \times 5}{6 \times 5} = \frac{2+3}{6 \times 5} = \frac{1}{15} + \frac{1}{10}$ 中，5 拆成了 2+3，为什么不拆成 1+4？

生 H：2、3 能约，1、4 不能约。

师：2、3 和谁约？

生 I：2、3 和 6 约。

师：再观察别的式子，分子扩大后拆成的两个数满足什么条件可拆为两个单位分数之和且不重复？

生 J：扩分后，分子拆为 6 的因数，并且互素。

师:你可否总结一下,我们怎么将$\frac{1}{6}$拆为两个单位分数之和?

生K:可以先找6的因数:1、2、3、6,可以组成的互素的因数对为(1,2)、(1,3)、(1,4)、(1,6)、(2,3)、(1,1);

$$\frac{1}{6}=\frac{1\times(1+1)}{6\times(1+1)}=\frac{1}{12}+\frac{1}{12},$$

$$\frac{1}{6}=\frac{1\times(1+2)}{6\times(1+2)}=\frac{1}{18}+\frac{1}{9},$$

$$\frac{1}{6}=\frac{1\times(1+3)}{6\times(1+3)}=\frac{1}{24}+\frac{1}{8},$$

$$\frac{1}{6}=\frac{1\times(1+6)}{6\times(1+6)}=\frac{1}{42}+\frac{1}{7},$$

$$\frac{1}{6}=\frac{1\times(2+3)}{6\times(2+3)}=\frac{1}{15}+\frac{1}{10}。$$

师:用这个方法是可以列全的,证明留给同学们课后思考。那么有没有哪位同学可以归纳一般的步骤呢?

生L:将一个单位分数拆成两个单位分数之和:要找到分母的所有因数;要列出所有互素的因数对;要原分数的分子和分母都乘以互素的因数对的和。

师:很好。那么我们还有什么方法可以将$\frac{1}{6}$分拆为两个单位分数之和?若拆成的两个单位分数相等,那么自然$\frac{1}{6}=\frac{1}{12}+\frac{1}{12}$;若拆成的两个单位分数不相等,那么必有一个大于$\frac{1}{12}$,另

一个小于 $\frac{1}{12}$。那么小于 $\frac{1}{6}$ 而又大于 $\frac{1}{12}$ 的单位分数有哪些呢？

生 M：$\frac{1}{7}$、$\frac{1}{8}$、$\frac{1}{9}$、$\frac{1}{10}$、$\frac{1}{11}$。

师：那么我们还可以拆成几种呢？

生 N：可以拆成 $\frac{1}{6}=\frac{1}{7}+\frac{1}{42}$、$\frac{1}{6}=\frac{1}{8}+\frac{1}{24}$、$\frac{1}{6}=\frac{1}{9}+\frac{1}{18}$、$\frac{1}{6}=\frac{1}{10}+\frac{1}{15}$、$\frac{1}{6}=\frac{1}{11}+\frac{5}{66}$……

## 五、反馈与拓展（融会贯通阶段）

1. 创设情境

将 $\frac{1}{6}$ 拆为 3 个不同的单位分数之和。

2. 应用型问题链

（1）我们是否能将 $\frac{1}{6}$ 拆为 3 个不同的单位分数之和呢？

（2）是否还可以拆成 4 个、5 个以及更多不同的单位分数之和呢？

（3）任何一个单位分数是否都可以拆为两个单位分数之和？

（4）任何一个真分数是否一定能拆为两个不同的单位分数之和？

3. 教学实录

师：我们是否能将 $\frac{1}{6}$ 拆为 3 个不同的单位分数之和呢？

生 A：$\frac{1}{6}=\frac{1\times(1+2+3)}{6\times(1+2+3)}=\frac{1}{36}+\frac{1}{18}+\frac{1}{12}$。

生 B：$\frac{1}{6}=\frac{1\times(1+3+6)}{6\times(1+3+6)}=\frac{1}{60}+\frac{1}{20}+\frac{1}{10}$。

生 C：还可以在刚才的结果上继续分，即 $\frac{1}{6}=\frac{1}{7}+\frac{1}{42}=\frac{1}{7}+\frac{6+7}{42\times(6+7)}=\frac{1}{7}+\frac{1}{91}+\frac{1}{78}$。

师：是否还可以拆成 4 个、5 个……$n$ 个不同的单位分数之和？

生 D：可以，都可以化归为将一个单位分数分为两个不同的单位分数的和。

师：请同学们课后再思考两个问题，任何一个单位分数是否都可以拆为两个单位分数之和？任何一个真分数是否一定能拆为两个不同的单位分数之和？

## 六、课后小结

本节课是教材上的探究课，同学们通过课前对课本的预习，了解到了埃及分数的历史，也明白了当时拆分单位分数所具有的实际意义在于分配物品时的便利。埃及人如此灵活便捷的拆分引起了同学们浓厚的兴趣。在教学过程中，学生的理解程度呈现出明显的差异，有的学生已然掌握了拆分的方法，有的同学还停留在尝试拆分的阶段。这个时候，是继续与掌握好的学生进行对话，还是一步一步引导尝试阶段的学生进行观察、发现、体会、表达、归纳方法？这是个比较难抉择的问题。问题的设计还需进一步思考，如果让自认为掌握好了的学生意识到自己更需要知其所以然，那么提问就达到了设计效果了。在课堂上，还可以让同学们自己提问，一起解决，形成更开放的学习模式，在提问、探讨、回答的过程中，让学生逐步习得所需学习的数学知识，体会分类讨论以及化归的思想。这样是否能达到更好的效果，可以在以后的教学中尝试并总结。

# 附　　录

## 一、第一章第一节之调查问卷表(高中生)

问卷说明：

　　同学，你好！为构建高中数学"理想课堂"，课题组需了解理想课堂上学生"思维品质""关键能力""必备品格"的养成情况，烦请你按实际情况回答以下问题。答题情况只做研究之用。非常感谢你对构建高中数学"理想课堂"的贡献！

——慧数学名教师研习基地

　　1. 你所在的班级是:(　　)

　　高三(1)班

　　高三(2)班

　　高三(3)班

　　……

　　2. 你的学号是:_____

　　3. 你已报考或打算报考的等级考科目是：

　　A. 物理　　　B. 化学　　　C. 生物学　　　D. 思想政治

　　E. 历史　　　F. 地理

## 第一部分　思维品质

(一) 数学抽象

水平一

1. 已知集合 $A=\left\{x\in \mathbf{N}\left|\dfrac{8}{6-x}\in \mathbf{N}\right.\right\}$，用列举法表示集合 $A=$ {_____}。

答案：$A=\{2,4,5\}$

水平二

2. 具有同样周长的下列图形哪个面积更大？(　　)

　A. 圆　　　　B. 正三角形　　C. 正四边形　　D. 正六边形

答案：A

水平三

3. 偶数与正整数哪个多？(　　)

　A. 偶数　　　B. 正整数　　　C. 一样多　　　D. 无法确定

答案：C

(二) 逻辑推理

水平一

4. 已知函数 $y=ax+|x|+1$，$a$ 是实常数，函数 $y=ax+|x|+1$ 是偶函数，在 $(-\infty,0]$ 上是严格减函数，则函数取得最_____值时 $x$ 的值为_____ (　　)

　A. 小、0　　B. 大、0　　C. 小、1　　D. 大、1

答案：A

水平二

5. 已知 $m$ 和 $n$ 是非零实数,关于由条件①$m-n<0$ 和条件②$mn>0$ 能否判断 $\dfrac{m}{n}<\dfrac{n}{m}$,下列说法正确的是(　　)

A. 仅由条件①即能判断

B. 仅由条件②即能判断

C. 必须结合条件①和条件②才能判断,单独不能判断

D. 由条件①或条件②各自单独即能判断

E. 由条件①或条件②各自单独不能判断,且结合条件①和条件②也不能判断

答案:E

水平三

6. 设 $f(x)=\begin{cases}(x-a)^2, & x\leqslant 0, \\ x+\dfrac{1}{x}+a, & x>0.\end{cases}$ 若 $f(0)$ 是 $f(x)$ 的最小值,则 $a$ 的取值范围为(　　)

A. $[-1, 2]$　　B. $[-1, 0]$　　C. $[1, 2]$　　D. $[0, 2]$

答案:D

### 第二部分　关键能力

(三) 数学建模

水平一

1. 网上购鞋常常看到下面的表格,找出满足表中对应规律的计

算公式,通过实际脚长 $a$ 计算出鞋号 $b$。

表1 脚长与鞋号对应表

| 脚长 $a_n$/mm | 220 | 225 | 230 | 235 | 240 | 245 | 250 | 255 | 260 | 265 |
|---|---|---|---|---|---|---|---|---|---|---|
| 鞋号 $b_n$ | 34 | 35 | 36 | 37 | 38 | 39 | 40 | 41 | 42 | 43 |

答案:$b_n=0.2a_n-10$

水平二

2. 小李购买了一盒点心,点心盒是长方体,长、宽、高分别为30厘米、20厘米和10厘米,商家提供丝带捆扎服务,有如图所示有两种捆扎方案(粗线表示丝带)可供选择,免去手工费,但丝带需要按使用长度进行收费。假设丝带紧贴点心盒表面,且不计算丝带宽度以及重叠、黏合、打结的部分。为了节约成本,小李打算选择尽可能使用丝带较短的方案,则小李需要购买的丝带长度至少是(　　)。

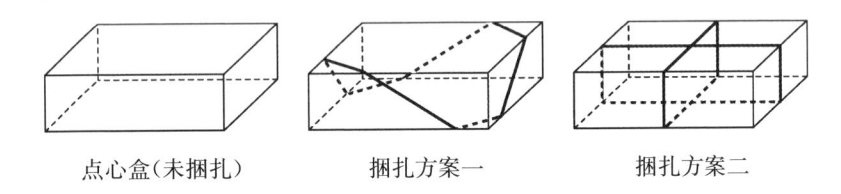

点心盒(未捆扎)　　捆扎方案一　　捆扎方案二

A. 80厘米　　B. 100厘米　　C. 120厘米　　D. 140厘米

答案:B

水平三

3.【情境】生物学家认为,睡眠中的恒温动物依然会消耗体内能量,主要是为了保持体温。研究表明,消耗的能量 $E$ 与通过心脏的血流量 $Q$ 成正比,并且根据生物学常识知道,动物的体重与体积成正比。

表2 一些动物的体重和脉搏率

| 动物名 | 体重/g | 脉搏率/(心跳次数·$\min^{-1}$) |
|---|---|---|
| 鼠 | 25 | 670 |
| 大鼠 | 200 | 420 |
| 豚鼠 | 300 | 300 |
| 兔 | 2000 | 205 |
| 小狗 | 5000 | 120 |
| 大狗 | 30000 | 85 |
| 羊 | 50000 | 70 |
| 马 | 450000 | 38 |

从表中可以看到,体重越轻的动物脉搏率越高。请根据上面所提供的数据寻求数量间的比例关系,建立脉搏率与体重关系的数学模型。

答案:脉搏率与体重的 $\frac{1}{3}$ 次方成反比

(四) 数学探究

水平一

1. 在平面直角坐标系 $xOy$ 中,直线 $l$ 与抛物线 $y^2=2x$ 相交于 $A$、$B$ 两点,"如果直线 $l$ 过点 $T(3,0)$,那么 $\overrightarrow{OA} \cdot \overrightarrow{OB}=3$"是真命题,判断命题"如果 $\overrightarrow{OA} \cdot \overrightarrow{OB}=3$,那么直线 $l$ 一定过定点 $T(3,0)$"的真

假。_____命题。

答案:假命题

水平二

2. 一个袋中装有 10 颗围棋子,其中白子 8 颗、黑子 2 颗。从袋中摸出棋子,规定:若一次摸出的全是白子,则一颗白子记 2 分;若摸出的棋子中有一颗黑子,则该次记"－1"分(即扣 1 分);若摸出的棋子中有 2 颗黑子,则该次记"－2"分(即扣 2 分)。在游戏中,每人有放回地摸 5 次,每次摸同样多的棋子,得分多者为胜。请问:每次摸(　　)颗棋子,得分的期望值最大?

A. 2 颗　　　B. 3 颗　　　C. 4 颗　　　D. 5 颗

E. 6 颗　　　F. 7 颗　　　G. 8 颗

答案:B

水平三

3. 类比探究 $n$ 条直线最多能将平面分成 $S_n = \dfrac{n^2}{2} + \dfrac{n}{2} + 1$ 的过程,求 $n$ 个平面最多能将空间分割成几部分?

答案:$V_n = \dfrac{n^3}{6} + \dfrac{5n}{6} + 1$

## 第三部分　必备品格

1. 数学课堂上,你认为以下哪些手段对形成自己的数学素养最有效?(　　)

A. 置身于一定的情境和有关联的问题中

B. 参加有效的数学学习活动

C. 经历数学的概念、结论、应用的形成发展过程

D. 死记硬背、无脑刷题

E. 其他＿＿＿＿

2. 你认为以下哪些方面对你提升数学素养时起着关键作用？
（　　）

 A. 学习数学的兴趣     B. 学好数学的自信心

 C. 良好的数学学习习惯    D. 自主学习的能力

 E. 良好的师生关系     F. 合作的生生关系

 G. 在培训机构超前学

3. 你参与过哪些数学实践活动？（　　）

 A. 数学建模活动      B. 数学探究活动

 C. 数学实验        D. 无

4. 在理想的数学课堂上，你认为学习数学是为了（　　）

 A. 数学能拉分，不得不学

 B. 能综合运用数学知识解决实际问题

 C. 形成理性思维、科学精神，发展智力

 D. 对今后自己的人生发展有帮助

## 第四部分　其　他

1. 在理想的数学课堂上，你认为教师讲解引导应控制在（　　）分钟？

  A. 10 分钟以内      B. 10—20 分钟

  C. 20—30 分钟      D. 30 分钟以上

  2. 在理想的数学课堂上,你认为学生独立思考、自主学习应在(　　)分钟?

  A. 10 分钟以内      B. 10—20 分钟

  C. 20—30 分钟      D. 30 分钟以上

  3. 在理想的数学课堂上,你认为学生合作学习、师生交流互动应在(　　)分钟?

  A. 10 分钟以内      B. 10—20 分钟

  C. 20—30 分钟      D. 30 分钟以上

  4. 通过数学课堂教学,令你印象最深的学科概念是_____

  A. 函数        B. 平面向量

  C. 随机变量       D. 平均值不等式

  E. 导数        F. 正弦函数

  G. 其他

## 二、第一章第二节之学生问卷调查表(初中生)

问卷说明:

  同学,你好! 为了构建初中数学"理想课堂",课题组需了解学生眼中的数学"理想课堂",请你按实际情况回答以下问题。答题情况只做研究之用。非常感谢你对构建初中数学"理想课堂"的贡献!

——慧数学名教师研习基地

1. 您所在的班级是（　　）

初三(1)班

初三(2)班

初三(3)班

……

2. 你的性别是：（　　）

A. 男

B. 女

3. 你认为初中数学课堂学习的基础概念、通性通法在解决 2024 年一模考试数学科目（或是你做过的历届模拟考题目）中的基础性试题中的作用（　　）

A. 无用　　　B. 不会用　　　C. 一般　　　D. 有用

E. 非常有用

4. 在初中数学课堂的教学中，对于新的数学概念的学习，你觉得复习回顾相关的内容是否有用（　　）

A. 无用　　　B. 不会用　　　C. 一般　　　D. 有用

E. 非常有用

5. 这些基础概念、通性通法的学习培养了你哪些数学素养？（　　）

A. 数学抽象　　　　　　B. 逻辑推理

C. 数学建模　　　　　　D. 直观想象

E. 数学运算　　　　　　F. 数据分析

6. 数学课堂上,你认为以下哪些手段对形成自己的数学素养最有效?（　　）

　　A. 置身于一定的情境和有关联的问题中

　　B. 参加有效的数学学习活动

　　C. 经历数学的概念、结论、应用的形成发展过程

　　D. 直接记忆数学概念、定理并刷题

　　E. 其他

7. 你认为以下哪些方面对你提升数学素养时起着关键作用?（　　）

　　A. 学习数学的兴趣　　　　B. 学好数学的自信心

　　C. 良好的数学学习习惯　　D. 自主学习的能力

　　E. 良好的师生关系　　　　F. 合作的生生关系

　　G. 参加课后辅导

8. 你认为以下哪个数学思想或者方法在初中数学学习中被使用得比较多?（请从高到低排列）_____。

　　A. 函数与方程的思想　　　B. 数形结合思想

　　C. 分类讨论　　　　　　　D. 转化思想

9. 你参与过哪些数学实践活动?

　　A. 数学建模活动　　　　　B. 数学探究活动

　　C. 数学实验　　　　　　　D. 无

10. 你认为在理想的数学课堂上,学习数学是为了（　　）

　　A. 做题、考试、升学

B. 能综合运用数学知识解决实际问题

C. 形成理性思维、科学精神,发展智力

D. 对今后自己的人生发展有帮助

11. 你认为在理想的数学课堂上,教师讲解引导应控制在(　　)分钟?

　　A. 10 分钟以内　　　　B. 10—20 分钟

　　C. 20—30 分钟　　　　D. 30 分钟以上

12. 你认为在理想的数学课堂上,学生独立思考、自主学习应在(　　)分钟?

　　A. 10 分钟以内　　　　B. 10—20 分钟

　　C. 20—30 分钟　　　　D. 30 分钟以上

13. 你认为在理想的数学课堂上,学生合作学习、师生交流互动应在(　　)分钟?

　　A. 10 分钟以内　　　　B. 10—20 分钟

　　C. 20—30 分钟　　　　D. 30 分钟以上

14. 通过数学课堂教学,令你印象最深的学科大概念是_____。

　　A. 数与式　　　　　　　B. 方程(组)与不等式(组)

　　C. 直线与三角形　　　　D. 相似三角形与锐角三角比

　　E. 四边形、圆与正多边形　F. 平面向量与图形运动

　　G. 函数　　　　　　　　H. 数据整理与概率统计

　　I. 其他

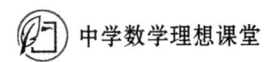

## 三、第三章的附表

### 附表1　学生活动——自主学习、合作学习评价表

| 一级指标:学生活动 | 权重:30% |
|---|---|
| 二级指标:自主学习、合作学习 | 权重:15% |

| | 课堂行为 ||
|---|---|---|
| 第一阶段<br>(预学与聚焦) | 1. 对6个事件发生可能性的大小进行排序。<br>2. 思考不同排序结果的共同点,思考哪些事件的可能性大小可以被确切地知道？哪些不可以？<br>3. 用数字表示部分事件发生可能性的大小,体会量化的重要性。 ||
| 第二阶段<br>(探究与发现) | 1. 了解概率的相关概念,表示方法;<br>2. 通过抛掷均匀硬币的情境,思考概率的本质。 ||
| 第三阶段<br>(整合与互动) | 1. 进行抛图钉试验。<br>2. 通过折线图直观观察全班的试验结果,体会随机性。<br>3. 通过折线图比较两次试验结果,发现频率波动幅度受试验次数的影响。<br>4. 通过折线图观察大数次试验下频率与试验次数的关系,体会概率本质。 ||
| 第四阶段<br>(总结概括) | 回顾课堂学习内容。 ||
| 分值<br>(三分制) | 3 | 加权后分值<br>(计算总分用) 0.45 |

## 附表2  学生活动——资源利用评价表

| 一级指标:学生活动 | 权重:30% |
|---|---|
| 二级指标:资源利用 | 权重:6% |

| 课堂行为 | |
|---|---|
| 第一阶段<br>（预学与聚焦） | 复习引入环节涉及课前预学任务单中对必然事件、随机事件、不可能事件的概念复习。 |
| 第二阶段<br>（探究与发现） | 对事件概率进行计算环节涉及课前预学任务单中对等可能事件的可能性大小的计算公式的复习。 |
| 第三阶段<br>（整合与互动） | 1. 抛图钉试验中利用了活动记录单。<br>2. 在例题讲解环节涉及课前预学任务单中利用面积的比值计算可能性大小的复习。 |
| 第四阶段<br>（反馈与拓展） | 无 |
| 分值<br>（三分制） | 2 | 加权后分值<br>（计算总分用） | 0.12 |

## 附表3  学生活动——自我反思评价表

| 一级指标:学生活动 | 权重:30% |
|---|---|
| 二级指标:自我反思 | 权重:9% |

| 课堂行为 | |
|---|---|
| 第一阶段<br>（预学与聚焦） | 反思对6个事件发生的可能性进行排序的结果，思考不同结论的共同点，以及为何部分事件能够确定其发生的可能性。 |
| 第二阶段<br>（探究与发现） | 1. 反思能否用等可能事件的公式计算抛图钉正面向上的概率。<br>2. 反思每抛两次硬币，一定有一次正面向上。<br>3. 反思抛5次均匀硬币,5次都是正面向上,是否说明正面向上的概率为1。 |

续表

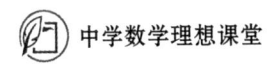

|  | 课堂行为 |  |
|---|---|---|
| 第三阶段<br>（整合与互动） | 1. 反思在其他班级做相同试验，是否会获得近似的稳定值。<br>2. 反思若没有进行试验，之前获得的稳定值是否依然客观存在。 |  |
| 第四阶段<br>（反馈与拓展） | 反思"大数次试验下频率趋于稳定"在社会科学领域的价值，进一步思考"辛苦的付出，是否一定会获得回报"。 |  |
| 分值<br>（三分制） | 3 | 加权后分值<br>（计算总分用） | 0.27 |

附表4 学习目标的达成——数学眼光评价表

| 一级指标:学习目标的达成 | 权重:30% |
|---|---|
| 二级指标:数学眼光 | 权重:10% |

|  | 课堂行为 |  |
|---|---|---|
| 第一阶段<br>（预学与聚焦） | 在对可能性大小排序的不同结果中发现共同点，观察到能确定可能性大小的事件其可能性大小都能被量化，形成概率的概念。 |  |
| 第二阶段<br>（探究与发现） | 发现等可能事件的可能性大小公式不足以用来计算所有随机事件的概率。 |  |
| 第三阶段<br>（整合与互动） | 1. 在进行两次抛图钉对照试验后，提出有价值的猜想。<br>2. 通过抛图钉试验，辨析频率与概率的关系。<br>3. 通过对试验数据折线图的观测，发现随机中的必然性。 |  |
| 第四阶段<br>（反馈与拓展） | 发现"大数次试验下频率趋于稳定"在社会科学领域的价值。 |  |
| 分值<br>（三分制） | 3 | 加权后分值<br>（计算总分用） | 0.3 |

附录

### 附表5 学习目标的达成——数学思维评价表

| 一级指标:学习目标达成 | 权重:30% |
|---|---|
| 二级指标:数学思维 | 权重:10% |

| | 课堂行为 |
|---|---|
| 第一阶段<br>(预学与聚焦) | 体会对可能性的大小进行量化能帮助比较可能性的大小,明了一个事件发生的可能性。 |
| 第二阶段<br>(探究与发现) | 通过对抛均匀硬币试验的思考,发现表示概率的数字具有更深层次的含义。 |
| 第三阶段<br>(整合与互动) | 1. 通过抛图钉试验,触及概率的本质意义。<br>2. 对试验获得的结果进行归纳,获得估算随机事件概率的一般方法。<br>3. 利用概率的相关知识,解决例题。<br>4. 体会利用蒙特卡洛实验求圆面积的方法,了解概念的实际应用。 |
| 第四阶段<br>(反馈与拓展) | 小结概率的相关概念及其本质意义。 |
| 分值<br>(三分制) | 3 | 加权后分值<br>(计算总分用) | 0.3 |

### 附表6 学习目标的达成——数学语言评价表

| 一级指标:学习目标达成 | 权重:30% |
|---|---|
| 二级指标:数学语言 | 权重:10% |

| | 课堂行为 |
|---|---|
| 第一阶段<br>(预学与聚焦) | 1. 我觉得 $P_6$ 的可能性最低,随后是 $P_5$、$P_2$、$P_3$、$P_4$,最后是 $P_1$。<br>2. 一定能分得清的可能性有投硬币和投骰子,因为硬币是2面、骰子是6面,所以投硬币的可能性大小是 $\frac{1}{2}$,投骰子是 $\frac{1}{6}$。<br>3. 可以用1来表示事件1发生的可能性,用0表示事件6发生的可能性。 |

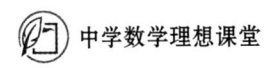

续表

| | 课堂行为 |
|---|---|
| 第二阶段<br>（探究与发现） | 1. 事件 5 会有 2 种可能性，分别是针尖向上和针尖向下，这两种情况发生的可能性不相同，所以不能用公式进行计算。<br>2. 可以用总共投掷的 5 次，去除以正面向上的 5 次。 |
| 第三阶段<br>（整合与互动） | 1. 两幅图放在一起，发现第二幅图的幅度变小了，我觉得是因为试验的总次数变多导致这个幅度变小了。<br>2. 我猜想试验次数越多，频率的幅度会变得越小。<br>3. 到了后面的话，这个频率趋于平稳。<br>4. 我觉得在其他班做这个试验，频率依然会在这个稳定值附近浮动，即使没做这个试验，这个稳定值应该依然存在。<br>5. 这个值应该就是由这个图钉决定的。<br>6. 我们可以通过做很多次试验发现它。<br>7. 当试验次数很多的时候，频率和概率会产生联系。<br>8. 我们可以通过做大数次试验来获得概率。<br>9. 这个 0.5 表示，如果是抛很多次硬币，会有大致一半的情况正面向上，如果抛了无限次，可能就是一半的情况正面向上。 |
| 第四阶段<br>（反馈与拓展） | 1. 我们学习了概率，概率是表示某事件发生可能性大小的数。<br>2. 频率表示某个结果发生的频繁程度，可以用频数除以试验总次数来计算。<br>3. 概率是一个确定的常数，频率是由试验决定的，大数次试验下两者会建立联系。 |
| 分值<br>（三分制） | 2 | 加权后分值<br>（计算总分用） | 0.2 |

## 附表7 教学实施——情境评价表

| 一级指标:教学实施 | 权重:25% |
|---|---|
| 二级指标:情境 | 权重:7.5% |

| 课堂行为 | | | |
|---|---|---|---|
| 第一阶段<br>(预学与聚焦) | 学术情境:<br>1. 当 $m$ 是正整数时,$2m$ 是偶数。<br>2. 明天可能会下雨。<br>3. 抛一枚骰子,点数为6的一面向上。<br>4. 抛一枚均匀的硬币,正面向上。<br>5. 抛一枚图钉,针尖向上。<br>6. 翻一下日历,恰好翻到2月31日。 | | |
| 第二阶段<br>(探究与发现) | 生活情境:<br>抛均匀硬币试验。 | | |
| 第三阶段<br>(整合与互动) | 生活情境:<br>抛图钉试验。<br>学术情境:<br>1. 在一个面积为4的正方形内随机取点。如果取得点足够得多,则点落在正方形内切圆内的频率会稳定在多少附近?(结果保留 π)<br>2. 引出蒙特卡洛法求圆面积。 | | |
| 第四阶段<br>(反馈与拓展) | 心理情境:<br>1. 我努力了,但为什么还是失败了呢?<br>2. 辛苦的付出,能不能最终换来回报?<br>3. 你或许不是最幸运的人,但你会是很努力的那个人,时光终不负你。 | | |
| 分值<br>(三分制) | 3 | 加权后分值<br>(计算总分用) | 0.225 |

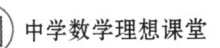

附表 8　教学实施——问题评价表

| 一级指标:教学实施 || 权重:25% |
|---|---|---|
| 二级指标:问题 || 权重:7.5% |
| 课堂行为 |||
| 第一阶段<br>（预学与聚焦） | 1. 指出下列事件中,哪些是必然事件？哪些是不可能事件？哪些是随机事件？<br>2. 我们将这 6 个事件发生的可能性分别表示为 $P_1 \sim P_6$,你能按其发生的可能性,从低到高排序吗？ ||
| 第二阶段<br>（探究与发现） | 1. 抛图钉会有几种可能的结果？不同结果出现的可能性相等吗？可以认为针尖向上的概率是 0.5 吗？<br>2. 抛一枚均匀的硬币,正面向上的概率是 0.5。是否说明每抛两次硬币,一定有一次正面向上呢？<br>3. 若是我们做了一个抛均匀硬币的试验,抛了 5 次,5 次都是正面向上,是否说明此时正面向上的概率是 1？<br>4. 该如何得到随机事件的概率？<br>5. 随机事件的概率又有什么现实意义？<br>6. 对比两次试验的结果,你有什么发现吗？<br>7. 你觉得造成这种结果的主要因素是什么？你有什么猜想？<br>8. 根据图像,你能否发现针尖向上的频率随试验次数发生变化的相关规律。 ||
| 第三阶段<br>（整合与互动） | 1. 在其他班级,做完全相同的试验,在次数足够多的情况下,频率会不会也在这个稳定值附近浮动？<br>2. 没有做试验,这个稳定值是否依然客观存在？<br>3. 你觉得这个稳定值是由什么确定的？<br>4. 我们是怎么发现这个稳定值的？<br>5. 该如何得到随机事件的概率？<br>6. 随机事件的概率又有什么实际意义？ ||
| 第四阶段<br>（反馈与拓展） | 我们一起来小结下今天学习了哪些内容。 ||
| 分值<br>（三分制） | 3 | 加权后分值<br>（计算总分用） | 0.225 |

附表9　教学实施——活动组织评价表

| 一级指标:教学实施 | 权重:25% |
|---|---|
| 二级指标:活动组织 | 权重:5% |

| 课堂行为 ||
|---|---|
| 第一阶段<br>（预学与聚焦） | 组织课堂问答、对话。 |
| 第二阶段<br>（探究与发现） | 组织课堂问答、对话。 |
| 第三阶段<br>（整合与互动） | 1. 教师讲授抛图钉实验的详细试验步骤与试验方法。<br>2. 跑图钉试验注意事项：<br>① 活动中务必注意安全！若图钉落地，一定要捡起；<br>② 每2人一组，一人负责记录并发布指令，一人负责抛；<br>③ 抛图钉时，人挺胸坐正，图钉必须从同一个高度自由落下（高度和鼻尖齐平）；手捏钉帽、针尖水平向外，让其自然下落在盒内。<br>3. 试验后，及时回收图钉。 |
| 第四阶段<br>（反馈与拓展） | 组织课堂小结。 |

| 分值<br>（三分制） | 3 | 加权后分值<br>（计算总分用） | 0.15 |
|---|---|---|---|

附表10　教学实施——信息技术评价表

| 一级指标:教学实施 | 权重:25% |
|---|---|
| 二级指标:信息技术 | 权重:5% |

| 课堂行为 ||
|---|---|
| 第一阶段<br>（预学与聚焦） | PPT课件。 |
| 第二阶段<br>（探究与发现） | PPT课件。 |

续表

| 课堂行为 |
|---|

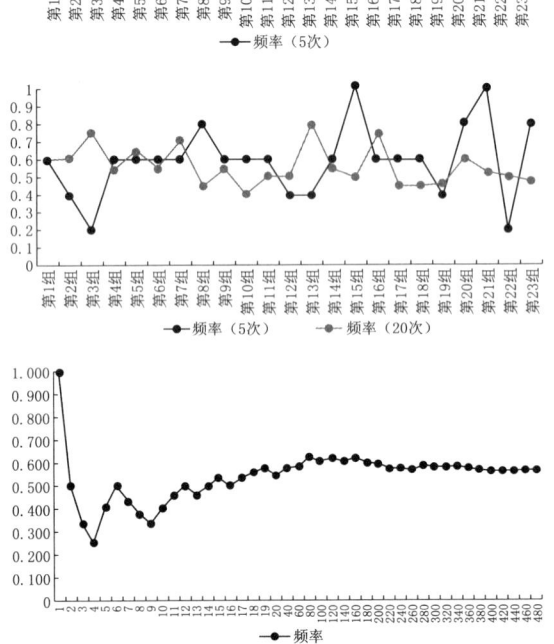

| 第三阶段<br>(整合与互动) | 1. PPT 课件,照片形式呈现试验方式。<br>2. EXCEL 辅助生成图表。 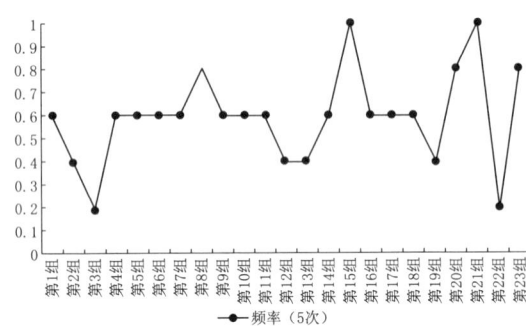 |
|---|---|

续表

| | 课堂行为 | |
|---|---|---|
| 第三阶段<br>（整合与互动） | 3. 几何画板演示蒙特卡洛法求圆面积<br>总点数＝546　圆内点数＝430.00<br>$\frac{\pi}{4}=0.79$　点落在<br>圆内的频率＝0.7875<br>圆面积＝3.1502 | |
| 第四阶段<br>（反馈与拓展） | PPT 课件。 | |
| 分值<br>（三分制） | 3 | 加权后分值<br>（计算总分用）　0.15 |

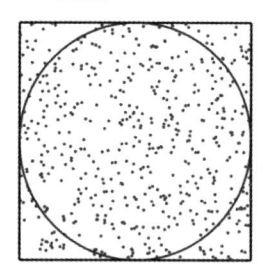

附表 11　教学目标达成——知识技能评价表

| 一级指标：教学目标达成 | 权重：15％ |
|---|---|
| 二级指标：知识技能 | 权重：6％ |

| | 课堂行为 |
|---|---|
| 第一阶段<br>（预学与聚焦） | 1. 通过可能性大小排序的情境，体现对可能性大小进行量化的必要性。<br>2. 引导学生用数字表示必然事件和不可能事件发生的可能性大小。 |
| 第二阶段<br>（探究与发现） | 1. 概率：用来表示某事件发生可能性大小的数。<br>2. 讲授概率的符号表示。<br>3. 引导学生获得概率的取值范围。 |

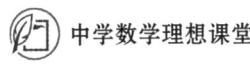

续表

|  | 课堂行为 ||
|---|---|---|
| 第三阶段<br>(整合与互动) | 1. 经历抛图钉试验的过程,结合试验数据的图像,体会了概念的本质。<br>2. 通过对大数次试验数据的图像分析,知道了频率与概率的区别与联系,会用大数次试验所得的频率估计事件的概率。 ||
| 第四阶段<br>(反馈与拓展) | 总结概率的概念、频率的计算方法、频率与概率之间的相互关系。 ||
| 分值<br>(三分制) | 3 | 加权后分值<br>(计算总分用) 0.18 |

**附表 12 教学目标达成——思想方法评价表**

| 一级指标:教学实施 | 权重:25% |
|---|---|
| 二级指标:思想方法 | 权重:4.5% |

|  | 课堂行为 ||
|---|---|---|
| 第一阶段<br>(预学与聚焦) | 利用归纳法归纳可以确切知道其发生可能性大小的事件的共同特点。 ||
| 第二阶段<br>(探究与发现) | 无 ||
| 第三阶段<br>(整合与互动) | 利用图像法观察在抛图钉试验中 5 次、20 次、480 次之投掷次数下频数和试验次数之间的关系,发现隐藏在随机性下的必然性。 ||
| 第四阶段<br>(反馈与拓展) | 无 ||
| 分值<br>(三分制) | 2 | 加权后分值<br>(计算总分用) 0.09 |

附表 13　教学目标达成——核心素养评价表

| 一级指标:教学实施 | 权重:25% |
|---|---|
| 二级指标:核心素养 | 权重:4.5% |

| 课堂行为 | | | |
|---|---|---|---|
| 第一阶段<br>(预学与聚焦) | **数据观念**<br>可以用定量的方法描述随机事件发生的可能性。 | | |
| 第二阶段<br>(探究与发现) | **数据观念**<br>发现在随机试验中含有能表示特定结果出现频繁程度的量(频率)。<br>**模型观念**<br>假设抛硬币试验中的硬币均匀,忽略厚度。 | | |
| 第三阶段<br>(整合与互动) | **数据观念**<br>1. 指导学生用画"正"字的方法进行频数记录。<br>2. 对学生收集的数据进行收集、整理、生成图像。<br>3. 引导学生利用图像对收集的数据进行分析,获得结论。<br>4. 通过对数据的分析,发现隐藏在随机性中的必然性。<br>**模型观念**<br>1. 在抛图钉试验中假设各组的图钉完全一致,试验环境与抛掷方法完全一致。<br>2. 假设可以通过各组数据相加模拟大数次下的试验结果。<br>3. 教师用语:抛图钉正面向上的概率约为 0.65,其是指在使用当前这样的图钉、当前这样的试验环境和投掷方法的情况下抛图钉正面向上的概率约为 0.65。 | | |
| 第四阶段<br>(反馈与拓展) | 无 | | |
| 分值<br>(三分制) | 3 | 加权后分值<br>(计算总分用) | 0.135 |

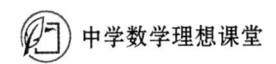

附表 14　中学数学理想课堂评价得分表

| 一级指标 | 学生活动 | | | | 学习目标达成 | | |
|---|---|---|---|---|---|---|---|
| 权重 | 30% | | | | 30% | | |
| 二级指标 | 自主学习 | 合作学习 | 资源利用 | 自我反思 | 数学眼光 | 数学思维 | 数学语言 |
| 权重 | 15.0% | 6.0% | 9.0% | | 10.0% | 10.0% | 10.0% |
| 加权后分值 | 0.45 | 0.12 | 0.27 | | 0.3 | 0.3 | 0.2 |
| | 0.84 | | | | 0.8 | | |
| 总分(三分制) | | | | | 2.795 | | |
| 一级指标 | 教学实施 | | | | 教学目标达成 | | |
| 权重 | 25% | | | | 15% | | |
| 二级指标 | 情境 | 问题 | 活动组织 | 信息技术 | 知识技能 | 思想方法 | 核心素养 |
| 权重 | 7.5% | 7.5% | 5.0% | 5.0% | 6.0% | 4.5% | 4.5% |
| 加权后分值 | 0.225 | 0.225 | 0.15 | 0.15 | 0.18 | 0.09 | 0.135 |
| | 0.75 | | | | 0.405 | | |
| 总分(百分制) | | | | | 93.167 | | |

# 四、第四章的学生作答原稿

## （一）第四章第一节的学生作答原稿

| 序号 | 预学任务单 |
|---|---|
| 1 | 什么是相似形，相似形有什么性质？<br>形状相同的两个图形。 |

| 序号 | 预学任务单 |
|---|---|
| 1 | 什么是相似形，相似形有什么性质？<br>形状相同的图性<br>对应角相等，对应边的成度成比例 |

图1 问题1的学生作答原稿

| 2 | 根据相似形的性质以及全等三角形判定方法，猜测可以通过哪些元素的数量关系判断两个图形是否为相似形？<br>边和角 |
|---|---|

| 2 | 根据相似形的性质以及全等三角形判定方法，猜测可以通过哪些元素的数量关系判断两个图形是否为相似形？<br>对应角、对应边 |
|---|---|

图2 问题2的学生作答原稿

| 3 | 四个角对应相等的四边形是不是相似形？四条边对应成比例的图形是不是相似形？如果不是能不能举出反例？<br>①不是，正方形和矩形<br>②不是，正方形与菱形 |
|---|---|

| 3 | 四个角对应相等的四边形是不是相似形？四条边对应成比例的图形是不是相似形？如果不是能不能举出反例？<br>不是 矩形-正方形 正方形-菱形 |
|---|---|

图3 问题3的学生作答原稿

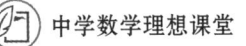

| 4 | 如果请你给相似三角形下定义,你会怎么描述相似三角形定义? |
|---|---|
|   | 如果两个三角形的所有对应角相等且它们各对应边成比例,那么这两个三角形叫做相似三角形。 |

图 4　问题 4 的学生作答原稿

| 5 | 根据你的定义,结合"三角形一边平行线性质定理推论",判断平行于三角形一边的平行线截其他两边所在直线,截得的三角形是不是与原三角形相似,为什么? |
|---|---|
|   | 相似　∵DE∥BC　∴$\dfrac{AB}{AD}=\dfrac{AC}{AE}=\dfrac{BC}{DE}$ |

| 5 | 根据你的定义,结合"三角形一边平行线性质定理推论",判断平行于三角形一边的平行线截其他两边所在直线,截得的三角形是不是与原三角形相似,为什么? |
|---|---|
|   | 是　∠D=∠B　∠1=∠2　∠3=∠A　$\dfrac{B_1C_1}{DE}=\dfrac{B_1C}{BC}$ |

图 5　问题 5 的学生作答原稿

| 6 | 根据你的定义,判断与同一个三角形相似的两个三角形是否相似,为什么? |
|---|---|
|   | 设 $\triangle ABC \backsim \triangle A_1B_1C_1$,$\triangle ABC \backsim \triangle A_2B_2C_2$　∠A=∠A_1=∠A_2　∠B=∠B_1=∠B_2　∠C=∠C_1=∠C_2　∴△A_1B_1C_1∽△A_2B_2C_2　$\dfrac{AB}{A_1B_1}=\dfrac{BC}{B_1C_1}=\dfrac{AC}{A_1C_1}$ ①　$\dfrac{AB}{A_2B_2}=\dfrac{BC}{B_2C_2}=\dfrac{AC}{A_2C_2}$ ②　①②得 $\dfrac{A_2B_2}{A_1B_1}=\dfrac{A_2C_2}{A_1C_1}=\dfrac{B_2C_2}{B_1C_1}$ |

图 6　问题 6 的学生作答原稿

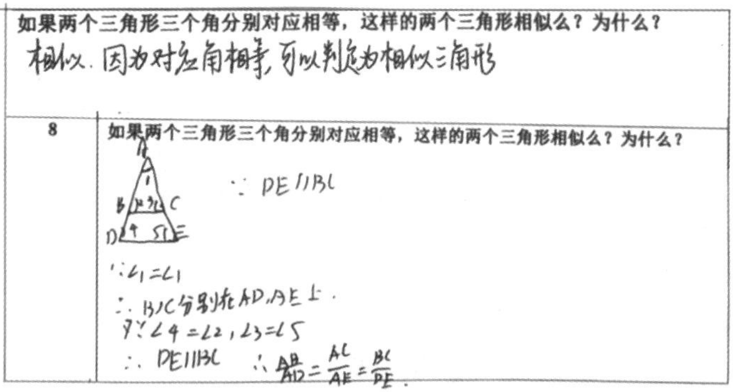

| 8 | 如果两个三角形三个角分别对应相等，这样的两个三角形相似么？为什么？ |

相似，因为对应角相等，可以判定为相似三角形

| 8 | 如果两个三角形三个角分别对应相等，这样的两个三角形相似么？为什么？ |

∵ DE//BC
∴ ∠4=∠1
∴ B,C分别在AD,AE上
又∵ ∠4=∠2, ∠3=∠5
∴ DE//BC ∴ AB/AD = AC/AE = BC/DE

图7　问题7的学生作答原稿

（二）第四章第二节的学生作答原稿

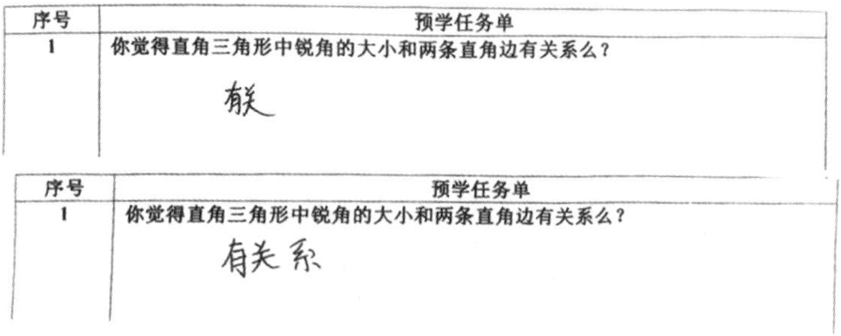

| 序号 | 预学任务单 |
|---|---|
| 1 | 你觉得直角三角形中锐角的大小和两条直角边有关系么？ |

有关

| 序号 | 预学任务单 |
|---|---|
| 1 | 你觉得直角三角形中锐角的大小和两条直角边有关系么？ |

有关系

图1　问题1的学生作答原稿

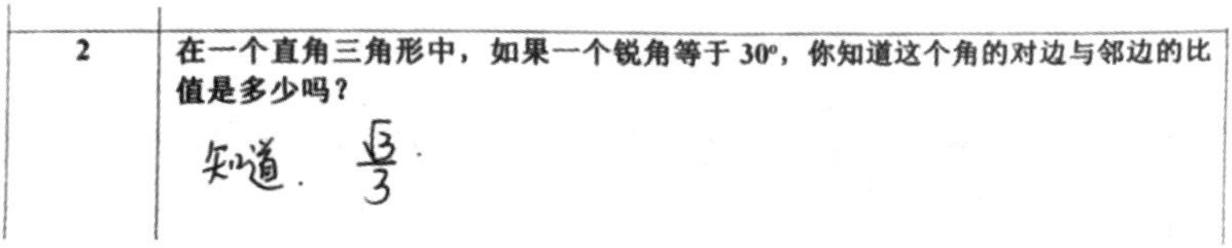

| 2 | 在一个直角三角形中，如果一个锐角等于30°，你知道这个角的对边与邻边的比值是多少吗？ |

知道．$\frac{\sqrt{3}}{3}$

409

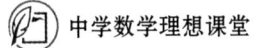

| 2 | 在一个直角三角形中，如果一个锐角等于30°，你知道这个角的对边与邻边的比值是多少吗？ |
|---|---|
| | $\dfrac{对边}{邻边} = \dfrac{1}{\sqrt{3}} = \dfrac{\sqrt{3}}{3}$ |

图 2　问题 2 的学生作答原稿

| 3 | 在一个直角三角形中，如果给定一个锐角的大小，那么它的对边与邻边的比值是否还是一个确定的值呢？为什么？ |
|---|---|
| | 是一个确定值<br>因为三角形三个内角确定情况下，三角形的形状就确定、对边与邻边比值确定 |

图 3　问题 3 的学生作答原稿

| 3 | 在一个直角三角形中，如果给定一个锐角的大小，那么它的对边与邻边的比值是否还是一个确定的值呢？为什么？ |
|---|---|
| | 是．<br>$\triangle OA_1B_1 \sim \triangle OA_2B_2$（形似）<br>$\dfrac{A_1B_1}{OB_1} = \dfrac{A_2B_2}{OB_2}$ |

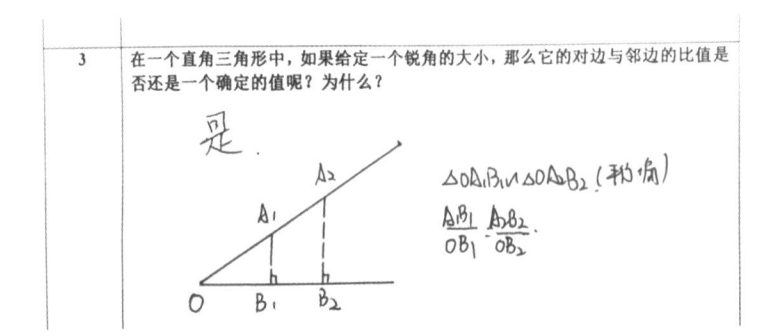

图 4　问题 3 的学生作答原稿

| 4 | 当直角三角形中一个锐角的大小变化时，这个锐角的对边与邻边的长度的比值随着变化吗？ |
|---|---|
| | 会．<br>内★角发生变化 → 形状发生变化． |

图 5　问题 5 的学生作答原稿

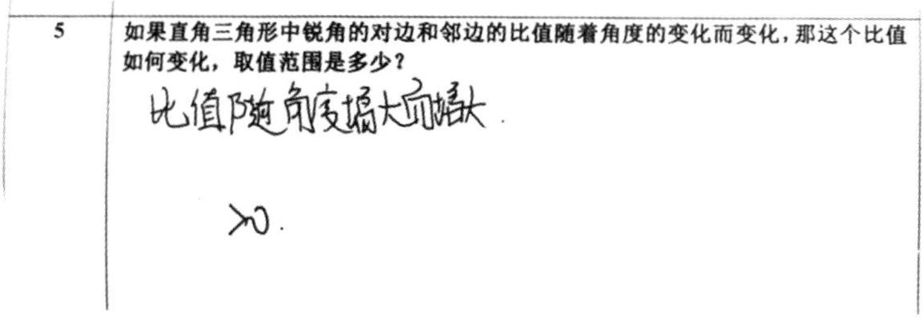

5　如果直角三角形中锐角的对边和邻边的比值随着角度的变化而变化，那这个比值如何变化，取值范围是多少？

比值随角度增大而增大.

>0.

图 6　问题 6 的学生作答原稿

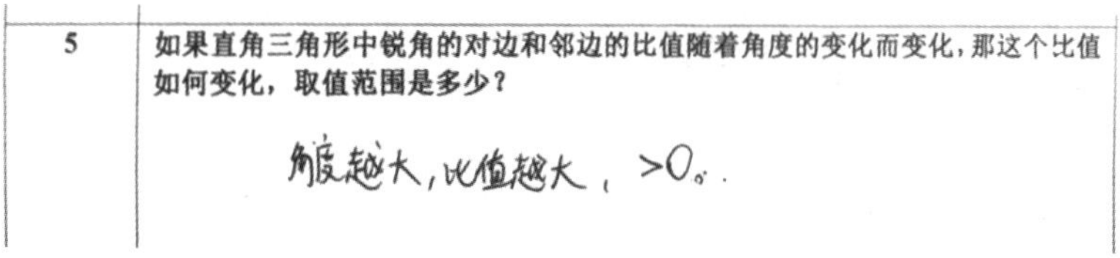

5　如果直角三角形中锐角的对边和邻边的比值随着角度的变化而变化，那这个比值如何变化，取值范围是多少？

角度越大，比值越大，>0。

图 7　问题 6 的学生作答原稿

（三）第四章第三节的学生作答原稿

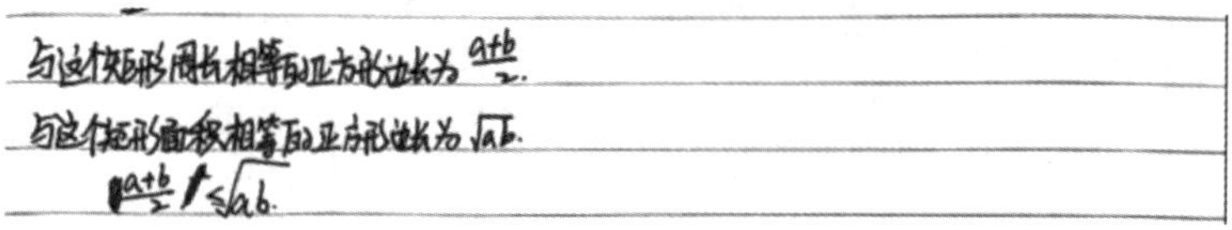

与这个矩形周长相等的正方形边长为 $\frac{a+b}{2}$.

与这个矩形面积相等的正方形边长为 $\sqrt{ab}$.

$\frac{a+b}{2} \geq \sqrt{ab}$.

图 1　问题 1 的学生作答原稿

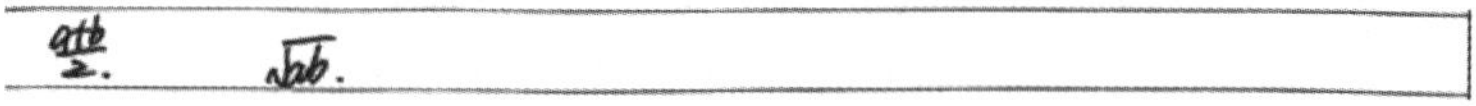

$\frac{a+b}{2}$.　$\sqrt{ab}$.

图 2　问题 2 的学生作答原稿

$$\begin{array}{llll} 0 & a & b & \dfrac{a+b}{2} \geq \sqrt{ab} \\ 1 & 2 & \dfrac{3}{2} \geq \sqrt{2} \\ 3 & 4 & \dfrac{7}{2} \geq 2\sqrt{3} \\ 5 & 6 & \dfrac{11}{2} \geq \sqrt{30} \end{array}$$

图 3　问题 3 的学生作答原稿

$$\dfrac{a+b}{2} \geq \sqrt{ab}$$

$$\dfrac{a+b}{2} - \sqrt{ab} = \dfrac{a+b-2\sqrt{ab}}{2} = \dfrac{(\sqrt{a}-\sqrt{b})^2}{2} \geq 0$$

图 4　问题 4 的学生作答原稿

（四）第四章第四节的学生作答原稿

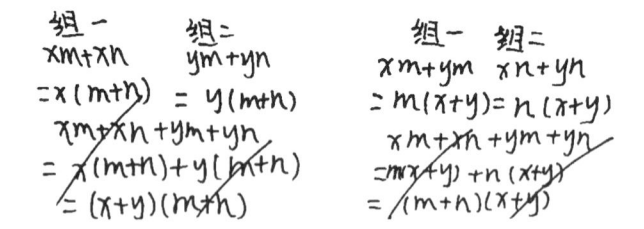

组一　　　　　组二　　　　　　　组一　　　　　组二
$xm+xn$　　　$ym+yn$　　　　　$xm+ym$　　　$xn+yn$
$=x(m+n)$　$=y(m+n)$　　　　$=m(x+y)$　$=n(x+y)$
$xm+xn+ym+yn$　　　　　　　　$xm+xn+ym+yn$
$=x(m+n)+y(m+n)$　　　　　　$=m(x+y)+n(x+y)$
$=(x+y)(m+n)$　　　　　　　　$=(m+n)(x+y)$

学生 A 作答

可以把这四个项式分成 $(xm+xn)$，$(ym+yn)$ 两组，从第一组中提取公因式 $x$，得到 $x(m+n)$，再从后一组中提取公因式 $y$，得到 $y(m+n)$，两组相加，便可提取公因式 $(m+n)$，最后分解因式得到 $(m+n)(x+y)$。过程：$ax+ay+bx+by = a(x+y)+b(x+y) = (x+y)(a+b)$

学生 B 作答

图 1　问题 1 的学生作答原稿

412

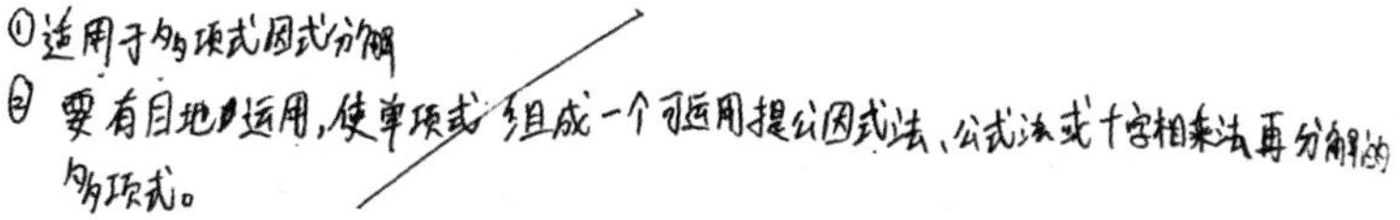

①适用于多项式因式分解
②要有目的地①运用，使单项式、组成一个适用提公因式法、公式法或十字相乘法再分解的多项式。

学生 A 作答

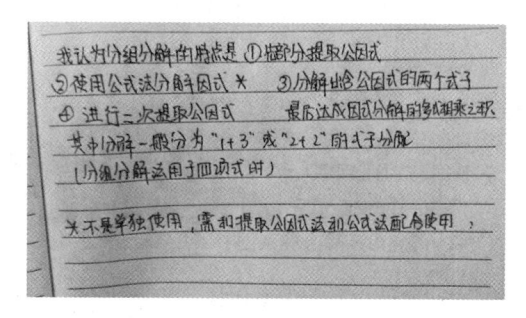

我认为分组分解的难点是：①部分提取公因式
②使用公式法分子因式 ✗  ③分解出含公因式的两个式子
④进行二次提取公因式  最后达成因式分解后的相乘之积
其中分解一般分为"1+3"或"2+2"的式子分配
(分组分解运用于四项式)

关 不是单独使用，需和提取公因式法和公式法配合使用。

学生 B 作答

图 2　问题 2 的学生作答原稿

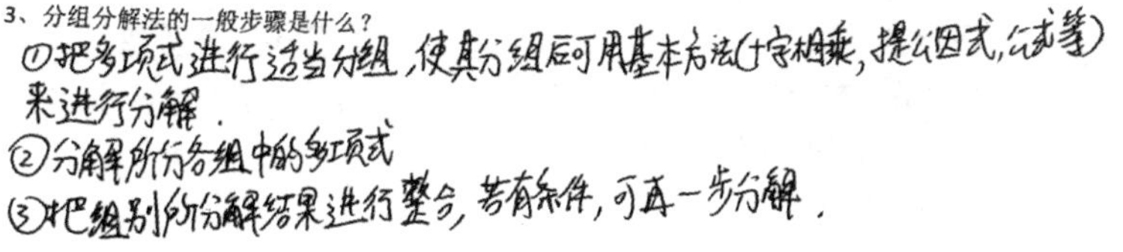

3、分组分解法的一般步骤是什么？
①把多项式进行适当分组，使其分组后可用基本方法(十字相乘、提公因式、公式等)来进行分解。
②分解所分各组中的红项式
③把组别所分解结果进行整合，若有条件，可再一步分解。

学生 A 作答

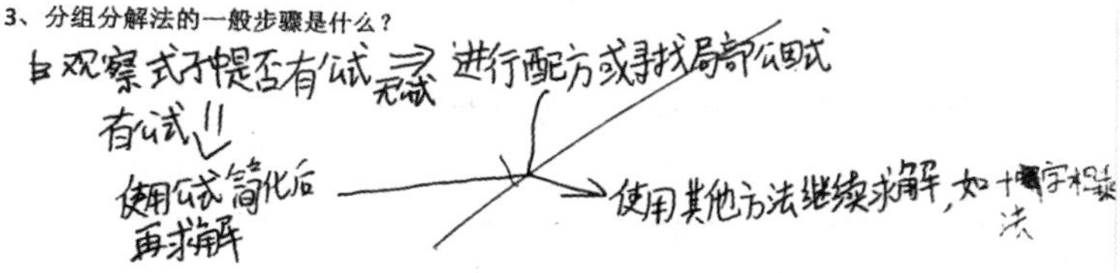

3、分组分解法的一般步骤是什么？
白观察式子中是否有"试"无试　进行配方或寻找局部公式
有试!!
使用试简化后　　　　　→ 使用其他方法继续求解，如十字相乘法
再求解

学生 B 作答

图 3　问题 3 的学生作答原稿

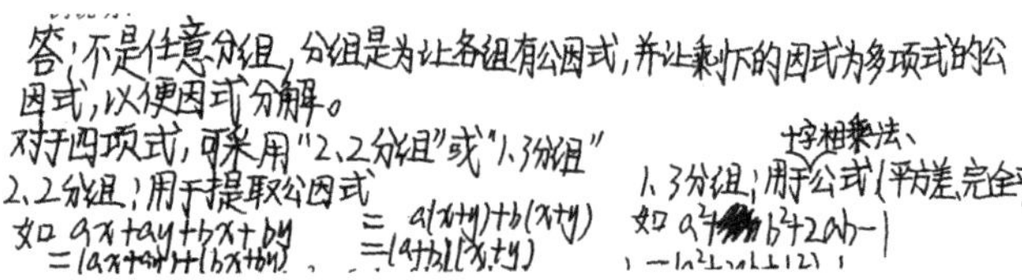
答：不是任意分组，分组是为让各组有公因式，并让剩下的因式为多项式的公因式，以便因式分解。
对于四项式，可采用"2、2分组"或"1、3分组"
2、2分组：用于提取公因式
如 $ax+ay+bx+by$
$=a(x+y)+b(x+y)$
$=(a+b)(x+y)$
1、3分组：用于公式（平方差、完全平方…）十字相乘法、

学生 A 作答

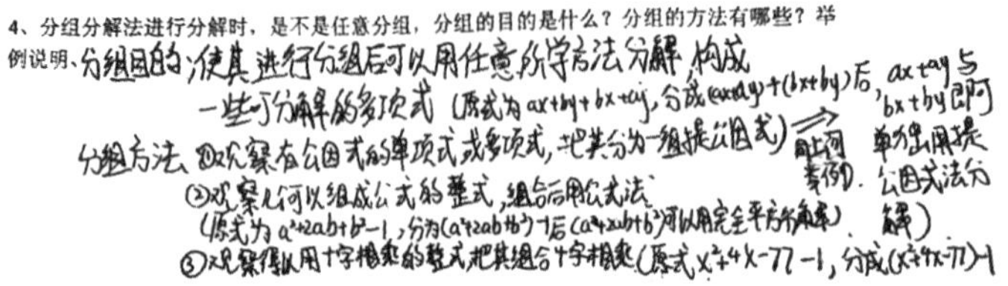
4、分组分解法进行分解时，是不是任意分组，分组的目的是什么？分组的方法有哪些？举例说明。

学生 B 作答

图 4　问题 4 的学生作答原稿

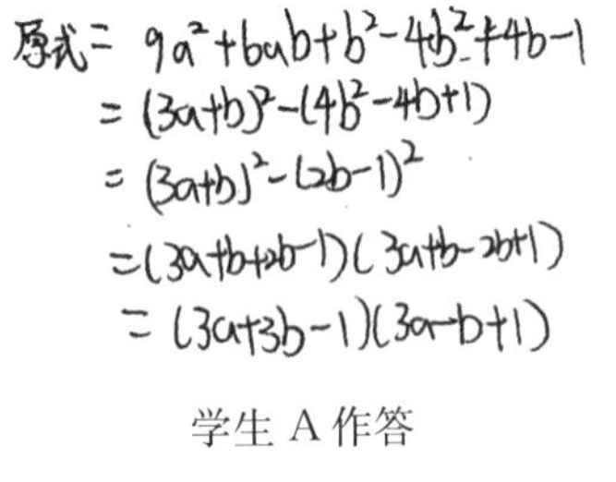
原式 $=9a^2+6ab+b^2-4b^2+4b-1$
$=(3a+b)^2-(4b^2-4b+1)$
$=(3a+b)^2-(2b-1)^2$
$=(3a+b+2b-1)(3a+b-2b+1)$
$=(3a+3b-1)(3a-b+1)$

学生 A 作答

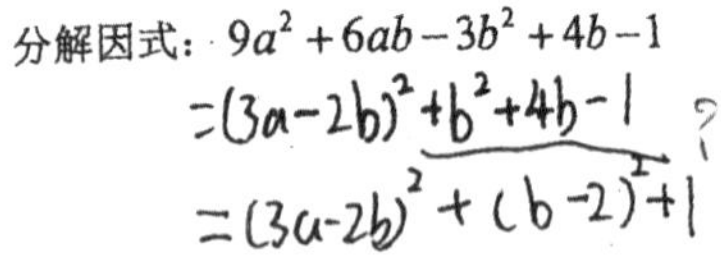
分解因式：$9a^2+6ab-3b^2+4b-1$
$=(3a-2b)^2+b^2+4b-1$
$=(3a-2b)^2+(b-2)^2+1$

学生 B 作答

图 5　问题思考的学生作答原稿

（五）第四章第五节的学生作答原稿

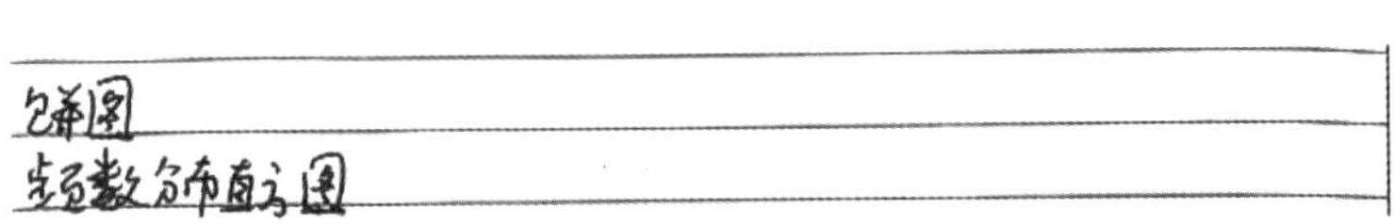
饼图
频数分布直方图

图 1　问题 1 的学生作答原稿

附　录

抽样调查

图2　问题2的学生作答原稿

计算频数、频率、列表。

图3　问题3的学生作答原稿

横坐标身高，纵坐标频率作图。

图4　问题4的学生作答原稿

在频率分布直方图中，连接矩形上底边的中点，得到折线图。

图5　问题5的学生作答原稿

（六）第四章第六节的学生作答原稿

学生A作答　　　　　　　　学生B作答

图1　问题1的学生作答原稿

为什么要研究三角形的画法？

为研究全等，需要几个元素。

学生A作答

415

(2) 为什么要研究三角形的画法？

> 因为我们要通过对三角形画法的研究来探索某某一个三角形形状大小,确定的条件,从而研究出证明两个三角形全等的条件。

学生 B 作答

图 2　问题 2 的学生作答原稿

(3) 三角形画法中,为什么要先研究给出两个元素,而不是三个元素？

> 从元素种类能到唯一情况,在由两个元素上升到三个元素的过程中找到确定一个三角形形状的元素下限。

学生 A 作答

(3) 三角形画法中,为什么要先研究给出两个元素,而不是三个元素？

> 因为单个元素不足以判定,则从两个元素开始尝试

学生 B 作答

图 3　问题 3 的学生作答原稿

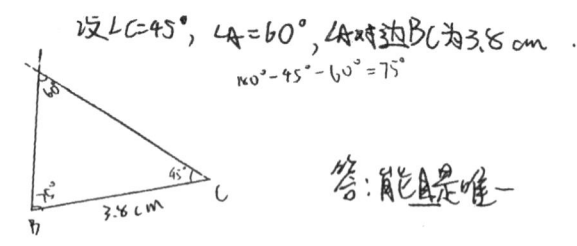

设 $\angle C=45°$, $\angle A=60°$, $\angle A$ 对边 $BC$ 为 $3.8$ cm.

$180°-45°-60°=75°$

答：能且是唯一

学生 A 作答

∵ △ABC中, $\angle A+\angle B+\angle C=180°$（三角形内角和等于180°）

又 ∵ $\angle C=45°$, $\angle A=60°$（已知）

∴ $60°+\angle B+45°=180°$（等量代换）

∴ $\angle B=75°$（等式性质）

△ABC即为所求.

学生 B 作答

图 4　问题 4 的学生作答原稿

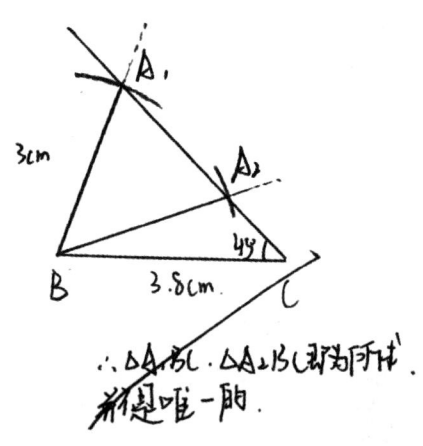

附 录

学生 A 作答

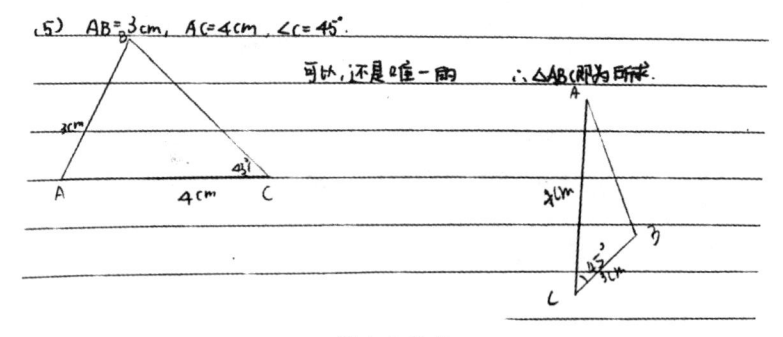

学生 B 作答

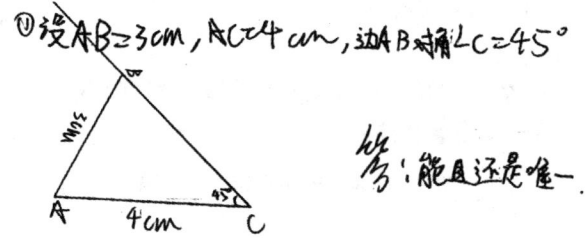

学生 C 作答

图 5 问题 5 的学生作答原稿

417

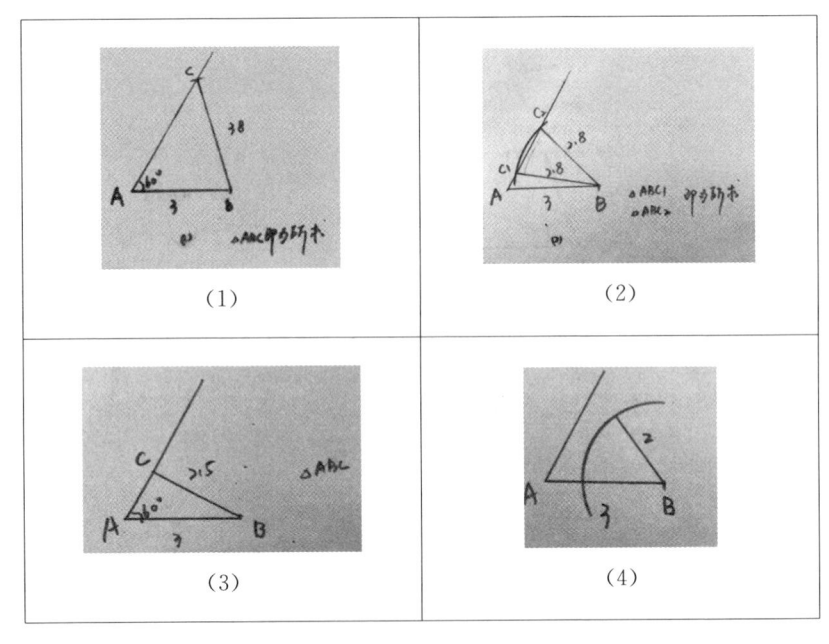

图 6　应用型问题链的学生作答原稿

（七）第四章第七节的学生作答原稿

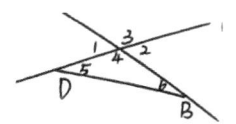

图 1　问题 1 的学生作业一原稿

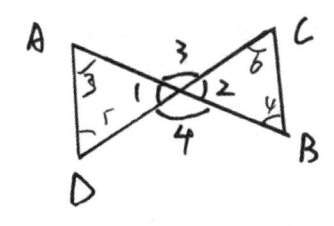

解：作 AD//BC
∵ AD//BC(已作)
∴ ∠3=∠4，∠5=∠6(两直线平行,内错角相等)
∴ ∠1+∠3+∠5=180°(平角的意义)
同理∠2+∠4+∠6=180°
∴ ∠1=∠2(等量代换)

图 2　问题 1 的学生作业二原稿

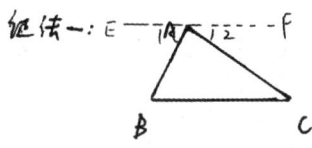

过点 A 作 EF//BC
∵ EF//BC(已作)
∴ ∠B=∠1, ∠C=∠2(两直线平行,内错角相等)
∴ ∠1+∠2+∠BAC=180°(平角的意义)
∴ ∠B+∠BAC+∠C=180°(等量代换)

图 3　问题 2 的学生作业一原稿

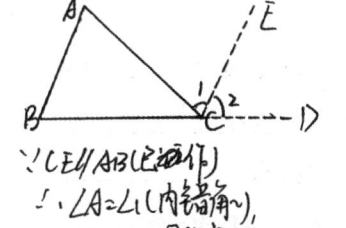

②延长 BC 到点 D,过点 C 作 CE//AB
∵ CE//AB(已作)
∴ ∠A=∠1(内错角~),
　∠B=∠2(同位角~)
∵ ∠1+∠2+∠ACB=180°(平角的意义)
∴ ∠A+∠B+∠ACB=180°
　(等量代换)

图 4　问题 2 的学生作业二原稿

画一个△ABC，画出另一个三角形A'B'C'使A'B'=AB, A'C'=AC, ∠A'=∠A, 之后看它们能否重合。

可以重合。
即S.A.S.可以证明全等

**图5　问题3的学生作业一原稿**

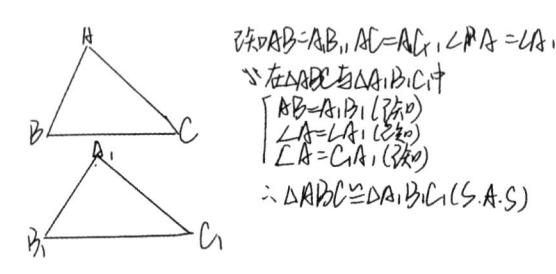

就知AB=A₁B₁, AC=A₁C₁, ∠A=∠A₁,
∴在△ABC与△A₁B₁C₁中
{AB=A₁B₁ (已知)
 ∠A=∠A₁ (已知)
 AC=A₁C₁ (已知)
∴△ABC≌△A₁B₁C₁ (S.A.S)

**图6　问题3的学生作业二原稿**

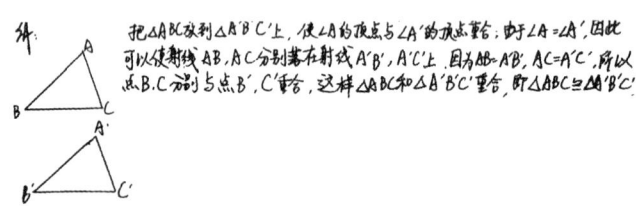

解：把△ABC放到△A'B'C'上，使∠A的顶点与∠A'的顶点重合；由于∠A=∠A'，因此可以使射线AB, AC分别落在射线A'B', A'C'上，且因AB=A'B', AC=A'C', 所以点B, C分别与点B', C'重合，这样△ABC和△A'B'C'重合，即△ABC≌△A'B'C'.

**图7　问题3的学生作业三原稿**

填空：因：__AB//CD__

　　果：__∠B=∠C__

　　因：__∠B+∠D=180°__

　　果：__∠C+∠D=180°__

　　因：__∠C+∠D=180°__

　　果：__CB//DE__

**图8　问题4的学生作业一原稿**

填空：因：(两直线平行)

果：(两直线平行，内错角相等)

因：(同位角相等)

果：(两直线平行)

因：(已知)

果：(同旁内角互补，两直线平行)

**图9 问题4的学生作业二原稿**

（八）第四章第九节的学生作答原稿

什么是多边形？
由平面内不在同一直线上的一些线段首尾依次联结所组成的封闭图形叫做多边形。

**图1 问题1的学生作答原稿**

对比书本上三角形和多边形的概念，除了线段的条数的变化，多边形的概念中还多了什么表述？你能举出一个具体的例子来说明为什么要加上这个表述吗？

图：一平面内，  ？？？

学生A作答

对比书本上三角形和多边形的概念，除了线段的条数的变化，多边形的概念中还多了什么表述？你能举出一个具体的例子来说明为什么要加上这个表述吗？

多边形的概念中还多了一个在平面内。
手机支架
同一直线上的一些线段首尾依次联结所组成所封闭图形不叫多边形。

学生B作答

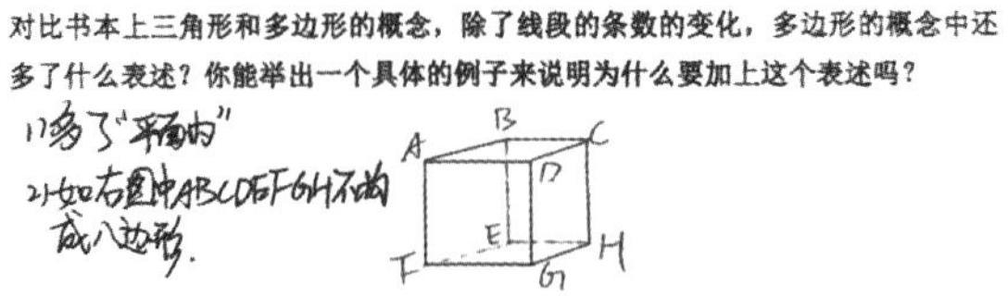

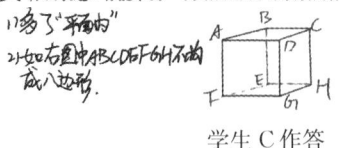

对比书本上三角形和多边形的概念,除了线段的条数的变化,多边形的概念中还多了什么表述?你能举出一个具体的例子来说明为什么要加上这个表述吗?

1)多了"平面内"
2)如右图中ABCDEFGH不构成八边形

学生 C 作答

对比书本上三角形和多边形的概念,除了线段的条数的变化,多边形的概念中还多了什么表述?你能举出一个具体的例子来说明为什么要加上这个表述吗?

多了"在平面内"
例如:
这体图形(不在平面内的多边形) 三角形只有三条线段组成,一定在平面内

学生 D 作答

**图 2 问题 2 的学生作答原稿**

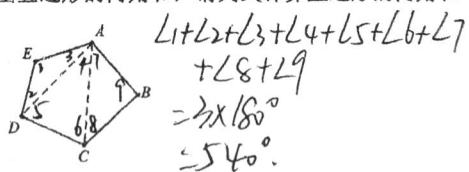

书本上用了这样的添线方法来推出五边形的内角和,请列式计算五边形的内角和

$\angle 1+\angle 2+\angle 3+\angle 4+\angle 5+\angle 6+\angle 7+\angle 8+\angle 9$
$=3\times 180°$
$=540°$

**图 3 问题 3 的学生 A 作答原稿**

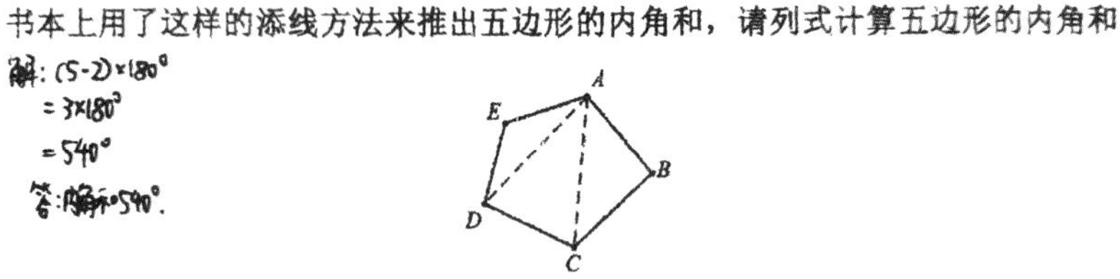

书本上用了这样的添线方法来推出五边形的内角和,请列式计算五边形的内角和

解:$(5-2)\times 180°$
$=3\times 180°$
$=540°$
答:内角和为 $540°$.

**图 4 问题 3 的学生 B 作答原稿**

附 录

你有别的计算五边形内角和的方法吗？（列式计算）说一说不同方法之间的共同点。如果方法之间有关联，也请说明。

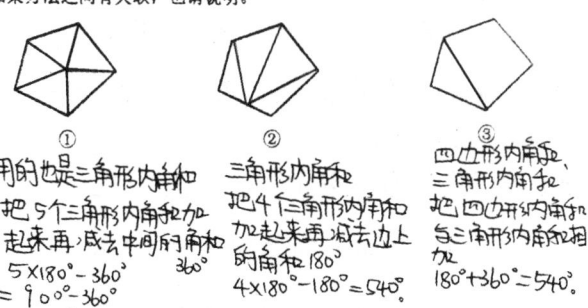

① 用的也是三角形内角和 把5个三角形内角和加起来再减去中间的角和 5×180°-360° = 900°-360° = 540°

② 三角形内角和 把4个三角形内角和加起来再减去边上的角 180° 4×180°-180°=540°

③ 四边形内角和、三角形内角和 把四边形内角和与三角形内角和相加 180°+360°=540°

图5　问题4的学生作答之三种方法（原稿）

你有别的计算五边形内角和的方法吗？（列式计算）说一说不同方法之间的共同点。如果方法之间有关联，也请说明。 4×180°-180° = 540° 4×180°-180°=540°

① 在形内任取一点与五个顶点相连。五个△内角和为180°×5=900°。再减去中间的周角900°-360°=540°

② 择顶点连顶点从形中分割△ 择形内/上/外任取一点与各个顶点相（除顶点外）连 形成三角形 再减成点造成的

③ 

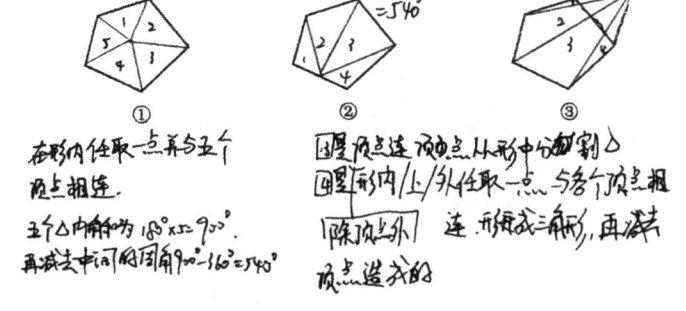

图6　问题4的学生作答之"不同方法之间的关联性"（原稿）

多边形内角和公式为 $(n-2)\cdot 180°$，即 $n$ 边形的内角和与 $(n-2)$ 个三角形内角和之和相等。请你说一说其中的原因。

因为n边形的内角和能切出(n-2)个三角形

图7　问题5的不严谨的学生作答（原稿）

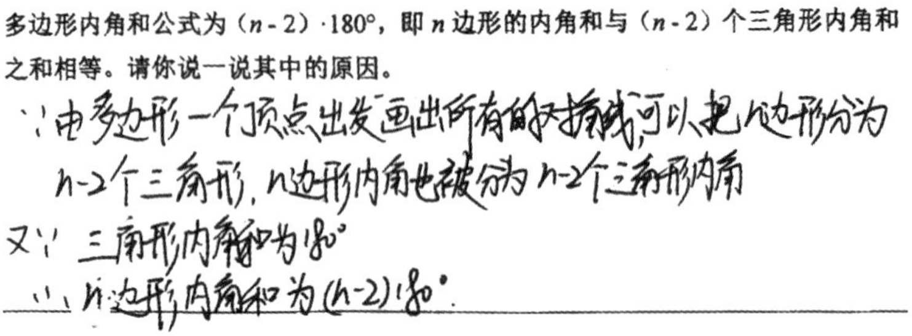
多边形内角和公式为（$n-2$）$\cdot180°$，即$n$边形的内角和与（$n-2$）个三角形内角和之和相等。请你说一说其中的原因。

∵由多边形一个顶点出发画出所有的对角线可以把n边形分为n-2个三角形，n边形内角也被分为n-2个三角形内角

又∵三角形内角和为180°

∴n边形内角和为(n-2)180°.

图8　问题5的准确的学生作答(原稿)

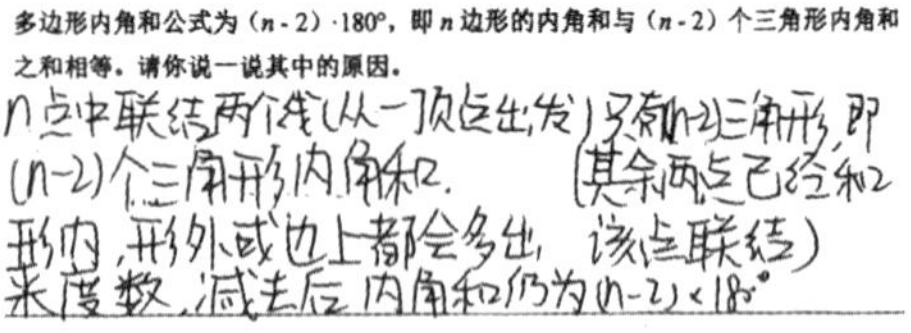
多边形内角和公式为（$n-2$）$\cdot180°$，即$n$边形的内角和与（$n-2$）个三角形内角和之和相等。请你说一说其中的原因。

n点中联结两个线(从一顶点出发)只有(n-2)三角形，即(n-2)个三角形内角和。(其余两点已经和该点联结)形内，形外或边上都会多出来度数，减去后内角和仍为(n-2)×180°

学生A作答

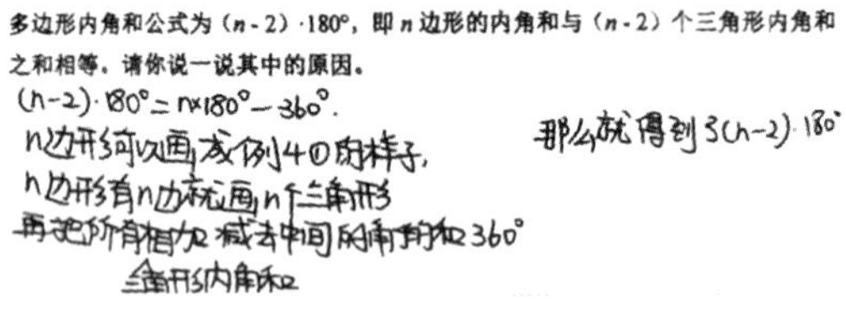
多边形内角和公式为（$n-2$）$\cdot180°$，即$n$边形的内角和与（$n-2$）个三角形内角和之和相等。请你说一说其中的原因。

(n-2)·180° = n×180° − 360°.

n边形可以画成例4的样子，

n边形有n边就画n个三角形

再把所有相加减去中间的角的和360°

三角形内角和

那么就得到了(n-2)·180°

学生B作答

图9　问题5的学生进一步分析(原稿)

（九）第四章第十节的学生作答原稿

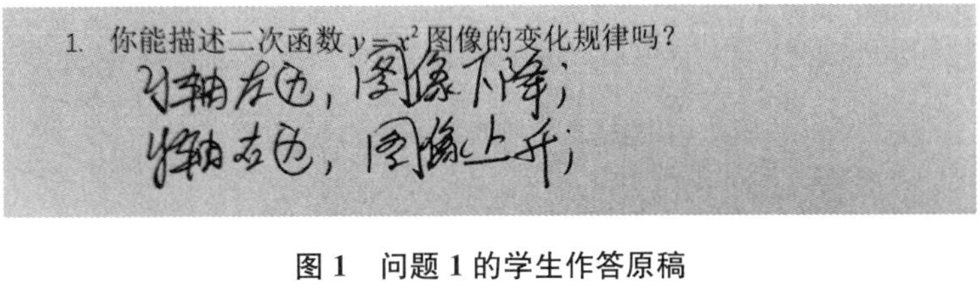
1. 你能描述二次函数$y=x^2$图像的变化规律吗？

y轴左边，图像下降；

y轴右边，图像上升；

图1　问题1的学生作答原稿

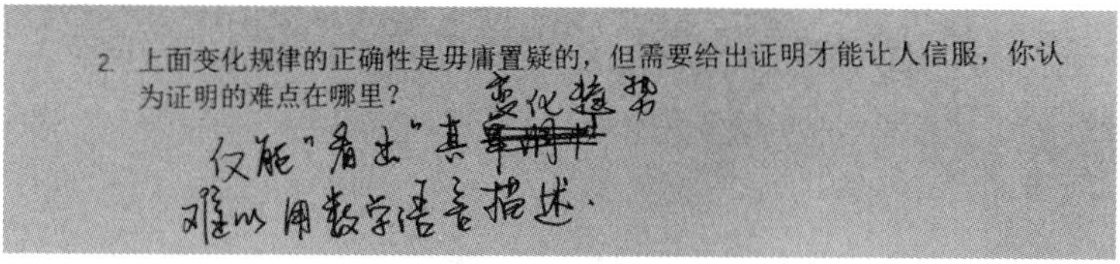

附 录

2. 上面变化规律的正确性是毋庸置疑的，但需要给出证明才能让人信服，你认为证明的难点在哪里？ 变化趋势

仅能"看出"真单调性

难以用数学语言描述.

**图 2　问题 2 的学生作答原稿**

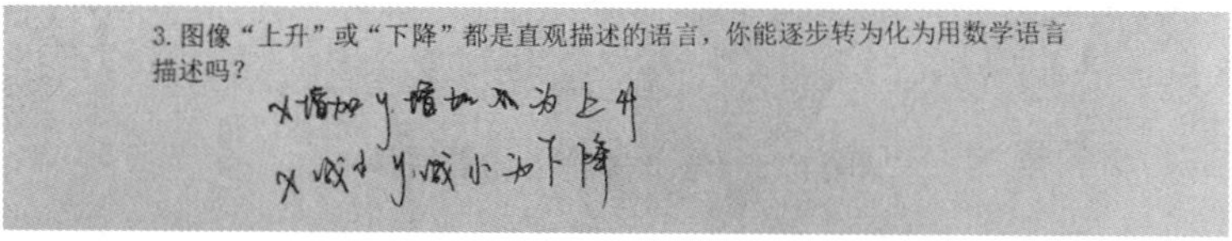

3. 图像"上升"或"下降"都是直观描述的语言，你能逐步转为化为用数学语言描述吗？

$x$ 增加 $y$ 增加 称为上升

$x$ 减小 $y$ 减小 称为下降

**图 3　问题 3 的学生作答原稿**

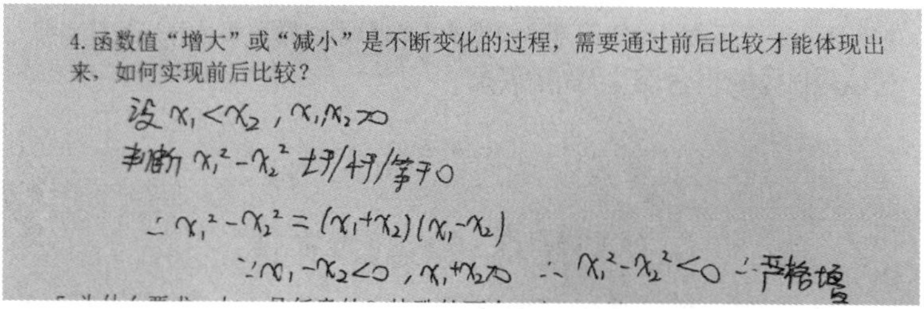

4. 函数值"增大"或"减小"是不断变化的过程，需要通过前后比较才能体现出来，如何实现前后比较？

设 $x_1 < x_2$，$x_1, x_2 > 0$

判断 $x_1^2 - x_2^2$ 大于/小于/等于 $0$

$\because x_1^2 - x_2^2 = (x_1+x_2)(x_1-x_2)$

$\because x_1 - x_2 < 0$，$x_1 + x_2 > 0$　$\therefore x_1^2 - x_2^2 < 0$　∴严格增

**图 4　问题 4 的学生作答原稿**

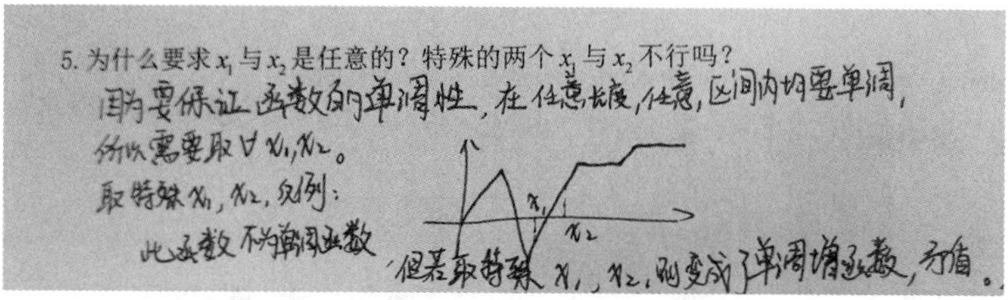

5. 为什么要求 $x_1$ 与 $x_2$ 是任意的？特殊的两个 $x_1$ 与 $x_2$ 不行吗？

因为要保证函数的单调性，在任意长度、任意区间内均要单调，所以需要取任意 $x_1, x_2$。

取特殊 $x_1, x_2$，例如：

此函数不为单调函数 但若取特殊 $x_1, x_2$，则变成单调函数，矛盾。

**图 5　问题 5 的学生作答原稿**

425

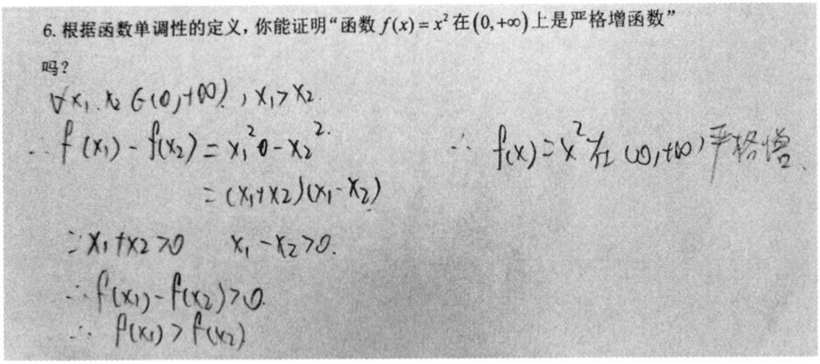

6. 根据函数单调性的定义，你能证明"函数 $f(x)=x^2$ 在 $(0,+\infty)$ 上是严格增函数"吗？

$\forall x_1, x_2 \in (0,+\infty), x_1 > x_2$

$f(x_1) - f(x_2) = x_1^2 - x_2^2$
$= (x_1+x_2)(x_1-x_2)$

$\because x_1+x_2 > 0, \quad x_1-x_2 > 0$

$\therefore f(x_1) - f(x_2) > 0$

$\therefore f(x_1) > f(x_2)$

$\therefore f(x) = x^2$ 在 $(0,+\infty)$ 严格增

图6　问题6的学生作答原稿

（十）第四章第十一节的学生作答原稿

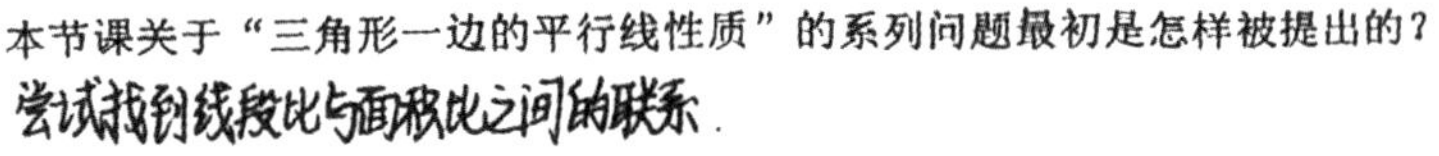

本节课关于"三角形一边的平行线性质"的系列问题最初是怎样被提出的？

尝试找到线段比与面积比之间的联系．

学生 A 作答

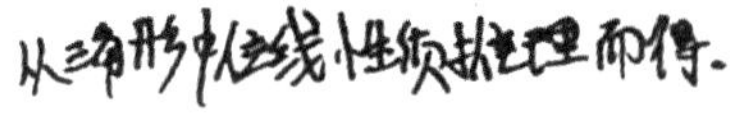

从三角形中位线性质批定理而得．

学生 B 作答

图1　问题1的学生作答原稿(1)

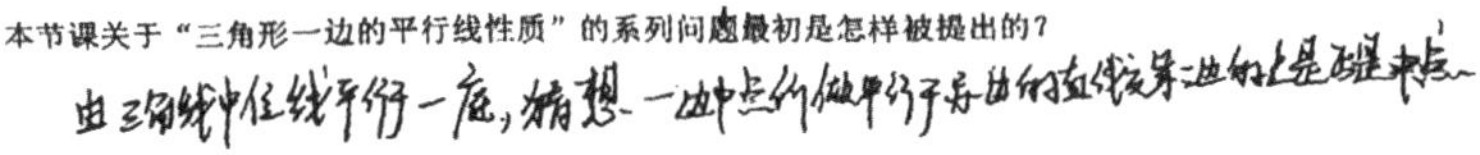

本节课关于"三角形一边的平行线性质"的系列问题最初是怎样被提出的？

由三角线中位线平行一底，猜想一边中点所做平行于另一边的线等距上是碰其中点．

学生 C 作答

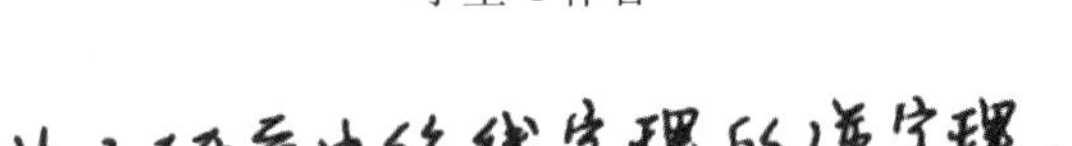

为了研究中位线定理的逆定理。

学生 D 作答

图2　问题1的学生作答原稿(2)

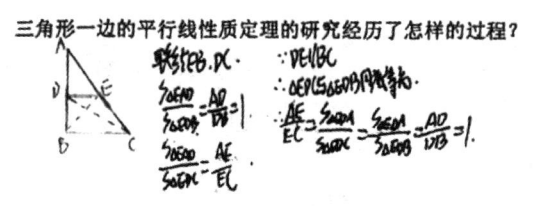

附 录

学生 A 作答

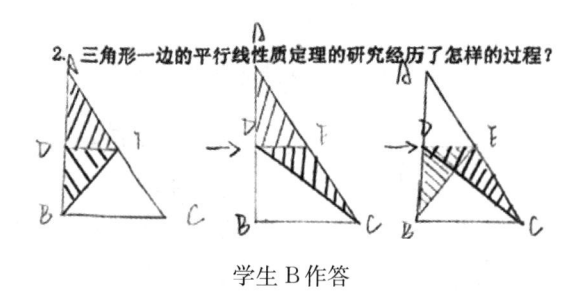

学生 B 作答

图 3  问题 2 的学生作答原稿(1)

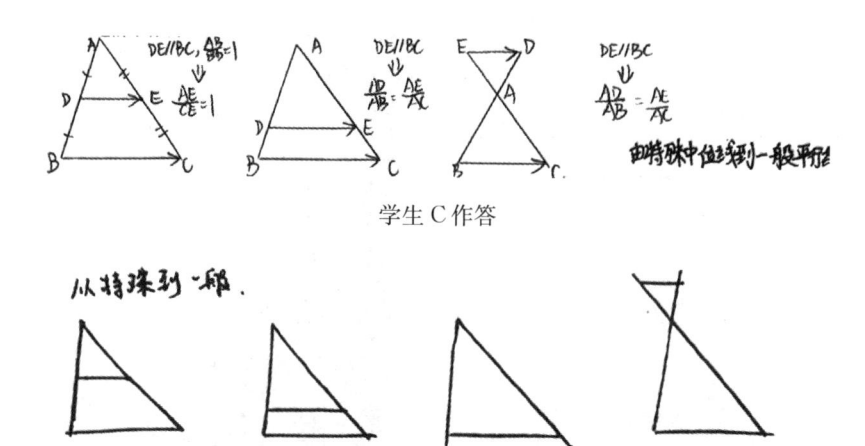

学生 C 作答

学生 D 作答

图 4  问题 2 的学生作答原稿(2)

427

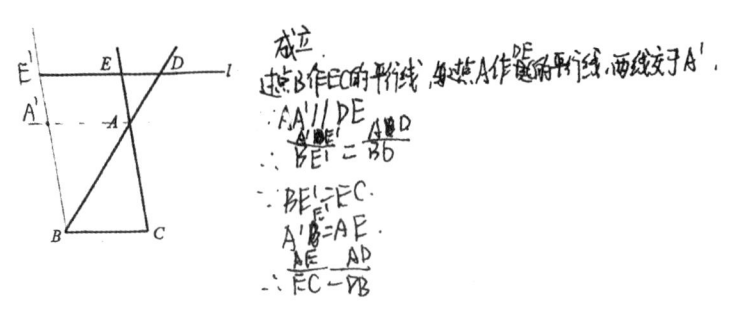

图 5　问题 3 的学生作答原稿（方法一）

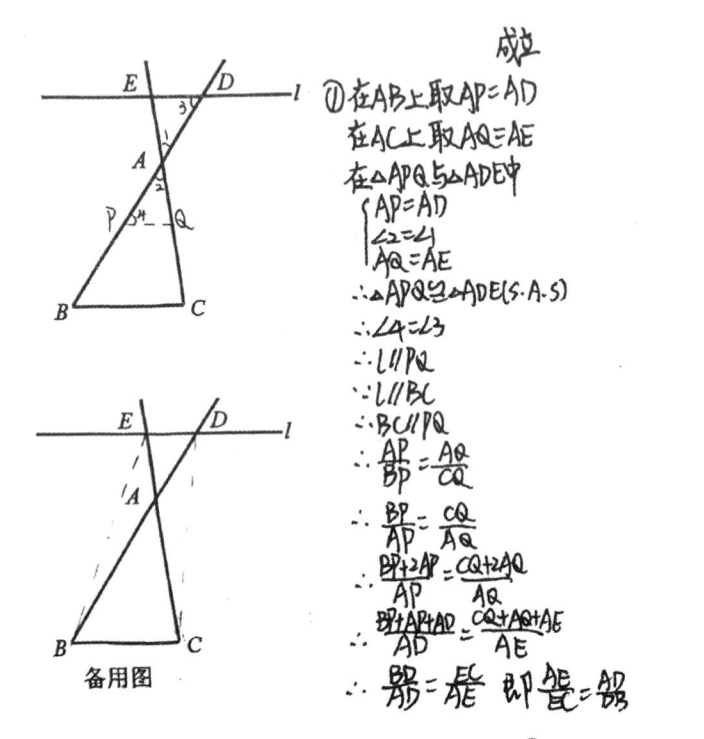

图 6　问题 3 的学生作答原稿（方法二）①

---

① 在实际解答中，学生并未用到图 6 的备用图。编者注。

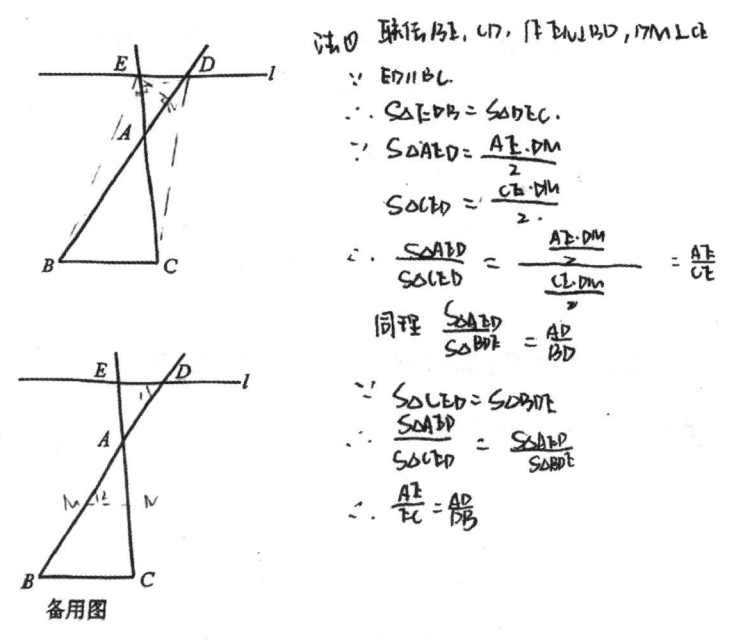

图 7　问题 3 的学生作答原稿(方法三)[1]

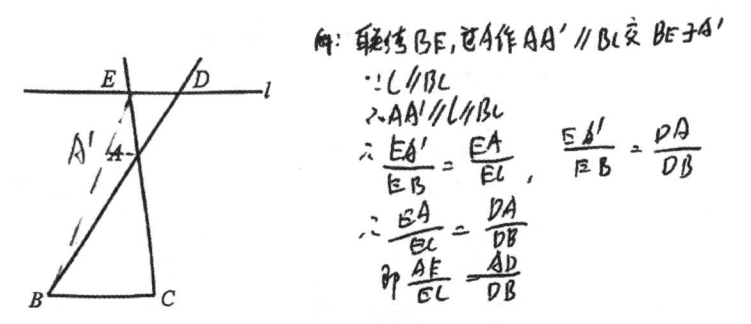

图 8　问题 3 的学生作答原稿(方法四)

---

[1]　在实际解答中,学生并未用到备用图。编者注。

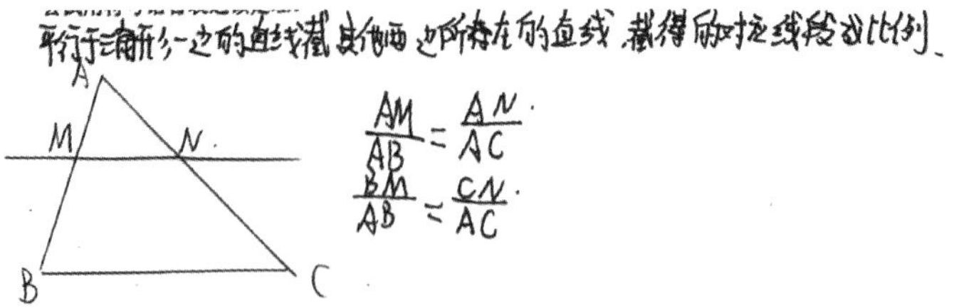

图 9 问题 4 的学生 A 作答原稿

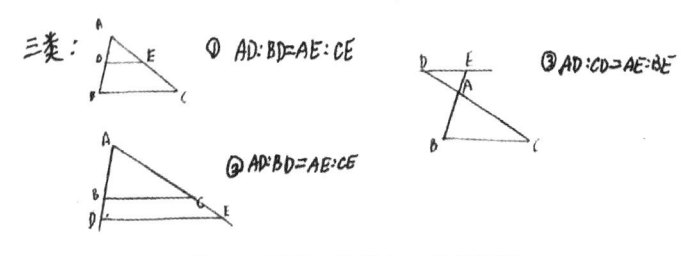

图 10 问题 4 的学生 B 作答原稿

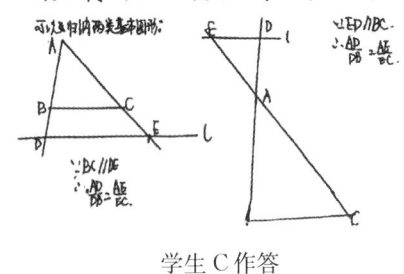

学生 C 作答

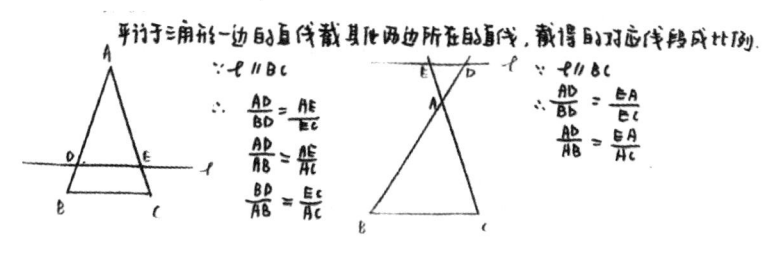

平行于三角形一边的直线截其他两边所在的直线,截得的对应线段成比例.

∵ l∥BC
∴ $\frac{AD}{BD} = \frac{AE}{EC}$

$\frac{AD}{AB} = \frac{AE}{AC}$

$\frac{BD}{AB} = \frac{EC}{AC}$

∵ l∥BC
∴ $\frac{AD}{BD} = \frac{EA}{EC}$

$\frac{AD}{AB} = \frac{EA}{AC}$

学生 D 作答

**图 11　问题 4 的学生 C、D 作答原稿**

## （十一）第四章第十二节的学生作答原稿

什么是概率？
概率是用来表示某事件发生的可能性大小的数。

学生 A 作答

什么是概率？
概率就是利用0~1间数字表示随事件发生的可能性的大小。表示事件发生能性的概数

学生 B 作答

**图 1　问题 1 的学生作答原稿**

为什么要提出概率的概念？
因为我们知道这些事件发生的可能性有大有小,其大小虽然可以用词语来描述,但总感到不够精确,如果用数字来表示事件发生的可能性,那么用数字来描述事件发生的可能性大小,就十分明了,所以提出概率的概念。

**图 2　问题 2 的学生 A 作答原稿**

为什么要提出概率的概念？
日常生活需要,在社会生活中,充满机会,也隐伏着风险,如何把握机会,应对风险,更需要概率。

**图 3　问题 2 的学生 B 作答原稿**

为什么要提出概率的概念?

概率揭示了随机事件发生的规律,而这种规律是通过大量的随机试验去发现的,与确定性事件的规律不一样。

学生 C 作答

为什么要提出概率的概念?

未来不来事件发生的可能技大小。

学生 D 作答

**图 4　问题 2 的学生 C、D 作答原稿**

在我们能用计算的方式获得这个结果的情况下,为何还要提用大数次试验去估计随机事件发生可能性大小的方法呢?

投掷 到数,勤加实验,频率通近概率
通过随机试验发现其中规律。
概率揭示了随机事件发生的规律

学生 A 作答

在我们能用计算的方式获得这个结果的情况下,为何还要提用大数次试验去随机事件发生可能性大小的方法呢?

使实验结果具有普遍性。

学生 B 作答

**图 5　问题 3 的学生 A、B 作答原稿**

在我们能用计算的方式获得这个结果的情况下,为何还要提用大数次试验去估计随机事件发生可能性大小的方法呢?

注意,一次试验的可能结果只有三种,即抽到红桃、梅花或方块,三种结果出现的机会均等,且一次试验中不会同时出现两种结果,结果是有限个,等可能性实验可以证明计算的结果

学生 C 作答

432

附 录

在我们能用计算的方式获得这个结果的情况下,为何还要提用大数次试验去估计随机事件发生可能性大小的方法呢?

用来验证计算结果的验证,计算无失误

学生 D 作答

图 6  问题 3 的学生 C、D 作答原稿

在我们能用计算的方式获得这个结果的情况下,为何还要提用大数次试验去估计随机事件发生可能性大小的方法呢?

事件的概率是一个确定的常数,而P频率是不确定的,与试验次数的多少有关,用频率估计概率得到的只是近似值。为了得到概率的可靠的估计值,试验的次数要足够大。

图 7  问题 3 的学生 E 作答原稿

在一副没有大小王的扑克牌中任意抽一张牌,小明尝试了 40 次,其中摸到方块牌的有 12 次.问:在这副扑克牌中任意抽一张牌,恰好抽到方块牌的概率是多少?

P(抽到方块) = $\frac{12}{40}$ = $\frac{3}{10}$    P(抽到方块) = $\frac{13}{52}$ = $\frac{1}{4}$

图 8  问题 4 的学生 A 作答原稿

在一副没有大小王的扑克牌中任意抽一张牌,小明尝试了 40 次,其中摸到方块牌的有 12 次.问:在这副扑克牌中任意抽一张牌,恰好抽到方块牌的概率是多少?

P = $\frac{12}{40}$ = 30%

图 9  问题 4 的学生 B 作答原稿

请你谈一谈对以下两个策略的选择,并说明原因。
策略 A:在获取一次抛出硬币的结果后马上参与游戏,猜下一次为另一面。
策略 B:记录其抛硬币的结果,等哪一面向上的次数达到 5 次,马上参与游戏,猜下一次为另一面。

选策略A和B都一样,因为抛硬币无论哪面朝上的概率都是50%,所以策略A在抛一次后猜下一次是另一面,策略B即向上5次后下一抛不一定是另一面。意外的。

学生 A 作答

433

策略 A：在获取一次抛出硬币的结果后马上参与游戏，猜下一次为另一面。
策略 B：记录其抛硬币的结果，等哪一面向上的次数到达 5 次，马上参与游戏，猜下一次为另一面。

都不选择，正反面出现概率均为 0.5，在抛硬币次数有限的情况下，正反面出现的次数不相同非常有可能。策略 A 不一定，抛硬币并不一定是一正一反，这么均匀。策略 B 也不一定，不一定正反面出现的次数一样，即使达到 5 次。所以无论如何，猜对概率 获取硬币抛掷结果的情况下，概率都是 0.5。

学生 B 作答

图 10　问题 4 的学生 A、B 作答原稿

策略 A：在获取一次抛出硬币的结果后马上参与游戏，猜下一次为另一面。
策略 B：记录其抛硬币的结果，等哪一面向上的次数到达 5 次，马上参与游戏，猜下一次为另一面。

选策略 B，抛硬币的实验是等可能试验，共有 2 个等可能结果，在每一次抛掷的试验中事件"抛掷正面或反面"概率相同，$P(A)=1/2=\frac{1}{2}$，抛 10 次硬币，要抛出正面的概率应为 5 次，反面也为 5 次，所以当一面向上次数达到 5 次时，下一次另一面更有可能获胜。

学生 C 作答

策略 A：在获取一次抛出硬币的结果后马上参与游戏，猜下一次为另一面。
策略 B：记录其抛硬币的结果，等哪一面向上的次数到达 5 次，马上参与游戏，猜下一次为另一面。

选 B。因为正反面出现概率均为 0.5，10 次中五次已是同一面，那么下一次有很大机会猜对另一面。

学生 D 作答

图 11　问题 4 的学生 C、D 作答原稿

## （十二）第四章第十三节的学生作答原稿

1. 前面学习了随机现象、样本空间与事件、等可能性与概率，这些概念都是用什么语言工具表述的？
集合。

图 1　问题 1 的学生作答原稿

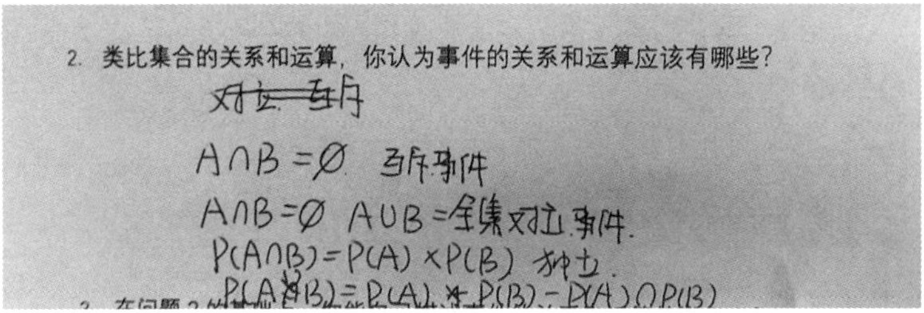

附 录

> 2. 类比集合的关系和运算，你认为事件的关系和运算应该有哪些？
> 对立 互斥
> $A \cap B = \emptyset$ 互斥事件
> $A \cap B = \emptyset$  $A \cup B = 全集$ 对立事件
> $P(A \cap B) = P(A) \times P(B)$ 独立
> $P(A \cup B) = P(A) + P(B) - P(A) \cap P(B)$

图 2　问题 2 的学生作答原稿

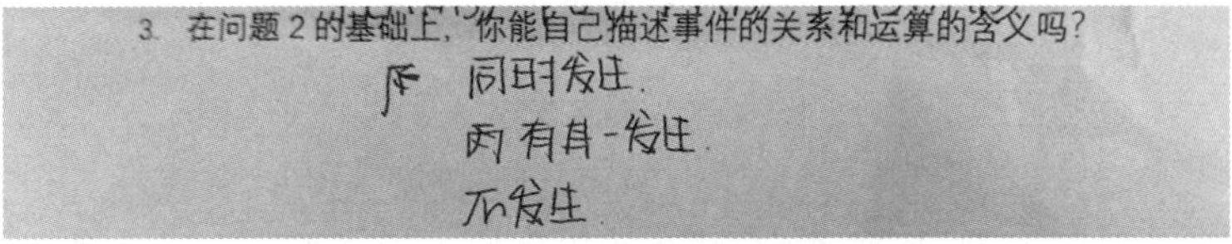

> 3. 在问题 2 的基础上，你能自己描述事件的关系和运算的含义吗？
> 同时发生
> 有且只发生
> 不发生

图 3　问题 3 的学生作答原稿

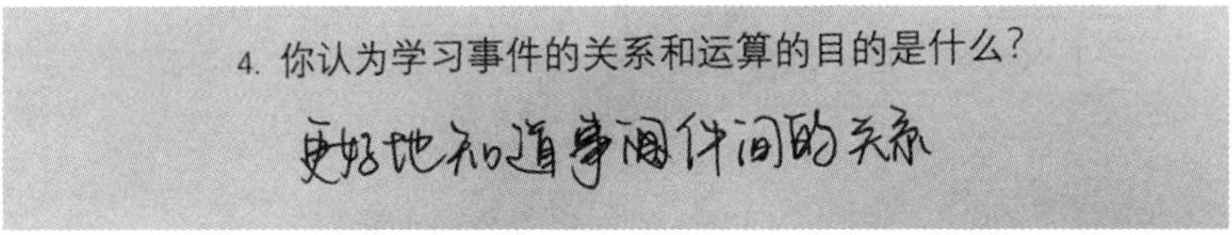

> 4. 你认为学习事件的关系和运算的目的是什么？
> 更好地知道事件们间的关系

图 4　问题 4 的学生作答原稿

（十三）第四章第十四节的学生作答原稿

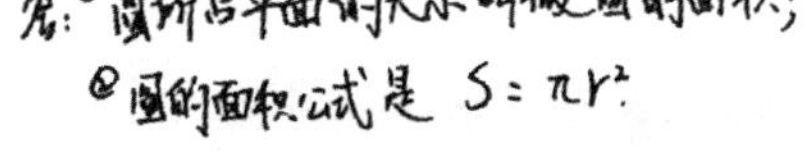

> 答：① 圆所占平面的大小叫做圆的面积；
> ② 圆的面积公式是 $S = \pi r^2$

图 1　问题 1 的学生作答原稿

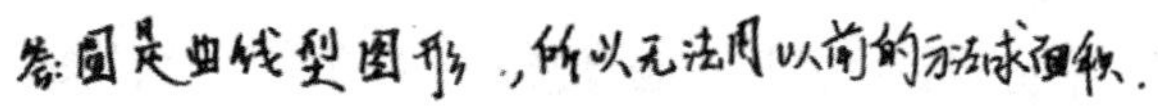

> 答：圆是曲线型图形，所以无法用以前的方法求面积。

学生 A 作答

圆是一个曲线图形，无法像直线图形一样求面积．

学生 B 作答

如何把未知的问题转化为已知的知识？

学生 C 作答

答：如何把圆的面积转化为我们所熟知的图形的面积．

学生 D 作答

图 2　问题 2 的学生作答原稿

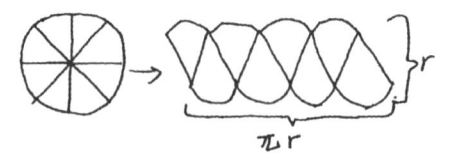

答：我们可以把整个圆分割成若干相等的扇形，拼接为一个近似平行四边形的图形，长为 $\pi r$，宽为 $r$．

图 3　问题 3 的学生 A 作答原稿

把圆等分成若干份，然后试拼出一个长方形，发现把圆分的份数越多，拼成的图形就越接近于一个长方形，而它的面积也越接近圆的面积，由此可得：$S_{圆}=\pi r^2$．

学生 B 作答

把圆等分成若干份，并按图示方法拼起来．

等分份数越多，拼成的图形就越趋近于一个平行四边形．

学生 C 作答

附 录

学生 D 作答

图 4　问题 3 的学生 B、C、D 作答原稿

切割后的圆毕竟边是圆的，这样拼的图形只是近似长方形，并不是真正的长方形，这样计算不是会有误差吗？

学生 A 作答

答：当把圆分为无数相同的扇形并拼接会完变为个长方形吗？

学生 B 作答

圆通过裁剪可以拼成一个真正的长方形吗？

学生 C 作答

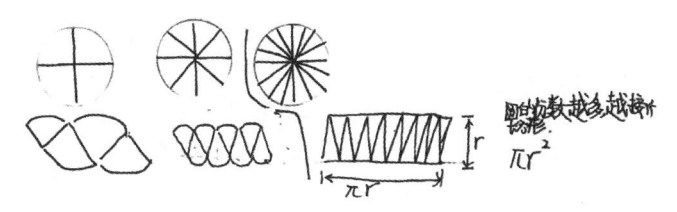

能否求圆面积的精确值？

学生 D 作答

图 5　问题 4 的学生作答原稿

答：我还查阅到了"割圆术"，这是古代数学家智慧的相征，它的原理是把圆看做一个多边形，并分割出相应的三角形，来计算圆的大概面积，当着多边形的边越来越多而圆的面积就会越来越精确，这也运用了"无限接近"的概念，且与我们课本上的方法相似。

学生 A 作答

437

> 答：我了解到除了上面的推导以外的另一种推导，简述就是把圆从一条半径拉开，拉成一个无限接近于三角形的图形，这种方法与上面的推导根本上十分相似，利用了"无限接近"的方法。

学生 B 作答

> 答：我了解了另一种圆面积的推导过程，这种方法是将圆的面积转化为三角形的面积

学生 C 作答

> 在位于近代史上，人们去用微积分进行。而我们学的是"割圆法"。

学生 D 作答

图 6 问题 5 的学生作答原稿

## （十四）第四章第十五节的学生作答原稿

**1. 请你找到生活中的三角形并举三例．**

> 1. 三角旗
> 2. 红领巾
> 3. 三角尺

图 1 问题 1 的学生作答原稿

2. 请你用自己的语言来描述三角形是一个怎样的图形.

一个由三条线段连接组成的图形,

**图 2 问题 2 的学生作答原稿**

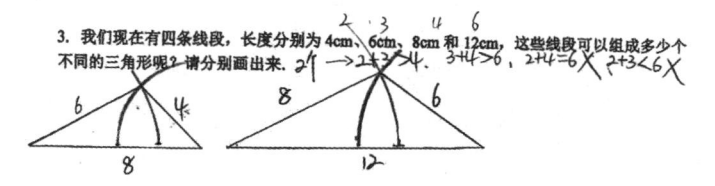

3. 我们现在有四条线段, 长度分别为 4cm、6cm、8cm 和 12cm, 这些线段可以组成多少个不同的三角形呢？请分别画出来.

2.3.4.6  2+3>4, 3+4>6, 2+4=6✗ 2+3<6✗

**图 3 问题 3 的学生作答原稿**

4. 三条线段要满足怎样的条件才能构成一个三角形呢？

答：任意两边之和大于第三边.

**图 4 问题 4 的学生 A 作答原稿**

4. 三条线段要满足怎样的条件才能构成一个三角形呢？

两边之和大于第三边。

**图 5 问题 4 的学生 B 作答原稿**

## （十五）第四章第十六节的学生作答原稿

分马问题：老人弥留之际，将家中11匹马分给3个儿子，老大 $\frac{1}{2}$, 老二 $\frac{1}{4}$, 老三 $\frac{1}{6}$. 发现不能宰马，所以向邻居借一匹马，三人分完后，多一匹，还给邻居。

$$\frac{11}{12} = \frac{1}{2} + \frac{1}{4} + \frac{1}{6} \quad \frac{n}{n+1} = \frac{1}{x} + \frac{1}{y} + \frac{1}{z}$$

荷鲁斯之眼  ◁ $= \frac{1}{16}$  ◯ $= \frac{1}{4}$

来自鹰神荷鲁斯  ◠ $= \frac{1}{8}$  ▷ $= \frac{1}{2}$

$\frac{1}{2} + \frac{1}{4} + \frac{1}{16} + \frac{1}{8} + \frac{1}{32} + \frac{1}{64} = \frac{63}{64}$ (残缺)  ◡ $= \frac{1}{32}$  ▽ $= \frac{1}{64}$

**图 1 问题 1 的学生 A 作答原稿**

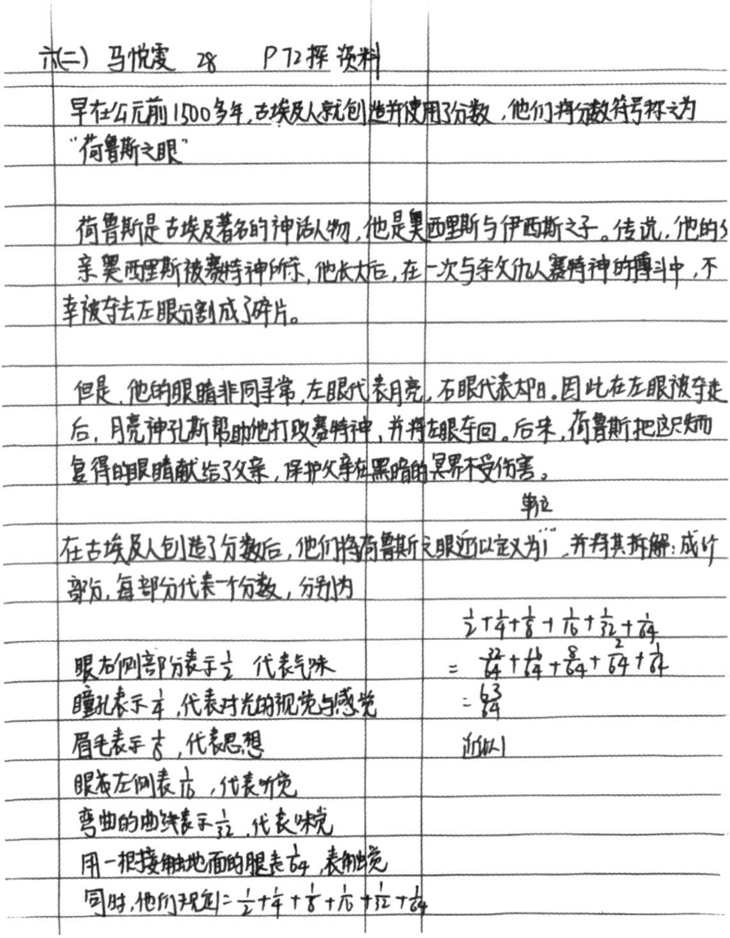
六(二) 马悦雯 28 P72 探 资料

早在公元前1500多年，古埃及人就创造并使用了分数，他们将分数符号称之为"荷鲁斯之眼"

荷鲁斯是古埃及著名的神话人物，他是奥西里斯与伊西斯之子。传说，他的父亲奥西里斯被赛特神所杀，他长大后，在一次与杀父仇人赛特神的搏斗中，不幸被夺去左眼并分割成了碎片。

但是，他的眼睛非同寻常，左眼代表月亮，右眼代表太阳。因此在左眼被夺走后，月亮神孔斯帮助他打败赛特神，并将左眼夺回。后来，荷鲁斯把这只失而复得的眼睛献给了父亲，保护父亲在黑暗的冥界不受伤害。

在古埃及人创造了分数后，他们将荷鲁斯之眼近似定义为"1"（单位），并将其拆解成六部分，每部分代表一个分数，分别为

眼右侧部分表示$\frac{1}{2}$，代表气味

瞳孔表示$\frac{1}{4}$，代表对光的视觉与感觉

眉毛表示$\frac{1}{8}$，代表思想

眼左侧表$\frac{1}{16}$，代表听觉

弯曲的曲线表示$\frac{1}{32}$，代表味觉

用一把接触地面的腿表$\frac{1}{64}$，表触觉

同时，他们规定$1=\frac{1}{2}+\frac{1}{4}+\frac{1}{8}+\frac{1}{16}+\frac{1}{32}+\frac{1}{64}$

$\frac{1}{2}+\frac{1}{4}+\frac{1}{8}+\frac{1}{16}+\frac{1}{32}+\frac{1}{64}$

$=\frac{32}{64}+\frac{16}{64}+\frac{8}{64}+\frac{4}{64}+\frac{2}{64}+\frac{1}{64}$

$=\frac{63}{64}$

近似1

图 2　问题 1 的学生 B 作答原稿

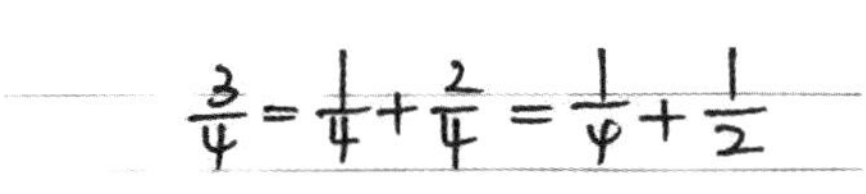
$\frac{3}{4}=\frac{1}{4}+\frac{2}{4}=\frac{1}{4}+\frac{1}{2}$

图 3　问题 2 的学生作答原稿

$$\frac{1}{8} = \frac{1}{24} + \frac{1}{12}$$
$$\frac{1}{8} = \frac{1}{32} + \frac{1}{10}$$

**图 4　问题 3 的学生作答原稿**

$$\frac{1}{8} = \frac{1+2+4}{8\times(1+2+4)} = \frac{1}{56} + \frac{1}{28} + \frac{1}{14}$$

**图 5　问题 4 的学生作答原稿**

# 后　　记

本书即将付梓。此刻,过往两年多与基地老师们共同学习的时光、深入研讨课题的场景,以及同行听课、热烈交流评价的瞬间,都如同画卷般在我脑海中徐徐展开,历历在目。

从2022年上海市杨浦区"慧"数学名教师研习基地成立至今,我们整个团队以"中学数学理想课堂"这一主题为引领,在专家导师李秋明、王白云、王华、黄华、刘达等老师的指导下,认真学习了国家最新颁布的高中和初中的数学课程标准,阅读了大量相关文献,进行了认真细致的文献分析。经过系统的调研和严谨的实证研究,我们收集了学生、中学数学教师以及专家教授们对于中学数学理想课堂的见解和观点;团队成员们通过头脑风暴和专家讲座等活动不断地明确研究过程中的难点和重点。大家共同努力,围绕中学数学课堂的教学现状、中学数学理想课堂的特征、中学数学理想课堂的教学评价等一系列问题,在中学数学核心期刊上发表了多篇相关主题的文章,形成了关于中学数学理想课堂相关内容的论文集等。这本书不仅是我们基地研究的一项重要阶段性成果,更是凝聚了基地老师们辛勤耕耘与不懈努力的结晶。他们为这本书的出版倾注了极大的热情与专注,确保了这本书有丰富的内容和一定的学术价值。这本书的第

# 后 记

一章第一节的"高中生眼中的数学理想课堂"部分由唐费颖老师负责、"初中生眼中的数学理想课堂"部分由刘雪莲老师执笔,第二节由郑仲义老师撰写,第三节则由高洁老师精心打造;第二章的全部章节均由杨丽婷老师撰写;第三章是由杨丽婷老师和阎厚毅老师共同完成。本书的整体结构安排和设计规划,包括第四章中的具体案例分析要求,由杨丽婷老师负责。

感谢上海社科院出版社朱敏明编辑的辛勤付出,编辑的耐心和细致、认真和负责才使本书顺利付梓。感谢上海市杨浦区教育系统"登峰计划"人才涌动发展项目对本书的资助。感谢复旦附中为我提供了诸多宝贵的自我发展机会,在吴坚校长和郭娟书记的鼓励与支持之下,本书得以顺利面世。

我始终怀着一颗敬畏之心,认真对待这本书的每一个写作环节,不敢有丝毫的懈怠。然而,我也深知自己能力与视野的局限性,因此书中难免存在不足之处。在此,我恳请各位同仁不吝赐教,您的宝贵意见和建议将是我今后不断追求进步的重要动力。联系方式 litingyang710@sohu.com。

杨丽婷

2024 年 6 月 16 日于复旦附中

图书在版编目(CIP)数据

中学数学理想课堂：以数学概念课为例 / 杨丽婷等著. -- 上海 : 上海社会科学院出版社, 2024. -- ISBN 978-7-5520-4578-9

Ⅰ. G633.602

中国国家版本馆 CIP 数据核字第 2024Y8E938 号

## 中学数学理想课堂——以数学概念课为例

著　　者：杨丽婷　等
责任编辑：朱敏明　叶　子
封面设计：杨晨安
出版发行：上海社会科学院出版社
　　　　　上海顺昌路 622 号　邮编 200025
　　　　　电话总机 021 - 63315947　销售热线 021 - 53063735
　　　　　https://cbs.sass.org.cn　E-mail : sassp@sassp.cn
照　　排：南京理工出版信息技术有限公司
印　　刷：浙江天地海印刷有限公司
开　　本：890 毫米×1240 毫米　1/32
印　　张：14
字　　数：298 千
版　　次：2024 年 11 月第 1 版　2024 年 11 月第 1 次印刷

ISBN 978 - 7 - 5520 - 4578 - 9/G · 1364　　　　　　定价：78.00 元

版权所有　翻印必究